日本とドイツの教師教育改革

未来のための教師をどう育てるか

渡邉 満
カール・ノイマン

編著

東信堂

はしがき

　本書は兵庫教育大学連合大学院学校教育学研究科博士課程における共同研究プロジェクトH（平成19年4月1日～平成22年3月31日）「教師の実践的指導力育成の方略に関する日独共同研究－学部・大学院の養成・研修カリキュラムにおける教育科学教育と実習教育（インターンシップ）の機能的位置づけを中心にして－」（代表　渡邉　満）の研究成果をまとめたものである。

　近年、日独両国では、政治、経済そして社会の諸領域における顕著なグローバル化の進展と高度知識社会の展開に伴って、ますます複雑化しつつある学校教育の諸課題に直面しており、学校教育の全面的な改革が行われつつあるが、とりわけ学校の教員の養成教育と研修教育の両面において見直しが急務となっている。ドイツでは、とりわけ2000年のPISAショック以降、連邦政府のリーダーシップのもとに、全ての州の教育行政や個々の大学レベルで新しい教員養成カリキュラムへの移行のための改革論議が進められている。そうした諸大学のなかで、先進的な改革を行っている大学の一つが、ニーダーザクセン州ブラウンシュヴァイク工科大学である。同大学の精神・教育科学部では、教育大学時代からの長い伝統の上に、学士課程と修士課程のカリキュラムの新たな再編・構造化が行われている。

　一方、我が国においても、学校教育の諸課題の複雑化、高度化にともなって学校教育の抜本的な改革が進められており、中央教育審議会は2005（平成17）年10月に、「今後の初等中等教育改革の推進方策について」の答申「新しい時代の義務教育を創造する」を提出し、「世界最高水準の義務教育の実現に取り組む」ために重要なのは「学校力」（学校の教育力）であり、そのためには個々の教員の「教師力」（教師の教育力）であるとし、学校教育の改革において鍵を握るのは教員養成改革であるとの認識を示した。そして、

2006（平成18）年7月、新たに「教職実践演習」(仮称)の必修化、教職大学院の設置と教員免許更新制の導入を盛り込んだ答申「今後の教員養成・免許制度の在り方について」を発表して、学部段階での教員として必要な資質能力の質保証、大学院における現職教員の研修教育の実践的側面の強化、さらに今や世界的な趨勢ともなっている大学院修士レベルでの教員養成に新たな一歩を踏み出すことにもなった。

　このような動向にある両国の教師教育改革を順調に進めていくためには、学部・大学院の教員養成カリキュラムにおいて、教育の専門家としての教師に必要な教育に関する学識を育成する教育学（教育科学）教育と教師としての実践的指導力を育成する上で重要な意義を有する実習教育（インターンシップ）の機能的な位置づけ・相互連関の在り方を検討することが必要である。その際、専門職としての教師が身につけるべき実践的指導力のスタンダードを、理論と実践を総合しながら、またとりわけ教師の継続的な研修を考慮しながらより明確に設定し、適切な評価によって吟味していくことが必要となる。

　本共同研究は、以上のような課題把握のもとに、Dr. カール・ノイマン教授（ドイツ側チームリーダー）を中心とするブラウンシュヴァイク工科大学の研究者チーム（Dr. ハイデマリー・ケムニッツ教授、Dr. ディートヘルム・クラウゼ＝ホトップ上級教員）と坂越正樹広島大学教授と早田恵美久留米市立高牟礼中学校教諭ほかを加えた兵庫教育大学連合大学院の研究者チーム（渡邉　満兵庫教育大学教授（日本側チームリーダー）、森川　直岡山大学教授、木内陽一鳴門教育大学教授、渡邊隆信兵庫教育大学准教授、別惣淳二兵庫教育大学准教授、大関達也兵庫教育大学講師）とが、共通の課題を追求すると同時に、各々が有する経験や知見を交換することによって、各々の国の固有の課題の解決に資する研究成果を追求することを企図して行われた。初年度は、2007（平成19）年7月15～18日の4日間、ブラウンシュヴァイク工科大学において第1回目の合同研究会を開催した。第2回目の合同研究会は2008（平成20）年10月18、19日に兵庫教育大学において開催した。また、両国における教員養成スタンダードに関するアンケート調査に関しても調査項目等の検討を

行い、双方で調査を実施することができた。その成果は 2009（平成 21）年 10 月 3、4 日に弘前大学において開催された日本教師教育学会において発表した。

　次に、本書の構成について概要を述べておきたい。本書の全体は 4 部からなっている。「第 1 部　ドイツと日本の教員養成制度の歴史的展開と今日的課題」は、歴史的背景等の違いもあり、各々の国の固有の課題と共通の課題の検討を行っている。「第 2 部　ドイツにおける教師教育改革」は、ドイツ側の研究者がブラウンシュヴァイク工科大学を中心としてドイツの教員養成の現状と課題について報告を行っている。ここでは大学における養成と並んで試補教員研修所における第 2 段階養成の具体について、現状と課題、特に改革の状況について紹介を行っている。これは試補教員研修所の改革に取り組んでいる当事者の報告でもあり、我が国のドイツ教員養成研究において重要な意義を持つこととなるように思われる。「第 3 部　日本における教師教育改革」では、いわゆる新構想の教育大学における最近の教員養成改革の取組を紹介するとともに、2008（平成 20）年度に新設された教職大学院について、特に兵庫教育大学の取組を中心に現状と課題の報告を行っている。また、我が国の教育実習の現状と課題について実習校の視点から検討している。「第 4 部　教師教育におけるスタンダード－国際的な展開と日独調査の結果」では、教職の専門性に関する国際的な議論を踏まえながら、専門家教育としての教員養成が確立するために欠かすことのできない教員養成スタンダードについて国際的な動向を把握し、ドイツと我が国における大学教員および実習指導教員の意識について検討を行った。我が国ではすでに幾つかの大学において教員養成スタンダードの策定と運用の取組が行われているが、それが大学と実習校の双方において共通理解がなされ、その役割と意義が成果となって展開するためには乗り越えなければならない課題も多い。本書での研究がそのための一歩となることを期待している。

　本共同研究プロジェクトは、日独両国の研究者と実践家による教師教育に関する初めての共同研究と推察されることもあり、本書が本連合大学院の教員や我が国の教師教育研究者の方々にお目通しを頂いて、ご批評とご教示を

頂くことができれば、私どものささやかな研究も今後のさらなる研究推進に弾みを得ることになるのではと考えている。

　最後に、本書をまとめるに当たり多くの方々からご教示やご支援を頂いた。特にブラウンシュヴァイク試補教員研修所長のヴォルフガング・プシヒホルツ氏には、ドイツにおける教員養成の第二段階の改革について論稿をお寄せ頂いた。上越教育大学の釜田聡教授には、ご多忙にもかかわらず上越教育大学における教員養成の新しい動向についてご紹介を頂いた。大阪市立大学の辻野けんま特任講師にはケムニッツ教授の講演原稿の翻訳を提供して頂いた。各先生にお礼を申し上げたい。また、専門書の出版が厳しいなか、お約束した入稿期日を大幅に遅延するなど種々のご迷惑をおかけしたにもかかわらず、本書の刊行について格別のご配慮を頂いた東信堂社長下田勝司氏に心から感謝を申し上げたい。

　　2010年3月5日
　　　　　　　共同研究プロジェクトH代表　　渡邉　満

目次／『日本とドイツの教師教育改革―未来のための教師をどう育てるか―』

はしがき ……………………………………………… 渡邉　満… i

第1部　ドイツと日本の教員養成制度の歴史的展開と今日的課題 …………… 3

第1章　ドイツにおける教員養成制度の展開
……………………………… 坂越正樹、森川　直…… 4

第1節　ドイツにおける教員養成の展開 (4)
第2節　戦後の教員養成制度をめぐる論議 (8)
第3節　現代ドイツ教員養成の状況 (12)
第4節　教員養成スタンダード (14)
付　論　ハウプトシューレ（基幹学校）教育実習観察記録 (15)
　主要引用参考文献 (19)

第2章　日本における教員養成制度の展開
……………………………… 森川　直、渡邉　満… 21

第1節　教員養成制度の歴史的展開 (21)
第2節　ドイツと日本における教員養成――その特徴と課題 (25)
　引用参考文献 (29)

第2部　ドイツにおける教師教育改革 …………… 31

第3章　ドイツの学士－修士制度における教員養成
――ブラウンシュヴァイク工科大学を例に
……………………ケムニッツ,H.（辻野けんま訳）… 32

第1節　ブラウンシュヴァイク工科大学の教職課程のしくみ (32)
第2節　教育学を特に考慮した科目群 (34)
第3節　ブラウンシュヴァイクにおける教育実習の組織化 (40)

第4節　教員になるための修士課程（42）

　　　補　遺（45）

第4章　ドイツの教員養成における学校実践的学修
　　　　　　　　　　………　クラウゼ＝ホトップ,D.（渡邊隆信訳）…　49

　　はじめに（49）

　　第1節　歴史的振り返り（50）

　　第2節　教育実習から学校実践的学修へ（51）

　　第3節　学士課程における学校実践的学修（53）

　　第4節　「ブラウンシュヴァイク・モデル」への批判的所見（62）

　　おわりに（65）

　　注（65）

　　　引用参考文献（66）

第5章　ドイツにおける教員養成の第二段階の改革
　　　　　　　　　　…………………　プシヒホルツ,W.（木内陽一訳）…　69

　　はじめに（69）

　　第1節　歴史的過程としてのドイツの教員養成（69）

　　第2節　試補教員研修所と実習校における教員養成の組織と内容（72）

　　第3節　試補教員研修所の改革動向（76）

　　第4節　試補教員研修所における試補勤務のための
　　　　　　スタンダードの構築（85）

　　おわりに（89）

　　　引用参考文献（89）

第6章　ドイツにおける教員の継続教育
　　　　　　　　　　………………………ケムニッツ,H.（大関達也訳）…　91

　　はじめに（91）

　　第1節　ドイツの教師教育における継続教育の位置づけ（91）

　　第2節　ドイツにおける教員の継続教育に関する枠組み規定（93）

　　第3節　教員の継続教育の機関と組織形態（95）

　　第4節　教員の継続教育に教員はどの程度参加しているか（96）

第5節　教員の継続教育の内容と形式（98）
　　第6節　教員の継続教育に関する議論、研究、展望（100）
　　　注（102）
　　　引用参考文献（102）

第3部　日本における教師教育改革 …………… 105

第7章　日本の学部での教員養成の新しい動向
　　　　――兵庫教育大学を事例に ………………… 大関達也…106
　　はじめに（106）
　　第1節　学部教育課程改革の背景（107）
　　第2節　学部新教育課程の概要（112）
　　第3節　改革の個別的内容について（115）
　　おわりに――今後の検討課題――（117）
　　　注（118）
　　　引用参考文献（118）

第8章　日本の学部での教員養成の新しい動向
　　　　――上越教育大学を事例に ………………… 釜田　聡…125
　　はじめに（125）
　　第1節　上越教育大学の取組の経緯（126）
　　第2節　上越教育大学の現在の取組（129）
　　　　　――上越教育大学スタンダードに基づく教職キャリア教育の展開
　　第3節　今後の展望について（139）
　　　注・引用参考文献（140）

第9章　日本の学部での教員養成の新しい動向
　　　　――鳴門教育大学を事例に ………………… 木内陽一…142
　　第1節　鳴門教育大学の教員養成の展開と概要（142）
　　第2節　教育実践力養成のための取り組み（143）
　　第3節　教育実践力の形成（143）

第4節　本取組の特性（154）
　　第5節　本取組の組織性（155）
　　第6節　取組の有効性（156）
　　第7節　実施計画（157）
　　　おわりに——国際的視座から見た「鳴門スタンダード」（159）
　　引用参考文献（160）

第10章　日本における教育実習の現状と課題
　　　　　　　　　　　　　　　　　　　　　　早田恵美…162

　　第1節　教育実習の意義（162）
　　第2節　日本における教育実習の現状（165）
　　第3節　日本の教育実習における課題（172）
　　引用参考文献（175）

第11章　日本の教職大学院の現状と課題
　　　　　　　　　　　　　　　　　　　　　　渡邉　満…176

　　はじめに（176）
　　第1節　教職の専門性確立の新段階（177）
　　第2節　兵庫教育大学の教職大学院設置（180）
　　第3節　教職大学院の課題—2（3）年間の振り返り（185）
　　おわりに（189）
　　引用参考文献（189）

第4部　教師教育におけるスタンダード …………191
　　　　　——国際的な展開と日独調査の結果

第12章　「良い」教師—「コンピテンスのある」教師
　　　　　——教職の専門性に関するドイツならびに国際的な議論について
　　　　　　　　　　　　　　　　　　ノイマン,K.、渡邊隆信…192

　　はじめに（192）

第1節 「教育的態度」を身につけた教師人格 (193)
　　　──長期にわたって歴史的影響を及ぼしてきた良い教師活動のための理想像

第2節 教師の課題：職歴の成長過程における目標としての
　　　反省的実践処理 (196)
　　　──「良い」教師活動についての研究と養成におけるプラグマティックな転換

第3節 教育制度におけるスタンダード (199)
　　　──教職の専門性に関する議論におけるコンピテンス論的転換

　おわりに(207)

　　引用参考文献(209)

第13章　教員養成スタンダード導入の国際的動向
　　　　　　　　　　　　　　　　　　　別惣淳二…215

　はじめに (215)

　第1節　アメリカにおける教員養成スタンダードの動向 (217)

　第2節　イギリスにおける教員養成スタンダードの動向 (223)

　第3節　ドイツにおける教員養成スタンダードの動向 (229)

　第4節　日本における教員養成スタンダードの動向 (233)

　第5節　各国の教員養成スタンダードの比較 (239)

　　おわりに (241)

　　注・引用参考文献 (242)

第14章　日本の大学教員と附属小学校教員の
　　　　　教員養成スタンダードに対する意識
　　　　　　　　　　　　　　　　　　　別惣淳二…245

　第1節　研究の目的 (245)

　第2節　研究の方法 (246)

　第3節　研究の結果及び考察 (247)

　第4節　研究の成果と課題 (260)

　　注・引用参考文献 (262)

第15章　教員養成スタンダードに対する
　　　　ドイツの大学教員と実習指導教員の意識
　　　　　　　　　　　　　　渡邊隆信、ケムニッツ,H.、
　　　　　　　　　　クラウゼ＝ホトップ,D.、ノイマン,K.…264

　第1節　研究の目的（264）
　第2節　研究の方法（265）
　第3節　研究の結果及び考察（267）
　第4節　研究の成果と課題（285）
　　注（287）

資　料　編　　289

資料1　教師教育と教職のキャリア（日本とドイツの比較）(290〜291)

資料2　ドイツ各州文部大臣会議「教員養成のためのスタンダード」
　　　　　　　　　　　　　　　　　　　　　　(292〜300)

資料3　ニーダーザクセン州「教職のための修士課程修了規定
　　　　──教育諸科学のための規定」(301〜304)

資料4　「教職実践演習（仮称）」における到達目標及び
　　　　目標到達の確認指標例（305〜307）

資料5　INTASCのコア・スタンダード（10原則）(308〜309)

資料6　イングランドの教員資格（QTS）における専門性基準
　　　　　　　　　　　　　　　　　　　　　　(310〜313)

あとがき …………………………………… ノイマン,K.… 315

目次（ドイツ語）………………………………………… 321
はしがき（ドイツ語）…………………………………… 323
あとがき（ドイツ語）…………………………………… 328

日本とドイツの教師教育改革
――未来のための教師をどう育てるか――

> # 第 1 部
> ## ドイツと日本の教員養成制度
> ## の
> ## 歴史的展開と今日的課題

第1章　ドイツにおける教員養成制度の展開
　　　　　　　　　　　　　　　　　　　（坂越　正樹・森川　直）

第2章　日本における教員養成制度の展開（森川　直・渡邉　満）

第1章　ドイツにおける教員養成制度の展開

坂越　正樹
森川　直

はじめに

　16州で構成されている連邦国家ドイツでは、各州が教育に関する基本的権限を有している。州ごとに文部省が設けられ、独自の教育政策を立案・実施しているため、ドイツの教員養成制度は州によって様々な違いを有している。

　このような相違あるいは不均衡を是正するために設立された機関が「各州文部大臣会議（Kultusministerkonferenz der Länder in der Bundesrepublik Deutschland, KMK）」である。この会議は、様々な勧告や協定を通して、州によって異なる教員養成制度や教員資格の枠組みを規定し、各州の不均衡を調整する機能を担っている。例えば、1997年に締結した「ドイツ連邦共和国における教員養成および教職試験に関する大綱協定」は、州ごとに異なる教員免許の互換性を確保するための協定であった。

　こうした協定にも顕著なように、近年ドイツでは教員養成制度改革や教員資格のスタンダード化の動きが活発化している。本章では、19世紀から現在に至る教員養成制度を巡る議論を歴史的に概観しながら、その特色を考察する。

第1節　ドイツにおける教員養成の展開

1．プロイセン改革期における教員養成

　ドイツにおける教員養成は18世紀前期に成立した「教員ゼミナール」（Lehrerseminar）にはじまる。その教育内容は宗教教育および実科教育を主と

して、職業的な教師教育の特色をもっていた。19世紀に入り国民学校の教員養成制度が整備されるに伴い、ペスタロッチーの教育精神や教育方法ならびに教授法が導入されて、読み・書きのできない者をなくすべく、国民学校の発展のための教員養成が本格的に進められることになった。当時、初等学校の教員養成は、まさに教職の発展史における最大の進歩を示したといわれている。

　新たに導入された教員ゼミナールの創設は、国民学校の教師の科学的で方法的な教員養成のための端緒を示している。高度の一般教養を伝達すべき2、3年の受験準備教育の後に、1、2年の養成期間があり、理論的な授業とならんで、実習校における実践的な学習に重きがおかれていた。中央都市にあるノーマルシューレ（Normarschule）とはちがって、教員ゼミナールは地方へと拡大した。

　教員ゼミナールは、具体的にはその創設者や所長によって規定されていた。例えば、ディースターヴェーク（Diesterweg,A.）やハルニッシュ（Harnisch,W.）、ディンター（Dinter,G.F.）やシュテファニー（Stephani,H.）といった人たちの教員養成モデルに従った。彼らの指導のもとで、ゼミナールは法的に編成されてはいたが、決して地域の状況から離れて国家的に統一されていたわけではない。ゼミナールの個々の特徴や発展については、それぞれの施設に関する文献のなかに見出される。その創設の時期も、地域によって異なる。例えば、バイエルン（1809年）、バーデン（1835年）、ヴュルツブルク（1897年）、ヘッセン（1804年）、ダルムシュタット（1807年）、メッサウ（1817年）、プロイセン（1822年）、ザクセン王国（1835年）、ワイマール（1822年）などである（Tenorth,1987,S.252f.）。

　しかし、このような現象的な多様性にもかかわらず、1920年までのアカデミー化にいたるまでの構造的な特徴は、制度化された段階モデルである。つまり、ゼミナール候補生の予備教育（Präparandie）は1850年以後にはじめて基準化されるが、それ以前は牧師と教師にゆだねられていた。ゼミナールの最初の関門になっていたのは、教養試験である。そのなかで道徳的、政治的な誠実さとともに、知的能力もまたよき基礎教育の基準でテストされる。

採用試験の後に、例えばプロイセンでは試験を免除された志願者に対して優先権を保証している。もちろん採用の決定は、教職活動の次の段階の後にはじめて行われる。しかも成績証明の程度（通常3段階）に応じて期間は異なっている。

中等学校の教員養成については、フンボルト（Humboldt,W.v.）に代表される新人文主義の精神におけるギムナジウム改革、すなわち、あまり区分されていないラテン語学校の学年制をとる効率的なギムナジウムへの変更、総合大学の新たにつくられた哲学部での独自のギムナジウム教師、つまりフィローゲンの教師の発展がはかられた。そこでの教育課程は、各教科の学術的な内容を中心に編成されていた。

しかし、1848年3月革命以降、プロイセンは教員養成の方針を変更し、1854年の「シュティール三規定」は将来教員になる人のために、「一般教養」および教授学、心理学、人間学のようなこれまでのカリキュラムの中心であった専門科学を廃棄し、宗教と教授法を中心におき、1872年まで理論のない実践論に制限した。こうした反動政策に対して、ディースターヴェークは献身的に教員の地位向上のために戦い、ドイツ国民学校の擁護者として弁護し、その後の教員を独自の職業意識で満たしたのである（Tenorth,1991,S.253-263）。

2．ワイマール期における教員養成

1919年のワイマール憲法の重要な改革に数えられるのは、全体としての国家（Reich）がはじめて教育政策上の権限を獲得したということである。帝政時代とは異なり、共和国の制度や議会はそれ自身改革の担い手であるように見えたことである。実際、憲法第143条は、教師教育の科学化・統一化の方向を指示していた。現実には、各州の教育制度は別々の法律で独自に決定することになっていたが、国家の財政事情などの理由からその理想は達成されなかった。しかし、当時の多様な制度改革は、教育学についての科学論的な立場と密接な関連をもつことになる（フューア,1996,p.32）。

これまでのドイツの教員養成は二重構造をもっていて、中等学校の教員は

ギムナジウムから総合大学への系統、初等学校の教員は国民学校から教員ゼミナールへの系統を保持していた。したがって、その教育内容と教育方法もそれぞれ異なっており、両者の系統を統一する改革が重要な課題となっていた。

その一つは、すべての教員はギムナジウムを卒業して総合大学で養成され、基礎的な一般教育のうえに学術的な教育的訓練及び教科的な教育技術訓練を与えることである。20年代の半ば以降、ワイマール憲法の要求に応じて学校は一部大学レベルの学校へと改変された。ザクセン、チューリンゲン、ハンブルク、ヘッセン、ブラウンシュヴァイクといった小さい州は、多様な形態における国民学校教員養成を総合大学に附設した。バイエルンとヴュルテンブルクでは、教員ゼミナールがそのまま残った（Müller-Rolli,1989,S.241）。

もう一つは、従来の百科全書的な知識と技術の形成に陥っていた教員ゼミナールを改善し、他の専門的な職業教育の機関と関連づけて同格にし、一般教育と専門教育を充実、強化しようとするものである。多くの議論の結果、初等学校の教員養成は総合大学よりも新しい教育大学（Pädagogische Hochschule）をつくる必要性が強調された。プロイセンでは、教育アカデミー（Pädagogische Akademie）という名の教員養成大学が創設された（フュール,1996,p.32）。

この構想を1920年の「全国教育会議」で提唱したのは、シュプランガー（Spranger,E.）であった。彼によると、ドイツには各種専門学校（Hochschule）が歴史的な事情で発生し、その代表として文化アカデミーが教育的方面を担当していたが、そこでは理論と実践が分離していたので、教員養成の目的が十分に達成されなかったという。そこで教員養成の場として大学の哲学部門の整備が着手され、法学部や医学部とならんで教育学部をつくろうとしたが、学校の授業に要求される知識を与える教育学部はドイツの大学文化になじまないという理由から実現しなかった。こうして総合大学や工科大学とならんで、教育大学が登場したのである。

シュプランガーによれば、国民の教師はスペシャリストでもなければエンサイクロペディストでもなく、なによりもまず文化の伝達者でなければならないという。彼の教育大学でのカリキュラムは、精神科学的な教科群と自然

科学的な教科群との均衡と、理論的な面と実践的（技術的、芸術的）な面との統合を特色としているといえる。各週20時間の時間割のなかには、教育実習のための観察または練習が自由にできるように配慮されている。そのうえ同じ教科の学習グループから共通の刺激を受けられる機会が与えられている一方、自ら学習し、思考し、活動できることも大事な点とされている。

　要するにシュプランガーは教員全体、とくに国民学校の教員の養成を総合大学へ委託すると、独自の国民教師としての形成がまったく画一的な軌道に導かれることになると考えていた。そして彼は個々の専門知識を求めるのではなく、若者を教育し育成する形成価値を与える教育機関は、その独自の場を総合大学ではなく、大学とならんで創設すべきであるという意見であった（Spranger 1920,S. 56-65）。

　このシュプランガーの教師教育の考えを受け継いで、教員養成の方法上の問題をさらに具体化したのは、ケルシェンシュタイナー（Kerschensteiner,G.）である。彼は教員養成の目的を達成するためには、いままでのような国民学校のうえに続く3ヵ年の教員ゼミナールは、各教科の暗記主義的な知識の注入に堕するとして、9ヵ年の高等学校（Pädagogisches Gymnasium）に教師の準備教育をゆだねて、陶冶理想をめざす教育者精神を養うべきだと提唱している。これが3年制の教育アカデミー（カレッジ）に発展して、2年目の終わりに教員試験を合格した教育学士の称号の所有者が、3年目の教育実習に参加して教師になる養成課程が要望されるようになった。

　この両者に代表されるワイマール期の教員養成の改革理念は、第一次大戦以後のドイツの復興をめざしていたが、しだいに国家主義的な教育政策に結びつけられていった。そして、1933年以後、教員養成においても国家的使命が強調されるようになったのである。

第2節　戦後の教員養成制度をめぐる論議

1．戦後から1960年代まで

　第二次世界大戦後、教育制度の民主化が提唱され、学術的大学での教員養

成が議論された。しかし財政的、人的欠乏、伝統的勢力、特に教会の巻き返し等の要因によって、進歩派は大きな地歩を占めるには至らなかった。ここでもやはり州による相違が現れていた。保守的な南部バイエルンと進歩的諸州ヘッセン、ブレーメンでは、民主化に対する態度も異なり、養成形態も前者では戦前からの教員ゼミナールが、後者では教育大学、大学が採用された。いずれの州においてもギムナジウム教員と国民学校教員との伝統的な教職の分離は継続され、以後、国民学校教員の地位向上が養成教育の課題となっていった（Homfeld 1978, S.130ff.）。

　この時代は1945年以降復活してきた戦前の構造が強化された時期であり、1970年代以降の改革期とは区分される。この時期の改革動向は、ドイツ教育制度委員会、西ドイツ学長会議、教育大学作業委員会等における論議に代表されており、これらの委員会の勧告が、例えばヘッセンでは大学での養成、ベルリンでは教育大学での養成となって具体化されていった。

　上記委員会は教職の分離を解消しようとする意図から「科学性」(Beckmann 1980, S.552) の要求を一致して勧告したが、その科学性の内容はギムナジウム教員と国民学校教員とでは異なったものとして捉えられており、教職の分離問題は解決されないままであった。ギムナジウム教員については専門教科の科学性が主張され、研究と職業実践を分離する伝統的傾向が保持されていた。国民学校教員の場合は教育科学研究の科学性であり、職業実践との関連の中で意味を持つものとされた。その結果、ギムナジウム教員の養成は専門科学中心で教職関係科目は付随的であったのに対して、国民学校教員の場合は教育科学とその隣接諸科学ならびに実習が中心となった。なお国民学校教員の養成機関としては基本的に教育大学が想定されていた。

2．1970年代以降の改革

　教職分離の問題は、1970年代に入って一方で学校種別の養成制度の問題として、他方で養成カリキュラムの問題として取り組まれることとなった。この時期の「教育制度に関する構造計画（Strukturplan für das Bildungswesen）」をはじめとする論議を通して、いくつかの改革が提案された。例えば、六ラン

ト協定（1972年）では、基本的に学校種別養成から学校段階別養成への改革が決定されるが、養成機関の相違、専門科学・教育科学とその隣接諸科学・実習という三構成要素の比重の差異は未解決であった。特に、三構成要素を統合することはすべての改革の基本合意とされていたが、その実現は課題として残されていた。

　1970年代以降、多くの教育大学は学位授与権をそなえ研究と教授を目的とする学術的大学としての性格と地位を獲得していく一方、総合大学の中に編入、改組される傾向を強めた。このことは確かに国民学校教員の伝統的要求を制度上充足させはしたが、他方において大学での養成教育すなわち第一段階での学術的性格が強まれば強まるほど、実践的養成は第二段階での試補勤務（Vorbereitungsdienst）、第三段階での継続教育（現職教育）に委託されるようになった（天野ほか1998, p.286）。

　70年代初めに相次いで公表された改革計画、「構造計画」(西ドイツ教育審議会1970年)、「教育報告'70」(西ドイツ教育学術省1970年)、「教育総合計画」(連邦・各州教育計画委員会1973年) において示された統合的な教員養成教育の基本構想は以下の三点に要約される（Beckmann 1980, S.536ff.）。

① **すべての教員の同価値的養成**

　1980年までにすべての教育大学は学術的大学に位置づけられ、多くは総合大学に編入されて統一的教員養成が実現された。多くの州で生徒の発達段階に応じた段階別教員の概念も導入された。これは伝統的な垂直的分割構成から水平的段階的構成への全体的学校制度改革に伴うもので、初等段階教員（第1～4学年）、中等段階Ⅰ教員（第5～10学年）、中等段階Ⅱ教員（第11～13学年）は、養成において同等の科学性を要請され、加えて各段階教員相互の間に一定の浸透性を考慮することとされていた。

　養成期間に関しては、一般に初等段階、中等段階Ⅰ教員に最短6セメスター、中等段階Ⅱ教員に8セメスターの大学での学修が求められ、続いて18ないし24ヶ月の試補勤務が義務づけられていた。ブレーメンではすべての段階の教員に共通して8セメスターの学修と18ヶ月の試補勤務が求められていた。他方、バイエルンのように1974年に段階別教員養成制度を採

用したにもかかわらず、1977 年には再び基礎学校、実科学校の領域とギムナジウムの領域を区別する学校種別に転換した州も存在した。

② **教員養成カリキュラムの統一**

専門科学・教育科学とその隣接諸科学・実習という教員養成の三構成要素は、各州での差異を残存させながら、次のように位置づけられた。

［**教職の基礎学習としての教育科学的、社会科学的学習**］　教育科学的学習は教育可能性、教育目標、教授と学習等の問題、さらに教育心理学的領域を包含するものであり、社会科学的学習は教育の社会学、社会化論、教員の役割問題等を内容とする。

［**専門科学および教科教授学**］　修得科目数は通常 2 科目であるが、ノルトライン－ヴェストファーレンでは初等段階教員にドイツ語、数学を必修とし他を選択とする例、ヘッセン、ブレーメンにおけるように中等段階Ⅱ教員に 2 科目のうち主要な 1 科目をさらに専門化する例もあった。

［**学校実践**］　教育実習における実際的経験とその批判的評価を内容とする。

ここで注目されるのは、従来の国民学校教員において一般的であった全科目履修が改められ 2 科目の集中的深化が目指されていること、中等段階Ⅱ教員について従来のギムナジウム教員とは異なり教科の専門的知識のみならず教職の基礎学習、学校実践が必須の要素とされていることである。しかし全科目担当を原則とする初等段階教員が 2 科目履修で十分なのか、教職の基礎学習と専門科学、教科教授学の時間配当はいかにして根拠づけられるのかといった問題は残った。

さらにこれらの三要素の関連性、統一性の問題は、教員養成の科学化、専門職化のために不可欠の前提であった。一つの試みとしては、カッセル、ブレーメン、オルデンブルクでみられるプロジェクト学習がある。例えば、カッセルでは「政治・社会制度」「社会化と社会的学習」といった領域の中から学際的テーマが選択され、自己経験、科学的手続き、行為・実践の段階をおって学習が展開された（Homfeld 1978, S.239ff.）。

③ **教員養成教育における理論と実践の統合**

養成の三要素の中でも学校実践、すなわち教育実習は理論＝実践統合の

問題に大きく関わっていた。旧西ドイツでは教育実習はあくまで学術的養成の一環として位置づけられており、教育科学や教科教授学と関連づけて、つまり理論的学習と並行して実施される。したがって実習は教職への直接的準備というよりも、理論的体験的学習を通して理論と実践を統合し、研究的批判的な学習を可能にし、問題意識を喚起させ、学習をさらに発展させるためのものであった（天野ほか 1998, p.290,291）。

教育実習の形態、期間については州や大学によって異なるが、一般的には大学での授業時間に組み込まれた導入実習、教科教授実習と休暇中に行われる5〜10週間程度のブロック実習があった。教育実習の機能をより拡充するための試みとして、例えばカッセルでは事前指導、事後反省の授業の充実が図られ、ブレーメンでは第1セメスターから導入的な学校訪問が行われるほか教授実習そのものが前述のプロジェクト学習に組み込まれていた。また継続教育のために大学に派遣された学校教員をチューターとして迎えるなど、大学教員・学校教員・学生の三者の協働が目指されていた。

ここで養成しようとされた教員は、急速な科学の進歩、社会の発展、予測不可能な将来の変化に能動的に対応し、教育におけるイノベーションを担いうる教員であった。教員はすでにできあがった知識や技術に依存するのではなく、たえず新たな理論の発展に配慮し、それを現実の諸課題と関連づけることによって精査、吟味し、自ら新しいカリキュラムの開発や方法、目的の設定に参与することが求められた。

第3節　現代ドイツ教員養成の状況

前述の通り、1970年代以降、教育大学の総合大学への統合が進み、90年代半ばにはバーデン－ヴュルテンベルク州を除く15の州でほぼ独立した教育大学は見られなくなった。2006年の資料では、バーデン－ヴュルテンベルク州に存在する教育大学は、フライブルク教育大学、ハイデルベルク教育大学、カールスルーエ教育大学、ルートヴィヒスブルク教育大学、シュヴェービッシュ－グミュント教育大学、ヴァインガルテン教育大学の6大学

である。現在ドイツでは、ほとんどの州で、すべての学校段階・学校種の教員養成が総合大学において行われるようになっており、本書の第2部以降で分析考察の対象とするブラウンシュヴァイク工科大学もその一つである。

　ドイツの教員養成課程の特徴は、大学における養成と試補勤務という二段階の教員養成システムになっていることで、現在それはすべての州に共通している。大学での学修修了時に第一次国家試験が行われ、それに合格した者は「試補教員（Referendar）」として試補教員研修所と学校現場で実践的養成を受けることができる。そして研修の修了後に、第二次国家試験を受け、それに合格した者が教員免許を取得するという仕組みになっている。この第二次国家試験に合格することで教員免許を取得できるが、合格者全員が正規の教員として採用されるわけではなく、それは各州の採用試験の結果による。さらに、採用後にも教員の「職業における学習」という生涯学習的な継続教育が重視されている。この継続教育は、教員養成における第三段階と位置づけられる（天野ほか 1998, p.286）。

　またこの段階的養成に関わって、教育実習にも特色が現れている。試補勤務期間中の教育実習には、大学、試補教員研修所、学校（実習校）の三機関による相互連携が必要となる。すなわちそれは、大学教職員、試補教員研修所職員、そして実習担当学校教員の協力が不可欠であることを意味している。これら三つの教育機関の統合的な教育実習体制が、教育実習それ自体の質の向上に大きな役割を果たしているのである。日本と比較しても、大学教員が教育実習に関与する割合がかなり高いといえる。ドイツの大学教員は、教育実習に際して、学生に直接指導を行うだけでなく、実習校の校長とたびたび意見交換を行う。当然ながら、教科や教材に関する知識は、学校教員の方が豊富であるため、「指導案」の作成や事前準備については、学校教員に委ねることが多くなるようである。

　養成期間について、OECDの報告によれば、ドイツは、他のヨーロッパ諸国に比べて、明らかに長い教員養成期間を前提にしているという。例えば、他のヨーロッパ諸国の教員養成期間が、平均3～4年であるのに対して、ドイツの教員養成期間は、最低でも5.5年である。また後期中等教育段階にお

ける養成期間は、他のヨーロッパ諸国では5～5.5年であるのに対して、ドイツは6.5年となっている。ドイツの教員養成期間が、他のヨーロッパ諸国に比べて平均以上に長くなっているのは、18～24ヶ月に及ぶ試補勤務期間が含まれているためである。

　他方、問題点も指摘されており、各州文部大臣専門家委員会は、大学での教員養成について、「専門科目に関しては高い水準を示しているが、教育科学や教科教育学の分野での養成は不十分である」と報告している。確かに、ドイツの教員養成の強みの一つが、その「専門性」であり、教員の専門内容的知識・能力の学術的基盤が、国際的に見ても高い質を保っていることは認められている。しかしその一方で、教育方法や教科教授学の学修は不十分であると見なされている。それは、大学における専門科目の学修が、初等中等学校の授業内容に対応していないためであり、したがって専門性が高まれば高まるほど、学校の実践から遠ざかるという奇妙な事態を招いている側面がある。

　学術的養成を示す一例として、ドイツでは、第一次教員資格試験の受験資格として学術論文の提出が義務づけられている。またこの試験の口頭試問に大学教員が直接関与するため、学生側からの大学教員に対する接近度が高い。それに対して日本の大学での卒業論文はどのような役割を果たしているであろうか。教職志望学生の実践的指導力、学校現場で使える即戦力的スキルが今日強く求められている日本で、それらと高等教育機関としての学術的養成の役割との関係を問い直してみることも必要ではないか。

第4節　教員養成スタンダード

　2000年前後からドイツ各州の教員養成に関する制度的、内容的差異を調整し、連邦としての教員養成の改革を図る提言が多くなされている。1999年9月「ドイツにおける教員養成の展望」(各州文部大臣会議)、2000年10月「今日の教員の課題　－学習活動のための専門家」(各州文部大臣会議および教員組合)、2001年11月「教員養成の将来的構造のための提言」(学術会議)　等

に続いて、2004年12月には「教員養成のためのスタンダード」(各州文部大臣会議) が公表された (小柳2006, p.207)。

2004年の「スタンダード」は、教員に求められる力量とはいかなるものか、教員養成には何が必要なのかを、具体的なコンピテンスとして示したものである。そこには次のような前書きが付されている。「以下の表によって、教職における職業的行為の要求に基づく諸コンピテンスが記述される。これらはスタンダードに配分される。ここではスタンダードを、一方で理論的な、他方で実践的な養成部分において達成されるべきものに区別し、それぞれに重点が置かれている。しかし、この区別は相互の境界線を確定的なものとして理解するためのものではない。」(Standards für die Lehrerbildung, 2004, S.7) ここで用いられるコンピテンス概念は、専門性の観点から目標と状況にふさわしい行為をもたらすような「知識の在庫、行為のルーティーン、反省形式」を使いこなせることを意味している。コンピテンスは、授業、教育、評価、刷新の四領域に分けられ、各領域に2ないし3の具体的下位コンピテンス、あわせて11のコンピテンスを配置している。さらに各々のコンピテンスが理論的養成部分に関するスタンダードと実践的養成部分に関するスタンダードに区分され、実際的な学習成果、「できること」のアウトカム評価指標が記載されている。その具体的な内容は巻末の**資料2**の通りである。

●付　論——ハウプトシューレ（基幹学校）教育実習観察記録

　従来、大学における教員養成教育は学術的理論的な内容が中心的であり、対して試補期間においては実践的な内容に重点が置かれていた。しかし近年は大学における養成教育の段階においても、知識だけでなく実践的な内容が増加しつつある。その一端は教育実習の位置づけの変化に見ることができる。大学における教育実習の期間は大幅に増加され、実習の開始時期もより早く、継続的なものになった。大学によっては大学1年生から連携校での実習を行っている。近年、大学での養成教育段階における教育実習の位置づけはより重要なものになったといえよう。また、教育実習に際して大学教員はいわ

ばメンター的な立場で教育実習生の実習に積極的に関わっている。

　広島大学大学院教育学研究科教育人間科学専攻博士課程後期学生13名は、文部科学省「大学院教育改革支援プログラム」(平成19～21年度) 採択事業「Ed.D型大学院教育プログラムの開発と実践」の取組みの一環として、ドイツの大学における教員養成の実際を観察・調査する機会を得た。以下はその報告記録の一部である。

　ドイツ連邦共和国のエルランゲン－ニュルンベルク大学およびヴァインガルテン教育大学より調査協力を得て、2007年12月1日から約3週間、同地を調査訪問した。前半 (2007年12月1日から11日までの11日間) は、バーデン－ヴュルテンベルク州にあるヴァインガルテン教育大学を訪問、後半 (2007年12月9日から18日までの10日間) は、バイエルン州にあるエルランゲン－ニュルンベルク大学を訪問して、教育実習生の授業を観察することができた。

　2007年12月5日、ヴァインガルテン第1中学校 (基幹学校) を訪問し、第7学年 (日本では中学1年生、ドイツでは中学3年生に相当) を対象とした地理の授業を見学した。同授業には、ヴァインガルテン教育大学の学部1年生の実習生が参加していた。

[授業見学]

　授業には、ハウプトシューレの学校教員1名、大学教員1名、生徒21名、教育実習生 (学部1年生後期) 5名が参加していた。ヴァインガルテン教育大学における教育実習は、段階的に内容が変化するという。最終的には、一人の教育実習生が単独で一つの授業すべてを担当することになるが、1年生時には数名の教育実習生からなるグループで一つの授業を行うとのことである。

　科目は「地理」だったが、地理と歴史を関連づけて学ばせるように大学教員が指導しており、授業内容はそれを反映したものであった。例えば、参観した今回の授業では、学習する内容はヨーロッパの地理であるが、キーワードとして「中世」が設定されていた。

授業が始まると、生徒たちは5つのグループに分かれ、各グループが決めたテーマに合わせてプレゼンテーション用の模型や発表原稿の用意を始めた。テーマは、「十字軍」、「魔女」、「中世の生活」、「中世の城」、「昔の学習内容・教材」であった。生徒たちは自身の関心のあるテーマを選択し、授業の前にインターネットや本を用いて情報収集を行い、それぞれの情報を持ち寄って授業に参加していた。教育実習生は各グループの援助者として寄り添い、原稿の作成などを手伝った。学校教員と大学教員は各グループを巡回し、必要に応じて教育実習生や生徒にアドバイスを与えた。なお、実習後の大学教員の説明では、各テーマの選択権は生徒たちにあるが、テーマそのものは教育実習生が地理と歴史の関連を意識して考えたものだということであった。あるグループは大きな城のモデルを作ったり、またプレゼンテーション用の大きな紙を囲んで生徒同士話し合ったり、あるグループは別の部屋で事前に用意した十字軍の衣装を着たりと、それぞれが自由に作業に取り組んでいた。各グループの作業が円滑に進められるよう、複数の教室の利用が許可されていた。

　授業の後半はグループによる発表が行われた。時間になると、生徒たちは音楽室に移動した。発表の形式はグループそれぞれに工夫がなされており、教育実習生も担当していたグループに混ざって一緒に舞台に立った。例えば、「十字軍」をテーマに選んだ生徒たちは騎士の衣装をまとって登場し、その衣装や進軍経路について説明した。「魔女」のグループは、はじめに中世における魔女の基本的な情報を口頭で発表した後、薬草に関する知識を持つ魔女と彼女を頼って訪れた人のやりとりを中心とした寸劇を行った。「中世の生活」のグループは、大きな用紙に当時の生活に関するトピックス、例えば住むところ、食べものなどをまとめ発表した。「中世の城」のグループは、ブロックを使って大きなお城の模型を作って、みんなに見せながら説明を加えた。「昔の学習内容」のグループはスライドを利用して、当時の読み教材や書き教材を壁に映し出して提示した。各グループの発表が終わるごとにそれぞれ、大学教員や学校教員がコメントを加えた。

　授業後に、学校教員、大学教員、教育実習生による反省会が設けられ、

授業の反省や次回の授業内容「ヨーロッパの地理」に関する打ち合わせが行われた。反省点としては、いずれのグループの内容も興味深いものだったが、発表時間が十分ではなく、後半のグループは駆け足で発表しなくてはならなかったことがあげられた。また他に、テキストを読む発表形式への工夫の余地、体全体を使って自主的に活動することの必要性、そしてグループ作業の評価の難しさなどが指摘された。

[大学教員の役割]

　大学教員の教育実習への積極的関与が特徴的であった。授業開始前には、大学教員と学校教員が打ち合わせを行う。また各グループには実習生が一人ずつ配属され、実習生は生徒の学習状況を把握しながら学習を支援する。大学教員が実習に立ち会い、グループ作業中のアドバイス、生徒の発表へのコメントなどの働きかけを行っていた。大学教員は実習生の様子を観察しながら、気づいたことを後の反省会で指摘する。反省会では実習生が子どもの主体性にどれだけ配慮できたかという視点から議論が行われた。大学教員は学校教員とも活発な議論を展開した。また、反省会は授業全体のシラバスを参照しながら進められた。反省会でシラバスを見ることによって、学校教員、大学教員、教育実習生が、授業の流れを共有し、授業と授業の関連づけを意識しているようであった。大学教員のアドバイスも「教員は○○であるべき」というような抽象的なものではなく、「こういう授業展開なら○○すればよい」、「模型を作るなら材質は○○を使うとよい」など、きわめて具体的なものであった。

　実習生は、理論の専門家である大学教員と実践の専門家である学校教員とのやりとりの内に身を置くことで、多様な物の見方に気づき、多くのことを学ぶことができるようである。このような機会を通して、実習生は、反省（リフレクション）を行い、理論と実践のバランスのとれた力量形成を行うことができる。ドイツの教育実習制度は、「理論と実践の統合」をはかる上での一つのモデルとなり得よう。

　　　（広島大学大学院教育学研究科博士課程後期1年次生　諏訪佳代・塩津英樹）

第1章　ドイツにおける教員養成制度の展開　19

おわりに

　本章では、ドイツの教員養成制度を巡る議論を歴史的に概観しながら、その実態を紹介した。ドイツの教員養成制度は、現在まさにその改革の渦中にあると言えよう。言うまでもなく、制度それ自体が異なるドイツの教員養成制度と、日本のそれとを、一概に比較することはできない。しかし、教員養成制度の改革に注目が集められている日本において、ドイツの教員養成制度改革の経緯およびその実態は、少なからず日本の改革に対しても、示唆となるところがあろう。

主要引用参考文献

Beckmann, Hans-Karl: Modelle der Lehrerbildung in der Bundesrepublik Deutschland, in: Zeitschrift für Pädagogik, 26.Jg. Nr.4., 1980, Ss.535-558.

Homfeld, Wolfgang: Theorie und Praxis der Lehrerausbildung, Weinheim und Basel, 1978.

Müller-Rolli,S,Lehrerbildung,in: Handbuch der deutschen Bildungsgeschichte Band Ⅲ 1800-1870（hrsg.）Jeismann,K-E.u.Lundgreen,P.,VerLag C.H.Beck München 1989.

Sekretariat der Ständigen Konferenz der Kultusminister der Länder in der Bundesrepublik Deutschland: Standards für die Lehrerbildung: Bildungswissenschaften, Beschluss der Kultusministerkonferenz vom 16.12.2004.

Spranger,E.,Gedanken über Lehrerbildung 1920,in:Gesammelte Schriften Ⅲ Scuhle und Lehrer,Quell und Meyer Verlag,Heidelberg 1970.

Tenorth,H.-E.,Lehrerberuf und Lehrerbildung,in:Handbuch der deutschen Bildungsgeschichte Band Ⅲ 1800-1870（hrsg.）Jeismann,K-E.u.Lundgreen,P.,VerLag C.H.Beck München 1987.

フェール、K.著、天野正浩・木戸裕・長島啓記訳、『ドイツの学校と大学』玉川大学出版部、1996年。

天野正治・結城忠・別府昭郎編『ドイツの教育』東信堂、1998年。

ヴァイマー、H.・シェラー、W.著、平野一郎監訳『ドイツ教育史 思想史的・社会史的考察』黎明書房、1979年。

小笠原道雄編著『教育学における理論＝実践問題』学文社、1985年。

小柳和喜雄「ドイツにおける教員の情報活用能力を育成するカリキュラムの枠組みに関する研究　―eL3プロジェクトを中心に」『奈良教育大学紀要』第55巻、第1号（人文・社会）、2006年、205～219頁。

木下百合子「ドイツにおける教員養成改革」『大阪教育大学紀要』第Ⅴ部門、第52巻、第1号、2003年、15～28頁。

榊原禎宏「ドイツにおける大学教育の一事例　―教職課程の場合―」『京都大学高等教育叢書』第2巻、1997年、48～63頁。

シュプランガー,E. 著、長尾十三二監訳『ドイツ教育史』明治図書、1977年。
長島啓記「ドイツにおける教員養成改革」『早稲田教育評論』Vol.20、No.1、2006年、37～53頁。

※注記
　戦後ドイツの教員養成をめぐる論議（1970年代）については、広島大学教育哲学研究室共同研究「教員教育の基礎論」(小笠原道雄編著『教育学における理論＝実践問題』学文社、1985年、196～208頁。)を一部修正の上、載録している。

第2章　日本における教員養成制度の展開

　　　　　　　　　　　　　　　　　　　　森川　直
　　　　　　　　　　　　　　　　　　　　渡邉　満

　はじめに

　日本における教員養成は、1872（明治5）年の「学制」の頒布とともに、我が国近代学校の担い手である教師の養成機関として師範学校が設けられて以来、戦前の師範教育モデルとして確立された。戦後はこの師範教育批判からはじまるが、「大学における教員養成」と「開放制」の理念のもと、新たな教員養成制度が確立され、幾多の改革を重ねながら今日に至っている。しかし、戦後の教員養成の理念、とりわけ大学教育におけるアカデミズムと教師教育の問題には、ドイツにおける教員養成と対比される我が国教員養成の重要な課題が潜んでいるように思われる。
　そこで本章では、日本における教員養成の展開を概観しながら、日本とドイツの戦前・戦後を通じての教員養成のそれぞれの特徴、および共通の特徴や問題点について考察することにする。

第1節　教員養成制度の歴史的展開

1．戦前の教員養成制度

　1872（明治5）年に「学制」が頒布され、我が国における近代的教育制度が発足する。同年文部省は東京に師範学校を設立、開校したのを皮切りに、翌年には大阪、宮城に、1874（明治7）年には名古屋、広島、新潟に、また東京に女子師範学校を、明治8年には東京師範学校に中学師範学科を設け、教員養成は次第に整備拡充されていった。1876（明治19）年に小学校令、中学校令、帝国大学令とともに師範学校令が公布された。この師範学校令に

より、師範教育の体系化がはかられ、教員養成事業の意義が定着化した。

　師範学校は高等と尋常の二種類が設けられ、後者は各府県に一校の原則が確立された。高等師範学校は師範学校、尋常中学校、高等女学校の教員の、尋常師範学校は小学校の教員の養成を目的とするもので、この仕組みは、終戦まで一貫して保持された。ときの文部大臣森有礼は、教員養成を特に重視し、師範教育を大幅に改革したが、それが後に「師範タイプ」として批判される教師の性格、行動、特性を生み出すことになる。

　その後種々の手直しはあったが、教員養成制度史について注目すべきことは、1943（昭和18）年の師範学校の昇格と官立化である。師範教育の改革については、1936（昭和11）年に設立された政府の教育諮問機関である教育審議会でも論議されているが、青年学校の義務制（1939（昭和14）年）、国民学校制度の発足（1941（昭和16）年）に見られる戦時教育体制の確立を背景に、皇国民の錬成という大役を担うのが教師であり、教師教育の制度・内容の刷新こそ緊急事であって、学校を人物錬成の道場とする必要があるとの認識のもと、師範学校の中等学校段階から専門学校段階への昇格、府県から官立への移管が行われたのである。

　師範学校は終戦までの我が国の教員養成を支えてきたが、国民の学力形成、向上に大きく貢献し、戦前の教員養成を特色づける「師範タイプ」を生み出した。師範学校令第1条に「生徒ヲシテ順良信愛威重ノ気質ヲ備ヘシムルコト」とあるように、師表として期待される倫理が二十歳前の生徒に要求されたわけで、これでは内実を伴わない外面を、教授法も内容よりも形式を重視することになった。「教育其ノ人ヲ得ル」ことが何よりも大切であるとの認識に基づき、責任ある教員を養成するのは「師範学校ノ任ナリ」という観点から、教育の振興の鍵を握るものとして師範学校教育が重視された（新堀編,1986,34-35）。

2．戦後の教員養成制度の樹立

　戦後の教員養成制度は、戦前の師範学校を中心とする教員養成を改め、「大学における教員養成」と「免許状授与の開放制」という大原則のもとに

成立した。「大学における教員養成」は、国家主義的な色彩の強かった戦前の師範学校を廃止し、新制大学のもとで教員の資質向上、教職の専門性の確立をめざして、免許状授与の基礎資格として大学の教育課程を修了し、教職に必要な単位を修得した教員の資格を認めることにしたものである。この原則は、教育改革の推進に主導的な役割を果たした教育刷新委員会での改革論議のなかで、師範学校における閉鎖的、非学問的な教育によって「師範タイプ」といわれる鋳型にはまった教員養成への批判と反省の高まりを背景にして、教員養成制度の根本的な改革構想によって確立されたのである（山田,1993,p.169-195）。

この教員養成制度の改革は、新制大学の理念のもとで、高い教養と深い専門的学芸の研究を通して個性豊かな人間を形成し、そうした大学教育を受けたもののなかから新しい資質能力をもった教員を生み出す新しい教師像の創造をめざすものであった。これに基づいて「免許状の開放制」は、教職課程を置く大学で教育を受け、所定の基礎資格を充足したものには、国公私立のいずれの大学（短期大学も含む）の卒業者にも免許状を授与するというものである。戦前の閉鎖性を打破し、教員の免許状取得機会を広く開放するしくみである。

この免許状授与の開放制と教職の専門性の確立は、戦後の教員養成制度が発足した当初においては不離一体の関係において理解されていたが、この課題の実現のためには、「大学における教員養成」の内実の形成が必要であった。しかし、教育課程の組織、設備の不備で教職専門科目の大規模授業や免許法に定める単位の形式的な履修という状態が当初から生じていた。

3．教員養成制度改革の展開

戦後の教員養成制度は、その再編をめざす政策動向に直面した。1958（昭和33）年7月の中央教育審議会（以下、中教審）の「教員養成制度の改善方策に対する答申」は、戦後の教員養成を「旧制度の弊にかんがみ大学においてこれを行うという方針を確立した」ものとして評価しつつ、「開放的制度に由来する免許基準の低下」や「資格を得るための最低限度の所要単位を形

式的に修得する傾向」などの「欠陥」を指摘し、次のような提案を行っている。(1) 教員養成を目的とした専門の大学（教員養成大学）の設置、(2) 教員養成のための教育課程、履修方法、学生補導、卒業認定及び教員組織、施設・設備についての国家基準の設定、(3) 義務教育学校の教員養成を国立の教育大学で行い、卒業生の就職義務の設定、(4) 免許状の種別化などである。1970年代の教員養成制度の再編は、ほとんどこの答申に源を発している（日本教師教育学会編，土屋,2002,p.82-83）。

それは専門職としての教員に求められる高い資質の育成と計画的な教員養成の必要性から、各都道府県に教員養成を目的とする教育大学、教育学部を設置するというものであり、1966（昭和41）年から翌年にかけて学芸学部は教育学部に改組された。

また、1971（昭和46）年には中教審は答申「今後における学校教育の総合的な拡充整備のための基本的施策について」を提出して、「教育に関する高度の研究と現職の教員研修を目的とする高等教育機関」を設置することを提案した。それを受けて、翌年には教育職員養成審議会（以下、教養審）が「教員養成の改善方策について」の答申を行い、1978（昭和53）年から数年間の間に、大学院における現職教員の研修・再教育を目的とする「新構想の大学院」（兵庫教育大学、上越教育大学、鳴門教育大学）が教員養成のためのカリキュラム開発を目的とする学校教育学部と共に新設された。これらの大学院の設置に関しては、既存の教員養成系大学学部の整備充実が先だとの批判があったが、この時期は戦後のベビーブームによって児童生徒が急増し、それに対応して1966（昭和41）年以後10数年にわたって教員養成学部の入学定員の増が行われると共に、教育研究体制の充実が教科教育の教員を中心に教員定員の増員によって図られた。

さらに1983（昭和58）年には教養審の答申によって、教員の資質向上のために上級免許状の新設が提案された。1980年代の我が国は、国際化・情報化が急速に展開し、1984（昭和59）年には臨時教育審議会が設置され四次にわたる答申を行って、国際化・情報化の進展に対応する教育改革に向けて広範囲な政策提言がなされた。教員養成に関わっても、採用制度の

改善、初任者研修制度の創設、現職教育の体系化、社会人の教育界への活用、教員の自己啓発の奨励、大学における教員養成の充実などが政策提言され、1988（昭和63）年の教育公務員特例法等の改正によって初任者研修制度が実施されたのを筆頭に、その後の教育改革の中でそれらの提言は着実に実施されてきている。上級免許状の新設に関しては、1988（昭和63）年の教育職員免許法の改正によって、一種免許状と二種免許状、そして大学院修士課程修了を要件とする新設の専修免許状に新たに区分された。それを受けて、教員養成系大学学部にも大学院修士課程が設置され、修士課程において深い研鑽を積み、特定の分野について高度の資質能力を備えた者を養成するため、現職教員の研修教育の体制の整備が行われることになった。

　戦後の教員養成制度は「大学における教員養成」と「開放制」という二大原則の下に展開されてきたが、この原則の具体化は必ずしも容易なことではなく、「理論」と「実践」の関係の問題や教員養成における教科内容に関わる専門諸科学の位置づけの問題等、種々の解決すべき諸課題を生じさせている。その後の再編は学校教育の実際に直結する教育方法や指導技術における実践的指導力の向上を目的として、大学での教員養成の段階から「実践的指導力の基礎」を培うことが意図されてきたように思われるが、これらの基本的な諸課題を横に置いてはその解決を展望することは困難であろう。

第2節　ドイツと日本における教員養成──その特徴と課題

　以上、日本の教員養成の展開を概観してきた。最後に、第1章でまとめたドイツの教員養成の歴史的概観を踏まえて、ドイツと日本の教員養成の共通点も見ながら、その基本的な特徴及び課題について述べたい。

　ドイツにおける教員養成は、先に指摘したように19世紀のプロイセン改革期及び20世紀の20年代に今日の教員養成をめぐる中心的な問題がすでに論議され、その中心的枠組みが確立されていたとみなされる。とくに、中等学校のギムナジウムの教職のためのアカデミックな形態と初等学校である国民学校の教職のためのゼミナールの形態に分けられ、教員養成の二つの基

本モデルとして、今日にいたるまで大きな影響力をとどめている。1970年代以降、すべての学校種のための養成は —わずかの例外を除いて— 総合大学に統合され、これにより1848年に掲げられた国民学校教員の要求がかなえられたわけで、この点が歴史的観点から見ても第一の特徴とみなされる。

　しかし、教員養成を総合大学へ移行することは制度上なしとげられたが、個々の学習課程間の違いが完全に取り除かれたというわけではない。ギムナジウム教員の養成は、ドイツでは歴史的にも古く、フンボルト以来大学で行われていた。そこでは専門教科（たいていは2教科）に関する学術的な学習を中心としてカリキュラムが編成され、ドイツの伝統的な養成モデルとして定着してきている。それに対して初等学校教員（かつての国民学校教員、今日の基礎学校、基幹学校、実科学校の教員）の養成は、総合大学への移行で専門科学的レベルの向上がはかられているが、専門性の違いとはいえギムナジウムとの格差をいかにして解消するかが課題であろう。教職の統一化という点についていえば、養成機関の格差と三つの構成要素、すなわち専門科学と教育科学及び隣接科学と実践的関係の学習の相違は、重要な課題を残す結果となった（マックス・プランク教育研究所研究者グループ 2006, p.410-411）。

　ドイツ教員養成を特徴づける第二のものとして、二段階養成があげられよう。それは大学での学修（Hochschulstudium, Studium）と試補勤務（Vorbereitungsdienst）である。大学での学習とその修了時に行われる第一次国家試験（die Erste Staatsprüfung）合格後に行われる通常2年間の大学外（通常はゼミナール）での試補勤務と、その修了時に行われる第二次国家試験に合格することにより、教員免許状を取得することができる。さらに正式に教員として採用されるには、教員免許状取得後、教員採用募集を待ち、それに応募するという手続きを踏まなければならない。このように大学での学習とゼミナールでの研修の二段階養成に、ドイツにおける教員養成の大きな特徴が認められる（日本教育大学協会編 2008, p.81）。

　この二段階養成と関連して第三の特徴として、教育学における理論＝実践問題がある。すでに指摘したように、ドイツではギムナジウム教員の養成は大学での教科の学術的な学習を中心に行われており、ここ数年来、教職のた

めの専門科学としての教育学は理論的分析と実践的方向づけのあいだの仲介の役割を担ってはいるが、実際には国家試験への副次的な役割を果たしているにすぎないという見方もある。また初等学校教員の養成は、かつての教育大学や教育アカデミーでの養成では包括的な職業実践的な内容にも及んでいた。しかし総合大学への統合のなかで、教育学は心理学や教育社会学といった他の基礎科学に対して支配的な位置を有し、理論的性格を強めてはいるが、二段階養成のなかで教職の実務や実践との関係が問われている（マックス・プランク教育研究所研究者グループ 2006, p.400-403）。

　次に日本における教員養成については、戦前の師範教育制度に対して、戦後は「大学における教員養成」を基本理念とし、大学という高等教育機関で教員養成が行われている点が、第一の特徴である。それは戦前の師範教育の国家支配のもとでの「閉鎖性」に抗する大学の主体性（目的意識性）の確立という意味で重要である。大学における教員の目的養成をめぐる論議のなかで、戦前の師範教育の見直しが議論されているが、重要なことは教員養成における「国家の関与」がどこまで可能かということである。この点が、我が国教員養成の一つの重要な課題であろう。

　第二に、戦後の我が国教員養成は「開放制」の理念のもとに教員養成が行われてきた。国・公・私立を問わず、いかなる大学でも所定の単位を取れば教員の資格、つまり教員免許状が取得できるという「開放制」の原則に基づいている点が、第二の特徴である。この「開放制」の原則は、戦前の師範教育における官立の「閉鎖性」を改めるべく、できるだけ広く門戸をひらき、多様な人材を養成できる仕組みとして注目された。

　しかし、「教職の専門性」をめぐる問題は、教師教育におけるアカデミズム（教科の専門的力量重視の考え方）の問題、すなわち「大学教育としての水準の質の確保」が優先された結果、教職の専門性を保証するものとして教科に関する専門的知識の獲得に重きが置かれ、教育学的教養の意味が希薄になったことにある。教えることを前提とした教育と教員の職業教育的側面をアカデミズムの世界から排除した結果、「教育と学問の分離」、そして後者の優位という一般的な傾向と結びついて、専門の内容をただ教えておくという

傾向が強くなる。この結果、「高度な研究と教育」を任務とする大学の本質と「義務教育の教員養成」は相容れないとした判断は、まさに「大学における教員養成」の可能性を否定することにもなりかねない。

　第三に、教職の専門性の議論と結びついて、近年の改革動向のなかで「実践的指導力」の育成が強調されている。この点は教育学における理論＝実践問題とも関連し、教員養成課程における基本的な問題として議論されてきた。戦前の師範教育の見直しの議論にまでさかのぼる必要はないが、そこに「教授・学習理論・実践を追求していったかつての教育学の流れのなかに、やはり教育者の拠りどころになるような学問を求めていた遺産」（船寄 2002, p.150-151）がある。とくに最近の教員養成カリキュラム改革における「教育実習」の見直し、「教職実践演習」の導入、さらには「教職大学院」の設置など、実践的・実務的方向に偏りつつある我が国の教員養成政策のなかで、改めて大学教育における教育学の存在意義が問われねばならないだろう。

　最後に、以上の歴史的考察を踏まえて、ドイツと日本の教員養成の共通点と相違点について簡単に見ておくことにする。

　まず、教員養成を大学中心に行うという点では共通しているが、ドイツの場合にフンボルト以来の大学のもつアカデミズムの伝統から、中等のギムナジウムと初等学校の教員養成課程の格差は大きい。もちろん、各学校種段階の専門性から養成課程の相違が見られるのは当然である。また、ドイツでは大学と試補勤務という二段階の制度がとられていることが、理論と実践の分離という点で日本と大きく異なっている。試補勤務の段階では、ゼミナールで理論的な学習も深めながら勤務校で実践的訓練が行われるという点で、日本の初任者研修の制度と似ている面があるが、試補段階の終わりに国家試験（第二次）があり、さらにその合格後に研修期間があるという点で異なっている。

　また、最近の改革動向を見ても、ドイツで最近問題とされている、教科の専門には強いが教育学や教科教授学の教職能力に欠ける教員が多いということは、日本において実践的指導力を備えた教員の養成が求められていることと共通する点である。ただし、ドイツの場合、先に指摘したように教員養成

におけるアカデミズムの伝統を堅持しており、そのなかで学術的教育学と教職実践力をいかに結びつけるかが課題となっている。それに対して日本の場合、教員養成における「実践的指導力」の教育学的位置づけが明確になされぬまま、実践的・実務的な面に傾斜しているところに重要な問題があるように思われる。

引用参考文献

Müller-Rolli,S., Lehrerbildung,in: Handbuch der deutschen Bildungsgeschichte, Band Ⅲ 1800-1870（hrsg.）Jeismann,K-E.u.Lundgreen,P.,VerLag C.H.Beck München 1989.

Spranger,E.,Gedanken über Lehrerbildung 1920,in:Gesammelte Schriften Ⅲ Scuhle und Lehrer,Quell und Meyer Verlag,Heidelberg 1970.

Tenorth,H.-E.,Lehrerberuf und Lehrerbildung,in:Handbuch der deutschen Bildungsgeschichte Band Ⅲ 1800-1870（hrsg.）Jeismann,K-E.u.Lundgreen,P.,VerLag C.H.Beck München 1987.

天野正治・結城忠・別府昭郎編、『ドイツの教育』東信堂、1998年。

ヴァイマー,H.・シェラー,W.著、平野一郎監訳、『ドイツ教育史 思想史的・社会史的考察』黎明書房、1979年。

小笠原道雄編、「教育学における理論＝実践問題」学文社、1985年。

シュプランガー,E.著、長尾十三二監訳、『ドイツ教育史』明治図書、1977年。

新堀通也編、『教員養成の再検討』教師教育の再検討2、教育開発研究所、1986年。

土屋基規「大学における教員養成」日本教師教育学会編『講座教師教育学Ⅱ教師をめざす』所収　学文社、2002年。

日本教育大学協会編、『世界の教員養成Ⅱ欧米オセアニア編』学文社、2005年。

日本教師教育学会編、『教師教育改革の国際的動向』学事出版、2008年。

船寄俊雄、「師範教育と戦後教師教育」日本教師教育学会編『講座教育学Ⅰ教師とは』学文社、2002年。

フュール、K.著、天野正治・木戸裕・長島啓記訳、『ドイツの学校と大学』玉川大学出版部、1996年。

マックス・プランク教育研究所研究者グループ著、天野正治・木戸裕・長島啓記監訳、『ドイツの教育のすべて』東信堂、2006年。

山田昇、『戦後日本教員養成史』風間書房、1994年。

第 2 部
ドイツにおける教師教育改革

☆　☆

第3章　ドイツの学士－修士制度における教員養成
　　　　——ブラウンシュヴァイク工科大学を例に
　　　　　　　　　　　　　　　ケムニッツ,H.（辻野けんま訳）

第4章　ドイツの教員養成における学校実践的学修
　　　　　　　　　　　クラウゼ＝ホトップ,D.（渡邊隆信訳）

第5章　ドイツにおける教員養成の第二段階の改革
　　　　　　　　　　　　　プシヒホルツ,W.（木内陽一訳）

第6章　ドイツにおける教員の継続教育
　　　　　　　　　　　　　　　ケムニッツ,H.（大関達也訳）

第3章　ドイツの学士−修士制度における教員養成
——ブラウンシュヴァイク工科大学を例に

ハイデマリー・ケムニッツ

　ブラウンシュヴァイク工科大学は、ニーダーザクセン州で教職課程を有する8つの総合大学のうちの1つである。他の大学はゲッティンゲン、ハノーファー、ヒルデスハイム、リューネブルク、オルデンブルク、オズナブリュック、フェヒタにある。これらの大学では様々な学校種の教員になるための学修課程が設けられている。たとえば、ブラウンシュヴァイク工科大学では基礎学校、基幹学校、実科学校、ギムナジウムの教員になるための課程で学ぶことができる。また、ハノーファー大学では職業学校教員や特別学校教員になるための課程があり、ゲッティンゲン大学ではギムナジウム教員になるための課程のみが設置されている。

　従来の学修構造から学士−修士制度への転換が、2003年にニーダーザクセン州で開始された。大学での教員養成は従来4年ないし5年の学修期間だったが、学士課程で3年間、ギムナジウム教員になるための修士課程で2年間、基礎学校・基幹学校・実科学校の教員になるための修士課程で1年間となった。教員養成の修士課程修了は、試補勤務（Referendariat）に入るための資格となり、試補勤務を終えて正規の学校の教員に初めて応募できる。

第1節　ブラウンシュヴァイク工科大学の教職課程のしくみ

　教職課程には以下に示すような2つの学修課程が設けられている。つまり、2科目専門の学士課程およびそれに接続する修士課程である。修士課程には、(1) 基礎学校・基幹学校・実科学校の教員になるための修士課程と、(2) ギムナジウムの教員になるための修士課程とがある。

　ほとんどの学生は学習を始める段階ですでに教員になりたいという具体

な意志をもっている。彼らは科目の組み合わせを決めて大学に入学し、基礎学校、基幹学校、実科学校、ギムナジウムといった将来希望する学校種をはじめから決めている。

段階1：2科目専門の学士課程

　学士課程は将来教える教科のための学問的養成に特化している。2科目専門の学士課程においては2つの教科が組み合わされる。第1科目（たとえば数学）は主専門であり、後に学士論文を執筆する科目でもある。第2科目（たとえば物理、英語、音楽など）は副専門である。これに加えて、教育科学上の科目群（Studienanteile）や14週間の学校実践的学修、教科横断的な諸分野（たとえば修辞学、学術論文、メディアを用いた学習、様々な学問教養の学習、哲学、教育法など）が、教職に関する領域（Professionalisierungsbereich）において学ばれる。

　ブラウンシュヴァイク工科大学では以下の教科について学ぶことができる。

- 生物
- 化学
- ドイツ語
- 英語
- 宗教（プロテスタント）
- 歴史
- 数学
- 音楽
- 物理
- 事実教授（生物、化学、物理の要素を含む教科）
- 体育

　ブラウンシュヴァイクには造形芸術大学もあるため、ギムナジウムの教員を志望する学生は、そこで「芸術およびその指導」ないし「演劇（Darstellendes Spiel）」の科目を学ぶことができる。これらの科目は、上に挙げた工科大学が提供する科目と組み合わせることができる。

教科の組み合わせ方は、一般的には、基礎学校、基幹学校、実科学校、あるいはギムナジウムの教員のいずれを志望するかによって異なる。学士課程のうちはまだ課程の変更が可能ではあるものの、その判断は1年以上延ばさないように勧告されている。なぜならば、学習内容の遅れを取り戻したり、それぞれの修士課程に入るために開かれているモジュールを取り直したりすることで、通常の学修期間を超えてしまうためである。

ブラウンシュヴァイクの2科目専門の学士課程における科目の組み合わせの可能性は、補遺の**図3-1**（基礎学校・基幹学校・実科学校の教職課程）および**図3-2**（ギムナジウムの教職課程）のように示される。

科目の組み合わせについては、すべての教員が、数学、ドイツ語、英語の主要科目から少なくとも1科目を選択しなければならない点が留意されるべきである。また、基幹学校や実科学校の教員と異なり、ギムナジウムの教員は化学と物理とを組み合わせることが可能である。

段階2：教職修士課程

学士号を取得した後、修了生は当該学校種の修士課程に進学することができる。基礎学校・基幹学校・実科学校の教員の修士課程は2学期で、引き続き将来の学校種に応じた科目群が内容となっている。ギムナジウムの教員の修士課程は4学期である。

2つの修士課程はともに、専門科学の領域、教育諸科学（教育学、教育心理学、教科教育法）に代表される教職に関する領域、（基礎学校、基幹学校、実科学校、ギムナジウムなどの）学校種に応じて1つの学校で行われる4週間の教育実習に分かれている。学生は専門科目の授業を参観したり、自分で授業計画を作成したり、一定の条件のもとで授業を行ったりする。

第2節　教育学を特に考慮した科目群

学士課程では180単位（credit/Leistungspunkt）が修得される。単位の配分は中心領域（Kernbereich）、専門化領域（Differenzierungsbereich）、教職に関する領

域、実習といった諸領域ごとに異なる。学士課程の最後の段階には、学士論文で執筆する科目の専門的な授業を含む拡大モジュールが設けられている。基礎学校・基幹学校・実科学校の教職課程における単位の配分は、補遺の**図3-3**に示されている。全単位のうちの半分以上が教科に関するものとなっている。専門化領域においては、ギムナジウムの教員を志望する学生は選択した主専門を中心に深め、基礎学校・基幹学校・実科学校の教員を志望する学生は教育学や教育心理学を学ぶ。専門化領域以外の領域はすべての学校種の教員で同じように構成されている。学生は希望する学校種にかかわらず教育実習を同様に行い、教職に関する領域では2つの領域の科目群（教科横断的な諸分野など）を学ばなければならない。さらに学士課程では、企業や社会教育・福祉関係の諸領域（たとえばスポーツ協会（Sportverein）のトレーナーなど）で4週間の実習を行わなければならない。

　学士課程においては、いわゆる教育諸科学（ブラウンシュヴァイクでは基礎科学（Grundwissenschaften）としても表される）の配分は、どの学校種の教員になるのかによって異なってくる。基礎学校・基幹学校・実科学校の教員とギムナジウムの教員との間の区別は、課程を通じて一貫している。総じて、基礎学校・基幹学校・実科学校の教員になるための課程では、ギムナジウム教員になるための課程よりも教育学の領域が3分の1ほど多く、学習の時期も早い段階に置かれている。

　各課程における学習は、モジュール化された構造において行われる。1つのモジュールには、相互に関連のある2～3の授業が置かれている。すべての学生が学士課程のはじめに行う必修のモジュール「指導の基礎（Grundlagen der Vermittlung）」では、指導というテーマに関して（心理学と教育学という）異なる視点から扱う2つの講義がある。

　学生はあらゆるモジュールにおいて、学期の期間中ないし終了時に学修成績や試験成績を得る。モジュール試験規程に定められている評価の形態は多様である。たとえば、筆記試験、報告、課題、学習日誌、ポスター発表、プレゼンテーションをともなうプロジェクト学習、口頭試験、あるいは自然科学の分野では実験の実演などである。学生は試験成績について、単位ととも

に評点も受け取る。評点段階は、1（非常に良い）から5（不可）までに分かれている。1つの試験は、評点の4以上をとることで合格となる。不可の成績がつけられた場合には、2回まで試験を受けなおすことができる。ただし、学士論文の再提出は1回のみで、そこで合格できなければ別のテーマに変更しなければならない。各評点は0.3点の加減によって差をつけることができる。ここでの各評点は、学生がその後の学修や職業生活に進むうえで決定的な影響をもつ総合評点（Gesamtnote）を形成する。そのため、学士課程の段階からすでに学生にとって重要な意味をもっている。教職の修士課程に進むには、少なくとも2.5の評点がなければならい。学士課程における評点がそれよりも悪い（2.6から3.5まで）場合、不十分な成績でも修士課程に入学できるかどうかを決める適性判断の面接が行われる。

　基礎学校・基幹学校・実科学校の教職のための2科目専門の学士課程では、教育学の学習は、カリキュラム上の相互に関連のある以下の4つのモジュールにおいて行われる。

- 基礎モジュール1（必修）：「訓育、陶冶、社会化」（1講義＋2ゼミナール）
- 基礎モジュール2（必修）：「一般教授法」（1講義＋1ゼミナール）
以下2つから1つの基礎モジュールを選択（選択必修）：
- 基礎モジュール3：「学習、指導、メディア、教育的コミュニケーション」（3ゼミナール）
- 基礎モジュール4：「教育上の行為領域と職業領域」（1講義＋2ゼミナール）

　モジュール内の各要素は、各州文部大臣会議が2004年に議決した教育諸科学の分野についての教員養成スタンダードに準じている。それぞれのモジュールについて、学修課程における位置や学生が獲得すべき能力目標／コンピテンス（Qualifikationsziele/Kompetenzen）、そして内容などが、モジュール便覧の中で示されている。**表3-1**は2009年夏学期講義一覧からの基礎モ

ジュール2「一般教授法」を引用したものである。

学生は講義に参加することに加えて、1つのゼミナールを選択しなければならない（**表3-2**参照）。

担当教員には、各学期の終わりに自分の授業についての評価を行う義務がある。評価結果は内部で分析整理される。さらに、学習の質を保証するために、学修課程は定期的に外部のアクレディテーション・エージェントによって審査される。そして、教員養成スタンダードが十分に踏まえられていないとこのエージェントが判断した場合、大学は再びアクレディテーションを受けなければならない。もしこの義務が履行されなければ、当該の学修課程は

表3-1　モジュール便覧の一例（一般教授法）

基礎モジュール2	一般教授法
・学修課程における位置づけ	学士課程、1科目専門の学士課程1年次、主専門および副専門、基礎科学の1年次ないし2年次
・適用される課程	2科目専門の学士課程（主専門および副専門としての教育学）および1科目専門の学士課程
・能力目標／コンピテンス	教授法の考え方をその史的発展や典型的モデルから知り、授業と関連する教育方法や教育評価を方法論的に省察し、科学的に根拠づけることができるようになること。
・内容	一般教授法、教授法の考え方および行為の原理とモデル
・参加条件	特になし
・授業時数	2週時 × 2
・指導・学習の形態	講義およびゼミナール
・試験の形態	筆記試験ないし報告ないし講義内容に即したレポート（Hausarbeit）
・単位（ワークロード）および評点段階	6単位（ワークロード：180時間）評点段階は試験規程第17条2項に準じる
・開講時期	夏学期
・モジュール担当者	ケムニッツ教授

訳注：「週時」(Semesterwochenstunde: SWS) とは、大学での学期中の週あたり授業時間に対して用いられる単位であり、「1週時」は「45分間」に相当する。

閉鎖される。また、大学はモジュールの流れと学習過程における学生による授業の選択の可能性を明らかにする一覧表を公表しなければならない。

　学習をはじめるにあたり、学生には選択の余地が少ないモジュールから登録を行うように伝えられる。また場合によっては、学生はどの必修モジュールからはじめるかを決定できる。選択必修モジュールの1つを学習するためには、少なくとも必修モジュールの1つを修了していなければならない。

　学士課程では、カリキュラムの中で理論的な授業に加えて様々な実習が設けられている。ブラウンシュヴァイク工科大学の教員養成においては、実習が特に高く評価されてきたという伝統がある。今日においても特に長期の実

表3-2　ゼミナールの事例

教員名	授業のテーマ	曜日・時間	教室	週時	授業形態
ケムニッツ	一般教授法	火曜 13:15-14:45	BI 84.1	2	講義
ヘルチェ	学校、授業、ゼミナールの活動的な方法	木曜 9:45-11:15	BI 85.8	2	ゼミナール
イムカー	授業における指導の過程	木曜 9:45-11:45	BI 97.11	2	ゼミナール
ケムニッツ	一斉教授と授業の質	木曜 15:00-16:30	BI 97.1	2	ゼミナール
コッホ	教授法モデル	水曜 16:45-18:15	BI 85.3	2	ゼミナール
ハルツ	教授法ワークショップ：成人教育・継続教育におけるミクロ・マクロの教授法	水曜 11:30-13:00	BI 97.4	2	ゼミナール
グラウベ	積極的教授法―考案者の理論と実践	月曜 13:15-16:30	BI 97.7	2	ゼミナール
ブリンカー	成人教育の教授法および教科教育法：ミクロ教授法	集中ゼミナール 09年3月25-27日	BI 97.7	2	ゼミナール

習モデルを有している。

すなわち、3回にわたる計14週間の教育実習が設けられており、そこに(1)「準備実習（ⅠおよびⅡ）(VBS I/ VBS II)」と (2)「一般教育実習（ASP）」が含まれている。学士課程での教育実習は導入的な役割を担っている。この教育実習において学生は、とくに生徒の視点から教師の視点への転換と役割の転換を行う。彼らは授業を観察し省察するとともに、職業生活の現実的なイメージをつくる。その際、彼らは学校生活にともなう負担や要求についても経験することになる。彼らは学校組織や学校生活への認識を身につけ、理論的に裏づけられた授業の計画・実施・評価を経験する。総じて実習は、教職固有の考え方や職業への意欲を確認することに役立つ。実習で得られた経験は、大学におけるその後の理論的な学習において、理論と実践という分類

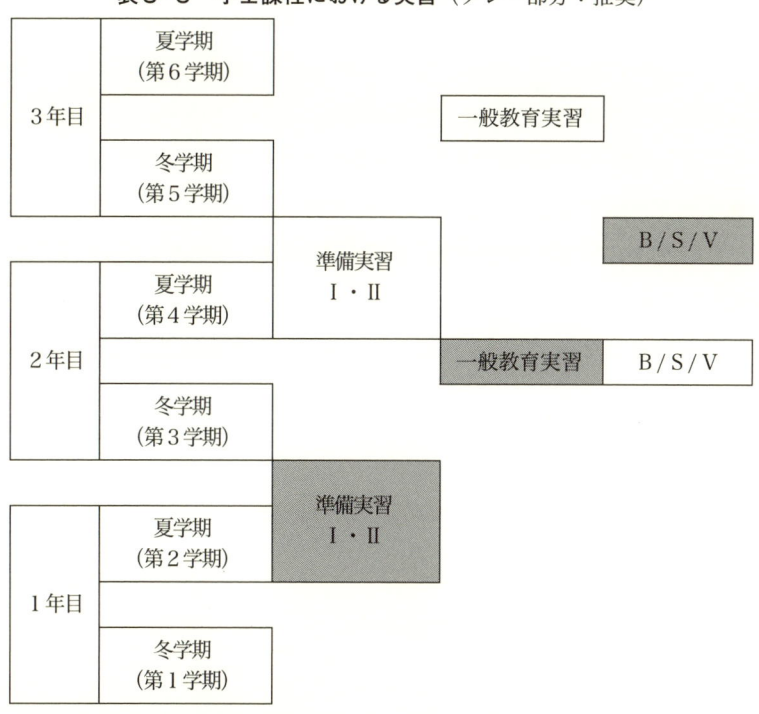

表3-3　学士課程における実習（グレー部分：推奨）

年次	学期			
3年目	夏学期（第6学期）		一般教育実習	
	冬学期（第5学期）			
2年目	夏学期（第4学期）	準備実習 Ⅰ・Ⅱ		B/S/V
	冬学期（第3学期）		一般教育実習	B/S/V
1年目	夏学期（第2学期）	準備実習 Ⅰ・Ⅱ		
	冬学期（第1学期）			

(B/S/V: 企業実習・社会的実習・協会実習)

上の差異がいつも明確なものとは限らないという認識を学生にもたらすことになる。なお、学生たちは実習を非常に肯定的に評価している。

教育実習の時期は学校との取り決めや学校の休暇によって左右される。実習の時間的配置は**表3-3**ように示される。

第3節　ブラウンシュヴァイクにおける教育実習の組織化

1．準備実習ⅠおよびⅡ

準備実習（VBS）は第2学期で始まり（VBS I）、第2学期と第3学期の間で継続される。それらと平行する形で授業（「学校・授業の理論と実践への導入」）が行われる。

準備実習Ⅰ

この準備実習Ⅰをはじめるにあたり、学生は16～20名のゼミナール・グループに分かれる。学生は当該学期の毎週水曜日に実習校に通い、1人の教師の授業を参観する。それに引き続き学校でゼミナールが行われる。ゼミナールはたいてい大学教員（Hochschullehrer/Tutor）によって実施される。ゼミナールの後、学生は見学した授業について話し合うために、授業を行った教師とともに小グループに分かれる。

準備実習Ⅱ

第2学期の後、準備実習Ⅰと関連づけられた3週間の実習に入る。この期間中、学生は学校において1人の実習指導教員（Mentor）のもとにつく。学生には観察義務があり、授業見学をするとともに自ら授業を行う。

2．一般教育実習

一般教育実習（ASP）は6週間である。これは学校という職業領域について集中的に学ぶことに資する。実習生は自分の実習指導教員のすべての授業に参加しなければならない。実習生は［生徒の］学習集団を助ける役割を担い、観察義務を果たし、自らの実習授業を改善していく。

この一般教育実習は、学校と実習指導教員に完全に委ねられる。大学側は1回の学校訪問を行う。大学の教員は学生と会って実習での経験を聞き、学生の授業を参観するとともに、参観した授業について学生および実習指導教員とともに話し合う。学生は最後に約10ページの実習報告書を作成する。これは大学教員によって指導され添削される。実習の修了に際して評点はつけられないが、「合格」ないし「不合格」のいずれかの評価がなされる。不合格の評価は、必要な責務が果たされなかった場合や、時間遵守その他の諸義務に反した場合などに与えられる。実習は1回のみ再履修が可能である。

準備実習および一般教育実習が行われる学校は公立学校である。実習校は大学によって選ばれる。ブラウンシュヴァイクには20の実習提携校がある。州学校監督官庁は教育実習を支援する。実習生を担当する実習指導教員の任を負う教員はすべて、実習生の指導のため週1時間の授業を免除される。実習校や実習指導教員はこれを超える援助手段を得ることはない。

教職課程の学士－修士制への転換の流れの中で、多くの問題（たとえば理論と実践との結合についてなど）が新たに生じている。そして学習過程における個々の構成要素の効果がどのように評価されるべきかを熟慮することが求められている。また、学習の質の保証に関しては、学校での実習において、学生が援助され助言されるべき能力とはそもそもいかなるものであるか、という問いが立てられている。従来は、校長によって、良い授業を行うと評価されて実習指導教員の職務を割り当てられた教師が、同時に良い実習指導教員であるということがしばしば信じられてきた。また、大学での教授資格をもつ者が、学生をうまく支援し助言できるということが、暗黙の前提とされてきた。しかし、必ずしもそうではなく、大学の教員は実習に関わる際に、時として大きな居心地の悪さを感じている。それは、特に実習において授業を評価しなければならない場合に、教科の面において専門的な能力を有していないということや、あるいは観察後の指導・省察が重要となる学習の早期の段階で彼自身が自分の面目を失うかもしれないということへの不安に起因している。

長らくの間あてにされてきたのは、あらゆる関係者が自らの責務を良く果

たすであろう、という認識なのである。一般的には、学生は学校での実習や実習指導教員に対して満足している。しかし、彼らがやや批判的なのは、［大学の］授業が理論偏重だと思ったり、そうした授業が彼ら自身の［実習での］観察や経験と結びつかないと感じている状況に対するものである。このような状況は、多くの大学に［理論と実践の］より良い結合の可能性を熟考することを迫っており、また［実習校の］実習指導教員が学生をうまく指導する専門的能力の問題を投げかけている。目下、次のような研修が組織されている。すなわち、大学教員が学校の教師と一緒になり、実習に平行してなされる［大学の］授業のカリキュラムを批判的に議論したり、観察義務［のあり方］について熟慮したり、あるいは初学者が授業や学校生活を客観的に振り返ることに役立つテキストを共同で作成したりするというものである。2004年の各州文部大臣会議によって出された教員養成スタンダードは、援助であり補助的なものでもある。これは、教員養成の異なる養成時期とそれぞれの段階に応じたカリキュラム上の重点、あるいは将来の教員の能力開発の必要性を認識させるものとなっている。

第4節　教員になるための修士課程

　ブラウンシュヴァイク工科大学では、［教員になるための］2つの修士課程が用意されている。
　(1)　基礎学校・基幹学校・実科学校の教員になるための修士課程
　(2)　ギムナジウム教員になるための修士課程
　いずれの課程も修了資格は教育学修士である。

1．基礎学校・基幹学校・実科学校の教員になるための修士課程

　この修士課程はさらに3つの課程（基礎学校・基幹学校・実科学校というその後の学校種に対応）に分かれており、学校種ごとに異なる固有の問題を扱う科目群が存在する。たとえば基礎学校の教員を志望する者にとって、幼稚園から基礎学校への移行の問題などがある。また、将来基幹学校の教員を志

望する学生に対しては、いわゆる不登校や思春期における発達の問題などが、学修の中でより重視される。ただし、教育学の学習の大部分は上記3つの学校種の教員志望者に共通する問題（あらゆる学生が学校制度や学校開発、教育心理学的介入の基本問題を学ぶ）である。その反面、[学校種ごとによって異なる各課程の間で] 最も異なるのは、学生が選択する教科にある。教科の組み合わせは、学士課程でそれまで選択されたものが条件となっている。

基礎学校の教員になるための修士課程には事実教授の資格が含まれている（事実教授は基礎学校における合科的な教科である。これは自然科学的な要素をもっているが、狭義の社会生活および郷土に関わる内容も顧慮されている）。修士課程でこの教科を選択するためには、学士課程において生物、物理、化学のいずれかを学修していなければならない。

通常学修期間は2学期で、60単位が修得される（章末の補遺の図3-4参照）。第1専門科目は6単位で、第2専門科目は9単位である。教職に関する領域では18単位が修得され、学校教育学、教育心理学、教科教育法のゼミナールが含まれている。学校での教科実習は教科ごとに行われ、期間は計4週間である。教科実習の組織化は大学における専門科目の側から行われる。ここでは、学校や実習指導教員との協力関係もある。実習の終わりには大学での教科教育法上の授業が関連づけられ、学生は第1教科（たとえば数学）で教育方法上のレポートを作成しなければならない。また、第2教科（たとえば事実教授）については授業計画を提出しなければならない。それらは9単位である。修了モジュールにおいて学生は、3カ月の期間内に修士論文を作成する。修士論文は2人の大学教員によって審査され評価される。修士論文は[のちの] 口述試験の構成要素ともなる。口述試験では、教科教育法にとどまらず教育学や教育心理学の見地からも審査される。それぞれの構成要素を専門的な審査者が1人ずつ担当する（学生は事前にテーマを提出する）。1人の学生に対して少なくとも2人の大学教員が審査を行う。試験には学校監督官庁ないし教会庁の担当者も参加する場合がある。口述試験は60分間行われる。学修期間中に済ませなければならない他の試験と同様に、口述試験もまた追試験（通常1回）を受けることができる。

2．ギムナジウムの教員になるための修士課程

　基礎学校・基幹学校・実科学校の教員になるための修士課程との最大の相違は、学修期間が2倍であることにとどまらず、選択した専門科目を内容的に深化することにある。また、基礎学校・基幹学校・実科学校の教員を志望する学生がすでに学士課程で修了している教育諸科学の各分野を、ギムナジウムの教員を志望する学生はここで取り戻すことになる。

　通常学修期間は2年であり、120単位が修得される（章末の補遺の図3-5参照）。第1専門科目における成績とそれに対する教科教育法の成績は計15単位であり、第2専門科目は計45単位である。教職に関する領域（27単位）は必修モジュールである「教育学と学校」（1講義および1ゼミナール）、「学習と成績」（2ゼミナール）、「教育的専門性（Pädagogische Professionalität）」（4週時での1ゼミナール）を伴う教育諸科学を含んでいる。教育心理学においては1つの選択必修モジュールを学修しなければならない。そこでは、「指導と学習の条件」、「発達と教育」、「人格と成績」のうちのからいずれかを選択することになっている。ギムナジウムないし総合制学校で行われる教科実習には、基礎学校・基幹学校・実科学校の修士課程の学生に適用されるものと同じ規程が適用される。また、修士論文の対象とかかわる深化的な学習を行うための修了モジュールが置かれている点も同様である。修士論文の作成期間は4ヶ月間である。学生は最後に、基礎学校・基幹学校・実科学校の修士課程と同じ規程に即した口述試験を行う。

　ドイツの教師教育の第2段階となる試補勤務に入るうえで、修士課程の修了生の総合評点は決定的である。

補遺

		第1専門科目									
		生物とその指導	化学とその指導	英語	プロテスタント神学/宗教教育	ドイツ語	歴史	数学とその指導	音楽/音楽教育	物理とその指導	体育/運動教育
第2専門科目	生物とその指導	■	G:× H/R:O	O	×	O	×	O	×	G:× H/R:O	×
	化学とその指導	G:× H/R:O	■	O	×	O	×	O	×	G:× H/R:O	×
	英語	O	O	■	O	O	G:× H/R:O	O	O	O	O
	プロテスタント神学/宗教教育	×	×	O	■	O	×	×	×	×	×
	ドイツ語	O	O	O	O	■	G:× H/R:O	O	O	O	O
	歴史	×	×	G:× H/R:O	×	G:× H/R:O	■	G:× H/R:O	×	×	×
	数学とその指導	O	O	O	×	O	G:× H/R:O	■	O	O	O
	音楽/音楽教育	×	×	O	×	O	×	O	■	×	×
	物理とその指導	G:× H/R:O	G:× H/R:O	O	×	O	×	O	×	■	×
	体育/運動教育	×	×	O	×	O	×	O	×	×	■

図3-1　2科目専門学士課程（基礎学校・基幹学校・実科学校の教職課程）での科目の組み合わせ方

記号：G＝基礎学校、H＝基幹学校、R＝実科学校
基礎学校・基幹学校・実科学校の教員になるための修士課程についての注意：
　基礎学校の教員になるための修士課程で事実教授を学ぶ場合、2科目専門学士課程では「物理とその指導」「化学とその指導」「生物とその指導」から1科目を履修しなければならない。事実教授の科目は基礎学校のみである。基幹学校・実科学校には存在しない。

		第1専門科目							
		化学とその指導	英語学	ドイツ語学	歴史	数学	物理	演劇(1)(3)	芸術指導(2)(3)
第2専門科目	化学とその指導	■	○	○	×	○	○	×	×
	英語学	○	■	○	○	○	○	○	○
	ドイツ語学	○	○	■	○	○	○	○	○
	歴史	×	○	○	■	○	×	×	×
	数学	○	○	○	○	■	○	×	○
	物理	○	○	○	×	○	■	×	×
	演劇(3)	×	○	○	×	×	×	■	○

図3-2　2科目専門学士課程(ギムナジウムの教職課程)での科目の組み合わせ方

1　「演劇」はブラウンシュヴァイク造形芸術大学（HBK）に設けられている。登録は造形芸術大学でのみ行うことができる。
2　「芸術指導」は、ブラウンシュヴァイク工科大学の科目と組み合わせる場合、造形芸術大学で主専門としてのみ学ぶことができる。登録は造形芸術大学でのみ行うことができる。
3　修士課程での組み合わせ科目としての「演劇」および「芸術指導」は準備中である。

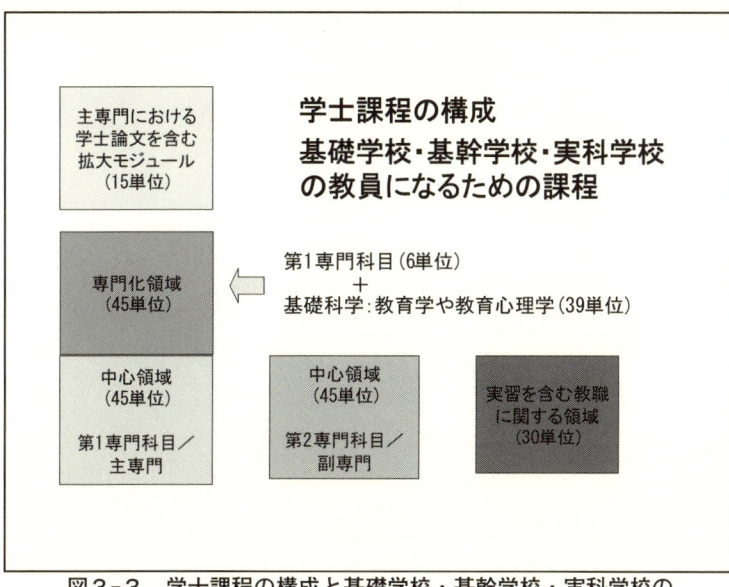

学士課程の構成
基礎学校・基幹学校・実科学校の教員になるための課程

- 主専門における学士論文を含む拡大モジュール（15単位）
- 専門化領域（45単位） ← 第1専門科目（6単位）＋基礎科学：教育学や教育心理学（39単位）
- 中心領域（45単位）／第1専門科目／主専門
- 中心領域（45単位）／第2専門科目／副専門
- 実習を含む教職に関する領域（30単位）

図3-3　学士課程の構成と基礎学校・基幹学校・実科学校の教職課程における単位の配分

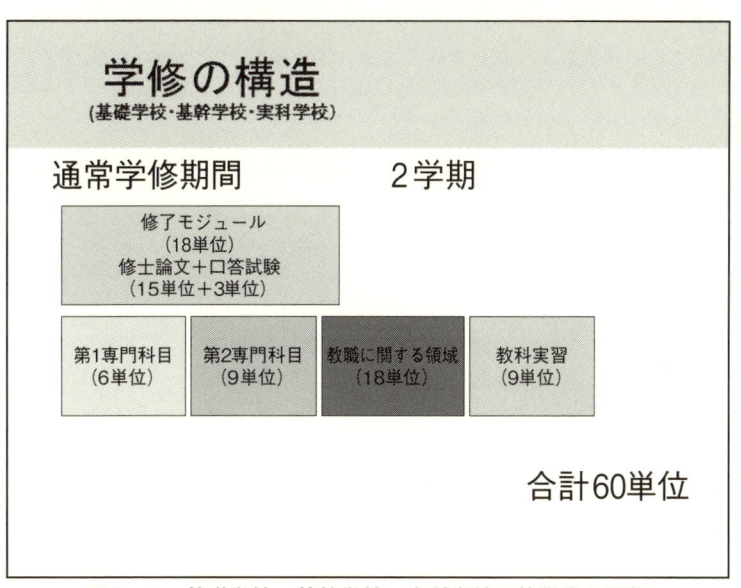

学修の構造
（基礎学校・基幹学校・実科学校）

通常学修期間　2学期

- 修了モジュール（18単位）　修士論文＋口答試験（15単位＋3単位）
- 第1専門科目（6単位）
- 第2専門科目（9単位）
- 教職に関する領域（18単位）
- 教科実習（9単位）

合計60単位

図3-4　基礎学校・基幹学校・実科学校の教職修士課程

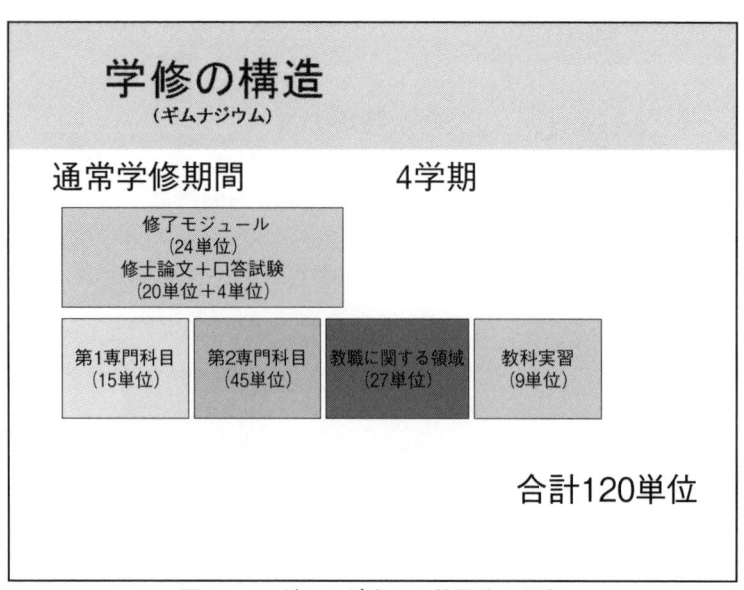

```
学修の構造
(ギムナジウム)

通常学修期間    4学期

    修了モジュール
     (24単位)
   修士論文＋口答試験
    (20単位＋4単位)

  第1専門科目  第2専門科目  教職に関する領域  教科実習
   (15単位)    (45単位)     (27単位)      (9単位)

                              合計120単位
```

図3-5　ギムナジウムの教職修士課程

(翻訳　辻野けんま)

※注記
　本章は、東京学芸大学教員養成カリキュラム開発研究センター編『グローバル世界におけるドイツの教師教育改革』(2009年) に掲載された拙論「ドイツの学士―修士制度における教師教育―ブラウンシュヴァイク工科大学を例に―」に加筆修正したものである。

第4章　ドイツの教員養成における学校実践的学修

ディートヘルム・クラウゼ＝ホトップ

はじめに

　教員養成の歴史においては、理論と実践の関係が繰り返し議論されてきた。その際、常に焦点となるのは、職業実践的な養成にどれほど価値をおくべきかという問題である。ドイツ連邦共和国の教師教育は3段階（大学での理論段階、試補教員研修所での実践段階、そして採用後の継続教育）に区分されているので、ラトケ（Radtke）とヴェーバース（Webers）は、大学での教育実習が生産的であるとは言えないとして、学校実践的学修（Schulpraktische Studien）が「すべての教職志望学生にとっての正課として保持されるべきでない」(1998, S.209)という考えを示している。それとは逆に、ザントフックス（Sandfuchs）は「大学の教員養成において授業の観察、計画、遂行、リフレクションに高い価値をおくこと」(1996, S.56)は非常に意義がある、と考える。エルカース（Oelkers）によれば、教育実習は教員養成の「あらゆる問題」の火だねである。同時に彼にとって、「教育実習は教員養成の中心点」である（1996, S.54）。さらには、「教育実習を第一の養成段階における本質的な構成要素」(2000, S.107)と見なすテーハルト（Terhart）の考え方が広く支持されている。

　以下の論考では、いまだ対立点の多い理論－実践関係の論議（それについてはベックマンの論考（Beckmann 1997）を参照）には立ち入らず、むしろ学校での教育実習の意義をより細かく提示することにしたい。本章ではまず手短に教員養成の歴史を振り返ったのち、教育実習から学校実践的学修への変化について述べる。続いて、いくつかの大学を事例にして、学校実践的学修がどのようにして新しい学士構造へと統合されているのかを示す。その際、ブ

ラウンシュヴァイク工科大学の「ブラウンシュヴァイク・モデル」について詳細に説明し、あわせて今日的な問題も指摘したい。

第1節　歴史的振り返り[1]

　初期の頃は、教師（学校マイスター）の養成は手工業の見習い修業に似たものであった[2]。教師見習いはおよそ6年の間、学校マイスターのもとで見習い修業をおこない、そこでの模倣と稽古を通して授業の手ほどきを受けた。報酬が少なかったために、手工業的な教職活動は、田舎や小都市では副業のかたちでしかなされなかった。

　トプシュ（Topsch 2004, S.477）によれば、「教師教育の制度化」とともに、理論と実践を相互により強固に結びつける試みが開始された。汎愛派のエルンスト・クリスチャン・トラップ（Ernst Christian Trapp）が大学附属の「教育学院」(Institutum paedagogicum) で初めて、教員養成において理論と実践を相互に結合したことは、よく知られている（Sandfuchs 2004, S.17 参照）[3]。

　教職活動の専門職化（特に養成と採用の整備）が始まると、教員の地位のなかで細分化がおこる（それについては特に Titze 1973, S.42ff. 参照）。その最も基本的な類型として、ギムナジウム教員と基礎学校ないしは民衆学校教員という2つが併存することになる。

　基礎学校の領域については、教員の地位の発展には多様な混合形態も存在したものの、大きく二つの段階に分けることができる。手工業的に養成された学校マイスターと、ゼミナール的に養成された基礎学校教員である（Titze 1973, S.42f. 参照）。ゼーマン（Seemann 1964, S.18ff.）によれば、1726年にワイマールで下級の教職のための最初の教員ゼミナール（Lehrerseminar）が設立された。基礎学校教員の養成は19世紀には教員ゼミナールが主流となっていく。ゼーマンはその際に「科学主義的な特色」の演習をもつ教員ゼミナールと「実践的－技術的な特色」の演習をもつ教員ゼミナールとを区別している（Seemann 1964, S.19ff.）。ブンツラウ・ゼミナール（Bunzlauer Seminar：1816年にシュレージエンで設立された）には、救貧＝無償学校が附属しており、ゼ

ミナール生は2年間の養成期間のうちに6週間から8週間、「無償学校マイスター」として授業をおこなった（Krause-Hotopp 1989, S.107ff.）。

　大学における実践志向の教員養成への要求もまた、やむことがなかった。「・・・（1889年、プロイセンの）文部大臣はラント議会においても、学者の育成ではなく実践的な教員の養成が大学授業のもっとも重要な課題であると説明した」（Bölling 1983, S.24）。19世紀にはすでに、基礎学校教員に対して大学での養成を要求する声もあり、例えば1845年にシュレージエンの教師カール・ヴィルヘルム・ヴァンダー（Karl Wilhelm Wander）は、大学に教育学部を設立することに賛成を表明した（Wuntschli, Pseudonym für K.F.W.Wander, 1845, S.154）。1918/19年の革命後にようやく、こうした要求はいくつかのラントで実現された。例えばブラウンシュヴァイクでは1927年以降、工科大学で教員養成がおこなわれるようになった。ここでは都市や田舎にある大学附属の学校での広範な実践的養成が含まれていた。こうした実践的養成は、ザントフックスの見解（1978, S.399f.）によれば、「高いレベル」で実施された。

第2節　教育実習から学校実践的学修へ

　ブラウンシュヴァイク[4]では1945年以降、学校実践的な養成に関しては、ほぼワイマール時代のゼミナール的養成の形態が継承された。すでに1949年には、田舎と都市の学校での教育実習が実施されていたことが確認されている。また第1学期から、附属学校での授業観察とそれに続く話し合いが学修内容に含まれていた。第3学期には、学生たちは専門科目の観点から最初の実地授業を試みた。ザンダー（1996, S.7）はそうした専門教科の実習の先駆けについて語っている。

　しかし1965年までは、教育実習の組織と実施に関する統一的な見解は存在せず、「むしろ不確かでちぐはぐな印象があった」（Sander 1996, S.4）。1968年の冬学期に、「ブラウンシュヴァイク・モデル」[5]がスタートした。このモデルの「父」はヴェルナー・S・ニクリス（Werner S. Nicklis）[6]であった。

1972年、クリンクハルト出版社から『教育学的基礎学修における教育実習』というニクリスの研究が刊行された。彼は同書のなかで、「すべての種類の教師に共通の教育学的基礎教養という文脈における、学校実践的な学修の意味と本質について新たに問いを」(Nicklis 1972, S.5) 立てた。彼は、これまでの実習を廃止してしまおうとする考え方に、激しく抵抗した。「厳しく解せば、教育学の学修が・・・仮に実り多いものとなろうとするならば、教育現実の中心から出発し、リフレクションを通して再び教育現実へと戻っていかねばならないであろう」(Nicklis 1972, S.16f.)。彼はミヒャエル (Michael 1967) の「実習において学修がなされるか」という問いを拡大して、「実習においてそもそも何がどのように学修されるべきか」と問いかける (Nicklis 1972, S.17)。そしてニクリスは、ひとつの教育学的全体構想を練り上げた。その全体構想には、「一方で、実習が有意義に結びつけられ、また教育科学の講義やゼミと内容的かつ有機的に結合している。他方で、その他の心理学、社会学、哲学、政治教育といった基礎科学的な専門領域や、教科内容学や教科教育学が、カリキュラムとして含まれていた」(Sander 1996, S.18)[7]。これによって、教育実習から学校実践的学修への一歩が成し遂げられた。

　ヒンメルマン (Himmelmann) はこうした発展を的確に次のようにまとめている。「あとから振り返ってみれば、あの時代にカント大学（ブラウンシュヴァイク教育大学の旧名：訳者注）に、特にニクリス教授とその後継者であるホーフ (Hoof) 教授やゼーメル (Semel) 教授といった優れた学校教育学者を獲得できたことは、幸運な出来事であった。・・・彼らは学校実践的な養成に対して－時代のトレンドに対する修正として－新しい基盤を与え、学校実践的で学校に結びついた教員養成に対して、「ブラウンシュヴァイク・モデル」として、教職課程における確固たる重要な位置を新たに認めた。」(Himmelmann 1995, S.70)。

第3節　学士課程における学校実践的学修

1．学校実践的学修への各大学の対応

　ドイツ連邦共和国は連邦国家であり、1990年10月3日以降は16の連邦州から成り立っている。教育政策とあわせて教員養成もまた個々の連邦州の責任でおこなわれる（州の文化高権）。全連邦州の代表者たちは定期的に各州文部大臣会議（以下、KMK）で会合をもつ。KMKの目的は「多様性における統一」であり、妥協と調整を通して連邦州間の教育・文化問題について最大限の一致を得ることが目指される。

　1997年2月28日（2009年2月5日改正）、KMKはさまざまな教職の「養成及び試験に関する大綱的協定（Rahmenvereinbarung[en] über die Ausbildung und Prüfung）」を決議した。「学校実践的学修を含む学修（Studium einschliesslich schulpraktischer Studien）」という文言が教職に対して用いられた（KMK 2009）[8]。それにより学校実践的学修は、教職を目指す者が学ぶべき確固たる要素となった。すでに2000年にテーハルト（Terhart 2000, S.108）は、KMKの最終報告書において次のように定式化している。「第一段階における学校実践的学修の目的は、職業実務的なルーティーンを身につけたり自己責任において授業をしたりすることではない。むしろ、ここで獲得された知識、能力、問題意識を、理論の問題、すなわち、論理的議論への反省的視点や、逆に多くの実践形態への批判的視点、さらに学修内容と学修構造についての課題の明確化へと、つなげていく必要がある。換言すれば、学校実践的学修によって、とりわけ理論、経験、実践にかかわる力がより向上せねばならない。」

　1999年に開始されたボローニャ・プロセスの影響を受け、教職課程は近年圧倒的に学士、修士構造へと転換されるようになった[9]。

　学校実践的学修にはさまざまな呼称があり、各大学によってさまざまな形で組織されており、単位の計算もさまざまである。通常、相互に関連づけられた2つの段階がある。まず第一段階は以下のようなものがある。オリエンテーション実習（Orientierungspraktika）（例えばベルリン自由大学：4週間、ブレーメン大学：6週間、マグデブルク大学：2週間）、基礎実習（Grundpraktikum）

（ドレスデン工科大学では学期を通しての実習とそれに続く実習：4週間）、一般教授学実習（Allgemein Didaktisches Praktikum）（キール・クリスティアン—アルブレヒト大学：3週間）、職場開拓実習（Berufsfelderschließendes Praktikum）（ベルリン・フンボルト大学：4週間）、補助教師実習（Assistenzlehrerpraktikum）（フレンスブルク大学：学期を通しての実習：1年間）、基礎教育学的オリエンテーション実習（Vorbereitetes Pädagogisches Orientierungspraktikum）（エアフルト大学：2週間）。ラインラント—プファルツの各大学（トリアー、コブレンツ—リンダウ、カイザイースラウテルン）では3つのオリエンテーション実習（Orientierende Praktika）（7週間）という統一的な規定がある。その導入的実習は通常ゼミによって準備と引率と事後指導がなされる。

　以上のような第一段階につづく実習では、授業により強く焦点が当てられる。授業見学とならんで、今度は学生たちが自ら実地授業（Unterrichtsversuche）を実施する。この実習もまた、次のようなさまざまな形で組織されている。授業実習（Unterrichtspraktikum）（ベルリン・フンボルト大学：4週間）、職場オリエンテーション実習（Berufsfeldorientierendes Praktikum）（エアフルト大学：学期を通しての実習か、もしくは75時間）、教育科学実習（Erziehungswissenschaftliches Praktikum）（ブレーメン大学：6週間）、学校実践的学修（ドレスデン工科大学：学期を通しての実習とそれに続く実習：2週間）、応用実習（Vertiefendes Praktikum）（コブレンツ—リンダウ大学：6週間）、学校応用実習（Schulische Vertiefungspraktikum）（フライブルク大学：3週間）。

　イエナ大学では、実習学期を活用した、まったく新しいコンセプト（イエナ・モデル[10]）が提示されている。実習学期は導入段階（6週間）、授業段階（8週間）、診断・評価段階（6週間）から成る。教科教授学、教育心理学、養成の第二段階と内容的な調整したうえで、学生は4学期終了後に、学校のなかでまるまる半年間面倒を見てもらう。

2．ブラウンシュヴァイク工科大学の学校実践的学修
① 学校実践的学修の体系

　2003/04年度冬学期にブラウンシュヴァイク工科大学では、それまでの

教職課程（基礎学校、基幹学校、実科学校およびギムナジウム）は学士－修士構造へと転換した。

　ニーダーザクセン州では、2007年6月の「教職のための修士課程修了規定」(NMasterVO-Lehr) によって、教育実習の種類と範囲などが定められた。計18週が、企業・社会福祉施設・スポーツクラブ（BSV）での教育実習、一般教育実習（ASP）、2つの授業教科での教育実習（教科実習）という三つの実習に割り当てられている。それらをどの時期に配置するかは、各大学が自主的に決めることができる（第3章の表3-3を参照）。

　80年代と90年代にさらに発展した「ブラウンシュヴァイク・モデル」は、学士課程の独自のモジュールへと統合された[11]。その際、ブラウンシュヴァイクの学士課程では、学校での二つの教育実習（準備実習（VBS）Ⅰ、Ⅱが4単位、一般教育実習が6単位）が計10週間実施される。なお、教職修士を目的とする学士課程の構造は、第3章の図3-3の通りである。「教育実習」(12単位) は、「専門職分野」(18単位) とともに「実習を含む教職に関する領域」(30単位) に属している。

　教育学科内の学校教育学及び一般教授学部門が、これらの教育実習の組織化と実施に責任をもっている。こうした課題は2007年以来、教育実習室でとりまとめられている。

② **準備実習（VBS）**

　準備実習では学生が教師の職場に導き入れられ、そこで学校組織や学校生活を認識し、授業の計画・実施・評価の経験を積むことになる。教育実習で得られた経験は、理論的知見を提供する他の学修のなかに持ち込まれる。また教育実習は全体として、教職に対する自らの態度や職業志望を吟味する機会にもなっている。

　準備実習は、夏学期を通して実施される準備実習（VBS）Ⅰ（そこではメンターのもとでの／による観察と復習と並行して授業理論についてのゼミナールがおこなわれる）と、春休み前の3週間の観察期間（準備実習（VBS）Ⅱ）に分かれている。

○準備実習Ⅰ

　最初の教育実習（準備実習Ⅰ／学期を通して）は第２学期に開始されることになっている。それと並行して学生は、教育学の基礎モジュール２「一般教授学」[12]を受講せねばならない。このモジュールは一つの講義と一つの選択必修のゼミナールからなっており、次のような能力を向上させる目標を持っている。「教授学的思考をその歴史的起源とさまざまなモデルへの転換について知り、授業と関連した教授学的・診断的行為を方法という観点から反省し、学問的に根拠づけることができる。」(BA Prüfungsordnung 2005, S.26)

　準備実習は教職志望のすべての学士の学生がおこなわねばならない。そのために、ブラウンシュヴァイクと近郊の学校（連携協力校）が学生を受け入れる意志を表明している。学生は、提案されたリストから希望校を３つ選択し、それをもとに教育実習室の側で配属を決定する。

　実習校では３人から４人の学生からなるグループが作られ、各グループごとに一人の実習指導教員（メンター）のもとで指導をうける。どの学校にも４つから５つの学生グループができ、それらのグループが一人のチューター（演習リーダー）によって指揮される共通のゼミナールを形成する（図４-１参照）。学校教育及び一般教授学部門のすべての大学教員がチューターとして

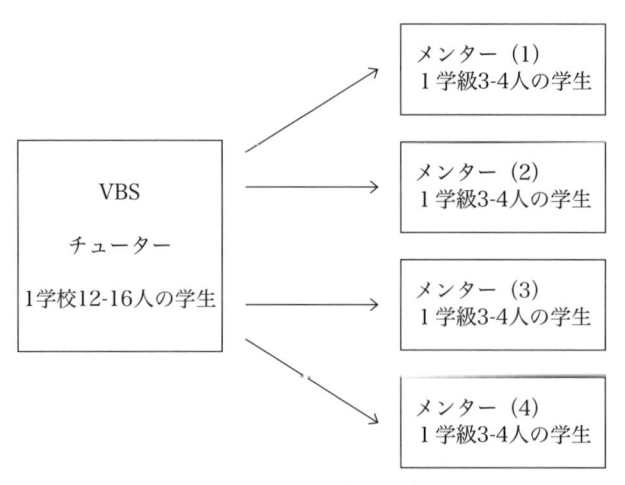

図４-１　VBSのグループ配属

このゼミナール・グループを指導するが、それに加えて、この課題をおこなう能力のある教員[13]が集められている。精神・教育学部と州学校監督官庁ブラウンシュヴァイク部局との間の合意に基づき、チューターとメンターはこの職務の分だけ通常の勤務時間を免除される。

　夏学期の期間を通して、ブラウンシュヴァイクでは水曜日（9時から13時）が数十年来「実践日（Praxistag）」となっている。配属された学校で最初はすべての学生がメンターのもとので授業を観察する。その際、チューターも一緒に授業を観察することが求められる。学生はチューターから、学校と学級の社会・経済的および空間的な諸条件（校区、学校の敷地、校舎、教室）や、学校生活と学校日常について調べるという観察課題を与えられれる。それによって学生は徐々に生徒の視点から教師の視点で、学校実践や生徒および教師の行為をよりよく理解できるようになる。新しい視点で見ることによって、学生にとっては自分が生徒の時からなじみのある学校という場所（例えば校庭、校舎、職員室、教室）と人（例えば校長、教師、用務員、生徒）が、新しい意味を持つようになる。また学生は希望によりメンターがおこなう授業の一部の役割（例えばパネル絵の作成、教科書の朗読、グループ活動の世話）を担うこともできる。「大学での教員養成の目的とは常に、学校の日常の観察とそこから得られたケーススタディやマイクロスタディを通して、学生に対して理論と学問的認識への手引きをおこなうことであり、また、学生の日常抱いている考えを学問的な認識と対決させ、理論への関心を呼び覚ますことである。」(Heinzel/Wiesemann 2005, S.220)。

　観察の時間の後、「授業理論・実践入門」という2時間のゼミナールが開かれる。最初に、観察した事柄がテーマとして扱われる。そこには観察法や記録の付け方の習得や、観察法の授業分析への応用も含まれている。そして、授業の条件分析、事実分析、教授学的分析、教授目標、方法の分析やメディア活用の問題といった、授業の体系的な習得が続く。こうして夏学期の終わりに、学生は二人一組ないしは一人でクラスの前に立ち、チューターやメンターの助けを借りて自分で作り上げた初めての授業をおこなう。授業に引き続き、詳細なレフレクションがなされる。

2時間のゼミナールの後半では、学生は改めて自分のメンターと一緒に1時間のレフレクションの話し合いをおこなう。学生はそこで学校、校区、社会・文化的影響や、個々の生徒について情報を得る。観察した内容が主題となり、授業の一つ一つの場面について話し合われる。

　一方での観察と、他方でのチューターとのゼミナールやメンターとの小グループによる理論的反省とを繰り返すなかで、理論と実践の緊密な結合が目指される。

　準備実習Ⅰの観察実習の一日の流れを今一度まとめると以下のようになる。

　　　2時限　　　メンターのもとでの観察
　　　3・4時限　チューターとの授業（ゼミナール）
　　　5時限　　　観察した授業についてのメンターとの話し合い

○準備実習Ⅱ

　準備実習Ⅱでは、学生は3週間、毎日の学校生活全体をメンターに付き添って過ごし、職務についての話し合いや諸々の会議、学校外活動に参加する。そうすることで学生は、教師の視点から学校の日常を、その負担、問題、喜びをすべて含めたかたちで体験する。学生は、獲得した授業理論的な知識を、ほとんど自分の力で具体的な授業計画へと転換し、その授業を実施し、引き続いて復習をおこなう。この教育実習は、自らの職業志望をあらためて批判的に検討する機会にもなる。

　準備実習の最後に、得られた成果が実習報告書に文書によって記録される。そこには実習報告書（最低5ページ）と、観察や授業準備の際の資料が含まれている。実習報告書に必ず入っていなければならないのは、教育学的に見たクラスの状態についての記述、観察の重点事項についての記述と分析、実習の総括的リフレクションである。さらに、VBSⅠで共同立案し実施した授業とその復習の書類と、VBSⅡでの自己の授業準備と復習が付け加わる。実習報告書に選択的に含めることが可能なのは、導入的授業での作業成果、準備、完成品、報告書である。時にゼミナールではポートフォリオが作成されることもある。

教育実習に参加して成果をあげたことを示す証明書は、メンターとチューターが緊密に協力して作成する。総合証明書は実習を委託された者によって出される。準備実習に参加して成果をあげたことが、一般教育実習を許可するための条件となる。

③　一般教育実習（ASP）[14]

6週間にわたるASPは冬学期と夏学期の間の講義のない時期に実施される。ブラウンシュヴァイクとその近郊の学校が大学に実習場所を提供してくれる。学生はグループ（2〜3人）を作って、自分たちの実習校の希望を教育実習室に申し出る[15]。その後、各グループは当該学校のメンターたちに配属される。メンターとしての活動は、州学校監督官庁によって授業負担の軽減のかたちで補償される。

ASPで学生は、授業を通して、また授業や観察の経験を体系的にリフレクションすることを通して、自らの行為知を深化させねばならない。その際、学生は日常の学校と授業のなかに入り込まねばならず、それによって学生でありまた将来の教師としての自らの役割について熟慮することが可能となる。学生は自己批判的に教職のさまざまな要請と負担を引き受けることによって、教育実習は学生がもう一度自己の職業選択について再考する機会となる。

学生はメンターの全授業（毎日最低4時限）に参加し、また学校外の行事（父母の夕べ、種々の会議、遠足等）に参加する。

メンターは学生に対してクラスや学校の状態について情報を提供し、学生を少しずつ日常の授業活動に入り込ませていく。メンターは、実地授業の計画、実施、復習において学生に助言し、チューターとの協議のうえで、「合格」もしくは「不合格」の実習成績を評価し証明する。学生にはそれぞれ一人のチューターが付いて指導をおこなう。ブラウンシュヴァイクでは職業科学に関わる全大学教員が一般教育実習の指導に関与している。ニーダーザクセン州のメンター規定によれば、教育実習は大学によって準備され、指揮され、復習されることになっている。

チューターはすでに実習前から学生に助言し、メンターと連携をとる。

チューターは学生の授業を見学する（通常は1回の授業見学）。授業に問題があった場合は、二度目の授業見学をおこなわねばならない。チューターは実習報告書を評価・講評し、メンターと協議の上、実習成績として「合格」か「不合格」かの認定をおこなう。

　○**実習経過**

　一般教育実習（ASP）は通常第3学期（冬）と第4学期（夏）の間の2～3月、大学の授業がない期間に6週間にわたって実施される（場合によっては第5と第6学期の間）。実習校は学生自身が、ブラウンシュヴァイク行政区（ブラウンシュヴァイクから30km以内）から探す。実習校では1名のメンターにつき2～3名の学生がつき、メンターとなる教員は州学校監督官庁から通常の授業を軽減する措置を受ける。

　ASPにおいては、学生は自ら授業をおこなうことを通して、また授業や観察の経験を体系的に反省することを通して、自己の行為知を深化させることが目指される。その際、学生は教職の日常について可能な限り現実的な印象を得るために、日常の学校と授業のなかにしっかりと入り込まねばならない。他方で、自分が学生であり教師を目指す立場であるということについて考えるために、時には実践の重圧から距離をとることも重要である。それにより、教職のもつ要求と負担に自己批判的に対峙するなかで、自己の職業選択の決定について再考するために実習を利用することができる。

　学生は、メンターの全授業（毎日最低4時限）に参加するほか、父母の夕べ、会議、遠足といった学外の催しにも参加する。メンターは、学生に対して学級と学校の状況について情報を提供し、徐々に彼らを毎日の授業実践に関わらせていく。実習の流れは以下の通りである。

　学生はまず最初に、メンターの授業を見学することから開始する。その目的は、配属クラスの状況を把握することと、メンターの仕事ぶりと生徒の様子や学習条件を知ることである。

　第1週目の終わりに、学生はメンターや他の実習生とともに第2週目の活動計画を立てる。そこでは、各自の能力と自信に応じて、宿題の検査、工学

機器の操作、朗読といった、自分自身の試行やメンターの補助のための課題を引き受けることになる。場合によっては、すでに自分で実地授業をおこなうことも可能である。

続いて第3週目には、すべての学生が毎日可能な限り1時限の実地授業を準備・実施・反省することが求められる（例えば教授目標、指導計画、観察課題）。

実地授業は、メンターと他の学生らによって体系的に観察される。その観察内容と授業準備をもとに、共同で授業の振り返りの話し合いがなされる。その目的は、なされた経験及び観察を反省すること、問題点について話し合うこと、そして共同で解決策を探ることである。その際、学生はこれまでのゼミナールで学んだ理論的な知識を動員することが重要である。自分が実地授業をおこなう時間以外は、メンターや他の学生の授業を見学する。

第4週目の終わりに、共同で3度目の活動計画が作成される。この活動計画には一つの授業単元を計画することが含まれているが、学生がその計画を練り上げるにあたって、メンターはただおおまかにテーマと目的を示すのみである。

実習期間中に学生は、自分なりの経験を積むために、できるだけ多くの実地授業を試してみることが求められる。授業時間および単元は文書にして準備・復習されねばならない（教授目標、指導計画、観察課題）。

それ以外に実習では、学生に「教育、学校、授業」領域から一つの学修課題に取り組むことが課されている。学生は研究的学習の枠内で教育学的知識と実践的行為を結びつけねばならない。その際、中心に位置するのは、リフレクション能力を発展させるための批判的分析である。理想的な形としては、まず最初に問題設定がなされ、それについての現時点での研究水準が確認される。続いて、自分がどのように試行してみるかを考慮しながら、厳密に問いが立てられる。学生は可能な方法について情報を集め、適切な方法を適用し、自己の成果を評価する。そこには絶え間ないリフレクションが含まれており、その後に成果が発表されることになる（この点について Huber 2003, S.16-23 参照）。

「教育」領域では、学生は指導の難しい生徒を体系的に観察することによって、その生徒に関わってもよいであろう。「学校」領域では、学生は例えば、総会について批判的な検討を加えながら詳細な記録を作成したり、父母との共同作業に集中的に取り組むことができる。「授業」領域のテーマとしては、オープン授業において多様な形態で生徒たちをグループ分けする経験などがあげられる。

学生は、自分で関心のある問題設定をおこなうが、そうした問題は授業の観察や興味深いケース、あるいは実習グループ内での議論から生まれる。その際、メンターは助言者としての機能を持つ。目的に照らして、学生は新しい認識を獲得できるように、自らの行動を方向づけねばならない。

○実習報告書

教育実習の最後に、学生は全員、実習報告書を作成せねばならない。実習報告書の内容は以下の通りである。

1. 授業時間の計画を顧慮した学級／学習グループの条件分析（重点の置き方は学生自身が決定）
2. 授業単元： 独自に開発した授業単元。そこでは以下の2点が記述される。
    2.1 個々の時間のテーマとおおまかな目標
    2.2 当該単元からの1時眼（客観的諸条件の分析、学習の開始時の状態、教授学的・方法的分析、教授目標、復習を含む）
3. 実習に向かう姿勢とさらなる学修についての考察
4. 学修課題

第4節 「ブラウンシュヴァイク・モデル」への批判的所見

学校実践的学修はドイツでは今や大学の学修の確固たる構成要素である。その際、それを組織的、内容的にどう構成するかは、大部分を大学が自主的に決めることができ、したがって非常にさまざまな形態が存在する。以下の

所見は「ブラウンシュヴァイク・モデル」に関するものであるが、他の大学にも当てはまる部分もきっと多いであろう。

　大学での教員養成における学校実践的学修の重要な位置づけにとって、大学、教員の関与は大きな意味を持っている。ブラウンシュヴァイクでは、(目下のところまだ) 職業科学の全教員が一般教育実習 (ASP) の同行指導に参加している。専門科学の教員たちはこれを拒否している。今のところまだ、実習校の教員は実習生を指導するために通常の授業時間を軽減されている。

　「教育学の基礎課程の勉学として」学校実践的学修を全体コンセプトに埋め込むということ (ニクリス・モデル) は、ほとんど見られなくなった。学校実践的学修の内容的構成にまだ関与しているのは、教育心理学と一般教育学が抜けたあとは、学校教育学だけである。学士課程では教科実習がないこともあり、各教科との連携と調整は散発的にしかなされていない。

　準備実習と一般教育実習 (計10週間、1つの授業、2つの実習報告書) に対して、ブラウンシュヴァイクの学生は 10 単位しか取得できない[16]。それはドイツ全体のなかでは少ない部類に属する。

　学士－修士構造への転換によって、ギムナジウム教員志望の学生を確かにうまく実習モジュールに統合することができた。しかし、彼らが「一般教授学」のモジュールを受講するのはようやく修士課程に入ってからである。基礎・基幹・実科学校の教員志望は準備実習と並行してそれを受講している。

　2007年以降、学校実践的学修は教育実習室によって実施運営されている。ブラウンシュヴァイクには、実施運営だけでなく研究もコーディネートし促進するようなセンターがない。

　学生は準備実習の時点で、ドイツ学校制度の構造や個々の学校改革の問題点についての知識をわずかしか持っていない。こうしたテーマは修士課程ではじめて扱われる。

　ブラウンシュヴァイク工科大学と連携協力校とは、数年来信頼に満ちた共同作業をおこなってきており、州学校監督官庁ブラウンシュヴァイク部局はそれを強く支援してきた。学校は大学に対して常に十分な実習場所を提供してくれた。2008年までは学生自らが、一般教育実習の実習場所をブラウン

シュヴァイクとその近郊で探してきた。今では大学が、一般教育実習においても学生に対して学校を示し実習場所を選択させている。

メンターの選出は学校長によっておこなわれる。学校長は自分の目から見て力のある教員に声をかけ、彼らがメンターという任務を自由意志で引き受けることになる。学校のメンターは教員養成において決定的な役割を果たす。これまでのところ、メンターのための自主研修大会が一般教育実習の前にいつも開かれてきた。新任のメンターのためのオリエンテーションとならんで、常に内容的なテーマについて議論がなされた[17]。将来的にはメンターの養成は強化されねばならず、また、大学との共同作業に関して学校と契約が結ばれねばならない。どちらの点も、教員養成の質を向上させるためには是非とも必要である。またそのためには、学生のおこなった実地授業についてメンターと一緒にリフレクションがおこなわれることも大切である。2007年に実施された学生アンケートによれば、「平均すれば、実地授業の後で事後指導を受けたのは63％であった」(Dibbin/Krause-Hotopp 2008, S.121)。

「ブラウンシュヴァイク・モデル」のコンセプトにおいては、ニクリス（Nicklis, 124f.）がすでに「学生を世話する人材の問題がもっとも難しい。・・・それゆえ、やっかいな問題はメンターの選考、情報提供、研修である」とことを認識していた。これらに加えて、中軸となるメンターが国内移動によって絶えず変化してしまうという難しさがある。

学士－修士構造への転換によって、学生は実習中に相当量のレポートと宿題をこなさねばならなくなった。それによって、学生がこれまでにない負担を強いられ、またよく時間を間違えるようになった。こうした事態は、アンケートにおけるメンターや学生の数多くの苦情によって裏付けられる。

最後に、これまでのところ、教員養成の第1段階（大学）と第2段階（試補教員研修所）の間で、共同作業は見られない。双方のカリキュラムが調整されていないのである。

おわりに

　ブラウンシュヴァイクでは教員養成が長期にわたり建設的な発展を遂げてきた。すでに1751年には最初の教員ゼミナールが設立され、1927年にブラウンシュヴァイク工科大学で最初の民衆学校教員養成課程が開始された。1945年に「カント大学－教員養成のための大学」がその任務を引き受け、そこで「ブラウンシュヴァイク・モデル」も開発された。同モデルでは、理論と実践の緊密な結合が常にもっとも重要な役割を果たしてきた。2003年、ブラウンシュヴァイクでは学士－修士学修課程への転換が開始され、そのなかに学校実践的学修は統合された。そこではっきりしたことは、学校実践的学修が大学の学修全体のなかでの中心的な位置づけを大幅に失ったということである。将来的に学校実践的学修の積極的な可能性に対して再びより大きなウエイトが置かれることが期待される。

　「学校実践的学修とは今日、理論と実践の緊密な結合が目指され、学問的な思考・研究と実践的な行為が同時に出会うような教員養成の科目である。それによって学校実践的学修は学生に対して、教育学的な理論形成と行為能力のための中心的な基礎経験を提供するのである。」(Sander 1996, S.2)

注

1　詳細については以下の文献を参照のこと。Krause-Hotopp, Diethelm (2006): Schulpraktische Studien im Bachelor-Studiengang. In: Jürgens, Barbara (Hrsg.): Kompetente Lehrer ausbilden-Vernetzung von Universität und Schule in der Lehreraus- und -weiterbildung, Aachen, S. 29-48.
2　ゼーマン (1964) はこれを詳しく述べている。
3　18世紀終盤には、ゲッティンゲン、ハイデルベルク、ケーニヒスシュタイン、キール、ヘルムシュテット等で、学問的養成と学校実践的養成を結合させる類似のモデルが存在した。しかし、そうしたモデルをギムナジウム教員の養成にまで適用することはできなかった。
4　自由都市ブラウンシュヴァイクが新たなニーダーザクセン州に統合されたのに伴い (1946.11.1)、大学は1948年1月1日に「ブラウンシュヴァイク教育大学」という名称となった。その後、1969年の「ニーダーザクセン教育大学」(PHN) の設置により、ブラウンシュヴァイクはPHNのひとつの「部門」となった。1978年に最終的に現在の「ブラウンシュヴァイク工科大学」に統合さ

れた。これによって、ブラウンシュヴァイクでかつて導入された大学での教員養成（1927-37）を引き継ぐことになった。
5　この呼称は、1974年にランダウで開催された第9回教育大学大会において生まれた（Lohrenz u.a. 1976, S.100ff. 参照）。
6　ニクリスは1963年から1975年まで学校教育学の講座を担当していた（Hoof 1995, S.109f. 参照）。議論の過程では、一般教育学のヴァルター・アイザーマン（Walter Eisermann）教授と実科学校の教育学を専門とするハインツ・ゼーメル（Heinz Semel）教授が加わった。
7　本モデルのさらなる展開については、ザンダーが論じている。
8　その際、教員養成は「教師教育のためのスタンダード：教育諸科学」（KMK 2004）に基づいておこなわれなければならない。
9　ボローニャでは各国のあいだで、2010年までに大学制度とその教育内容を統一化することが合意された。バーデン＝ヴュルテンベルクでは基礎学校及び基幹学校の教職については、今まで通り教育大学での6学期の学修課程で養成がおこなわれている。
10　普通学校の教職については9学期、ギムナジウムについては10学期で卒業が認められる。実習学期に基づき第二段階は1学期短縮された。詳細についてはグレシュナーらを参照（Gröschner u.a. 2006）。
11　このモジュールには準備実習（2単位）も含まれる。
12　このモジュールは基礎、基幹、実科学校の修士を目指す学生のみが受講する。ギムナジウム教員を目指す学生はこのモジュールを修士課程になって初めて受講する。
13　学校教育学及び一般教授学部門の構成員とならんで他の教員がチューターとして動員されるため、定期的にチューター会議が開催され、そこでは授業の内容や問題についてリフレクションがなされる。2009年には初めてチューターのための研修「実践段階での学習支援者」が開催された。
14　一般教育実習に関する詳細については以下の文献も参照。Dibbern/Krause-Hotopp（2008）, S.116ff.
15　幾人かの学生は準備実習をおこなった学校で一般教育実習を受けることもできる。Krause-Hotopp 2006, S.45ff. も参照。
16　元来試験規定では8単位しかなかった。アクレディテーションにしたがって、単位数を増やさねばならなかった。
17　例えば以下のようなテーマが扱われた。扱いの難しい生徒、学校での規律の問題、異文化理解学習、体験教育学の方法、教職におけるコンピテンス、PISA以降のモンテッソーリ教育学の意義、教職の難しさは何か、教授しない教授。

引用参考文献

BA Prüfungsordnung（2005）:Vorläufige Prüfungsordnung für die Bachelorstudiengänge Mathematik, Physik und Erziehungswissenschaft und den Zwei-Fächer Bachelorstudiengang der Technischen Universität Braunschweig in der Fassung vom 27. Oktober 2005.
Bölling, Rainer（1983）: Sozialgeschichte der deutschen Lehrer. Göttingen.

Beckmann, Hans-Karl (1997) : Das Verhältnis von Theorie und Praxis in der Pädagogik und Konsequenzen für die Lehrer (aus) bildung. In: Glumpler, Edith / Rosenbusch, Heinz S. (Hrsg.) : Perspektiven der universitären Lehrerbildung. Rieden, S. 97-121.

Dibbern, Maren / Krause-Hotopp, Diethelm (2008) : Das Allgemeine Schulpraktikum in der Braunschweiger Lehrerausbildung: Ergebnisse einer Studierendenbefragung. In: Rotermund, Manfred / Dörr, Günter / Bodensohn, Rainer (Hg.) (2008) : Bologna verändert die Lehrerbildung. Auswirkungen der Hochschulreform. Leipzig, S. 111-131.

Gröschner, Alexander / Senge, Kristin / Lütgert, Willi (2006) : Kerncurricula und Standards in der Lehrerbildung - Aspekte einer strukturellen und inhaltlichen Verknüpfung der Phasen. In: Jürgens, Barbara (Hrsg.) : Kompetente Lehrer ausbilden - Vernetzung von Universität und Schule in der Lehreraus- und -weiterbildung, Aachen, S. 1-27.

Heinzel, Friederike / Wiesemann, Jutta (2005) : Den Schulalltag beobachten. In: Dauber, Heinrich / Krause-Vilmar, Dietfrid (Hrsg.) : Schulpraktikum vorbereiten. Pädagogische Perspektiven für die Lehrerbildung. 2. erw. Auflage. Bad Heilbrunn, S. 207-222.

Himmelmann, Gerhard (1995) : 50 Jahre wissenschaftliche Lehrerbildung in Braunschweig. In: Himmelmann, Gerhard (Hrsg.) : Fünfzig Jahre wissenschaftliche Lehrerbildung in Braunschweig. Festschrift 1995. Braunschweig, S. 11-90.

Hoof, Dieter (1995) : Schulpädagogik. In: Himmelmann, Gerhard (Hrsg.) : Fünfzig Jahre wissenschaftliche Lehrerbildung in Braunschweig. Festschrift 1995. Braunschweig, S. 109-116.

Huber, Ludwig (2003) : Forschendes Lernen in Deutschen Hochschulen. Zum Stand der Diskussion. In: Obolenski, Alexandra / Meyer, Hilbert (Hrsg.) : Forschendes Lernen. Theorie und Praxis einer professionellen LehrerInnenausbildung. Bad Heilbrunn/Obb, S. 15-36.

Krause-Hotopp, Diethelm (1989) : Der junge Wander. Ein Beitrag zur Geschichte des niederen Schulwesens in Preußen während der Restauration. Braunschweig.

Krause-Hotopp, Diethelm (2006) : Schulpraktische Studien im Bachelor-Studiengang. In: Jürgens, Barbara (Hrsg.) : Kompetente Lehrer ausbilden - Vernetzung von Universität und Schule in der Lehreraus- und -weiterbildung, Aachen, S. 29-48.

Kultusministerkonferenz (Hrsg.) (2004) : Standards für die Lehrerbildung: Bildungswissenschaften.

Kultusministerkonferenz (Hrsg.) (2009) : Rahmenvereinbarung über die Ausbildung und Prüfung ...

   a) ...für ein Lehramt der Grundschule bzw. Primarstufe (Lehramtstyp 1).

   b) ...für übergreifende Lehrämter der Primatstufe und aller oder einzelner Schularten der Sekundarstufe I (Lehramtstyp 2).

   c) ...für ein Lehramt der Sekundarstufe II (allgemein bildende Fächer) oder für das Gymnasium (Lehramtstyp 4)

Lohrenz, Hubert / Meyer, Gerhard / Sandfuchs, Uwe (1976) : Die Schulpraktika als Kern des pädagogischen Grundstudiums. In: Klink, Job-Günter: Modelle der Eingangsphase in der Lehrerausbildung. Kastellaun, S. 103-121.

Michael, Berthold (1967) : Wird im Praktikum studiert? Zur hochschuldidaktischen

Funktion des Praktikums. In: Westermann Pädagogische Beiträge H. 19, S. 243-254.

Nicklis, Werner S. (1972) : Die Schulpraktika im pädagogischen Grundstudium. Bad Heilbrunn.

Niedersächsische Landesregierung (2007) : Verordnung über die Gleichwertigkeit von Masterabschlüssen in der Lehrerausbildung mit der Ersten Staatsprüfung (Nds. MaVO-Lehr), Hannover.

Oelkers, Jürgen / Rabe, Oda / Sandfuchs, Uwe (1996) : Pro und Contra: Sind Praktika in der universitären Lehrerbildung kontraproduktiv? In: Grundschule H. 6, S. 54-56.

Radtke, Frank-Olaf / Webers, Hans-Erich (1998) : Schulpraktische Studien und Zentren für Lehramtsausbildung. Eine Lösung sucht ihr Problem. In: Die Deutsche Schule, 90. Jg., 1998, H. 2, S. 199-216.

Sander, Karl-Heinz (1996) (Hrsg.) : Schulpraktische Studien. Erfahrungen mit dem Braunschweiger Modell der Lehrerausbildung. Braunschweig.

Sandfuchs, Uwe (1978) : Universitäre Lehrerausbildung in der Weimarer Republik und im Dritten Reich. Eine historisch-systematische Untersuchung am Beispiel der Lehrerausbildung an der Technischen Hochschule Braunschweig (1918-1940). Bad Heilbrunn.

Sandfuchs, Uwe (2004) : Geschichte der Lehrerbildung in Deutschland. In: Blömeke, Sigrid / Reinhold, Peter / Tulodziecki, Gerhard / Wildt, Johannes, (Hrsg.) : Handbuch Lehrerbildung. Kempten, S. 14-37.

Seemann, Hans Richard (1964) : Die Schulpraxis in der Lehrerbildung. Weinheim.

Terhart, Ewald (2000/Hrsg.) : Perspektiven der Lehrerbildung in Deutschland. Abschlussbericht der von der Kultusministerkonferenz eingesetzten Kommission. Weinheim/Basel.

Titze, Hartmut (1973) : Die Politisierung der Erziehung. Frankfurt am Main.

Topsch, Wilhelm (2004) : Schulpraxis in der Lehrerbildung. In: Blömeke, Sigrid / Reinhold, Peter / Tulodziecki, Gerhard / Wildt, Johannes, (Hrsg.) : Handbuch Lehrerbildung. Kempten, S. 476-486.

Wuntschli, B.G. (1845 / Pseudonym f. Karl Friedrich Wilhelm Wander) : Briefe vom Rhein an den Verfasser der „Volksschule als Staatsanstalt". Mannheim.

（翻訳　渡邊隆信）

第5章　ドイツにおける教員養成の第二段階の改革

ヴォルフガング・プシヒホルツ

はじめに

　ドイツの教員養成のうち、以下の叙述は、第二段階を対象としている。この段階は、大学での学修に継続してなされる養成段階である。

　以下の叙述では、教員養成が政治的な体系に組み込まれていく過程を歴史的に概観する（第1節）。その後に、ニーダーザクセン州を例にとり、試補教員研修所（Studienseminar）の課題、内実、組織を述べたい（第2節）。試補教員研修所の改革の事例は、さしあたり、ニーダーザクセン州の近年の議論に限定する。そして試補教員研修所所長の立場から、ブラウンシュヴァイクの基礎学校、基幹学校、実科学校の教員養成のための試補教員研修所について考えてみたい（第3節）。

第1節　歴史的過程としてのドイツの教員養成 [1,2]

1．教員養成制度の概要

　1949年以来、ドイツは連邦共和国である。共和制、民主主義、社会的な法治国家の原則が貫かれている。連邦制の国家として、政治的な中央の組織である連邦、連邦を構成する邦である各州からなっている。したがって、ドイツでは、国家的な役目は、連邦と各州に分けられている。連邦は国全体を統括する権限を有する。各州が有する権限には、たとえば、各州の文化的な異質性の確保がある。学校や大学における教育、学問、芸術もこの範疇に含まれる。教員養成が含まれるのは、言うまでもない。

　ヨーロッパ連合の共同体を視野に入れて、16の州が共同して、連邦共和

国全体にわたる統一的な教育政策を策定することが必要である。たとえば、ニーダーザクセン州の教員資格試験に合格した者が、バイエルン州の教員として働ける、といったような学校や大学の卒業資格の相互認定のための協定がなされなければならない。各州文部大臣会議が目下この問題を検討中である。

ところで、「教員（Lehrer）」という名称は、ドイツでは、学校や大学で教えているスタッフを指す職業上の名称である。

目下、教員養成はふたつの段階からなっている。

第一段階

大学での学修。これは現在多くの州で制度が改革されている。つまり、連続した学士（6学期）と修士（2〜4学期）の課程である。それらはさまざまな学校（ギムナジウム、基礎学校、基幹学校、実科学校、特別支援学校、職業学校）の教員養成を包括している。

第二段階

学校の種類に応じた試補教員研修所における教員養成（18〜24ヶ月）。

ドイツにおける第二段階の試補教員研修所での教員養成は、ヨーロッパでも類がない。試補教員研修所での養成は歴史的過程の産物なのである。

2．今日の試補教員研修所の先駆

19世紀以来、ドイツ諸邦の子どもたちは、民衆学校（今日の基礎学校と基幹学校）、中間学校（今日の実科学校）、高等学校（今日のギムナジウム）に通っていた。

(a) 民衆学校教員

19世紀以来、当時のドイツ諸邦の民衆学校教員は、いわゆる教員養成所（Lehrerbildungsanstalt）で養成されていた。この施設は寄宿制であることが多く、実習校が附設されていた。教員養成所は、「ザクセンでは6年制、プロイセ

ンでは3年制・・・」[3]となっていた。

　民衆学校教員としては、たとえばプロイセンでは、1873年10月15日の民衆学校法によって教員資格保持者と認められたのは、学級担任あるいは教科担任（たとえば体操教員、図工教員）として職業実践的な「ゼミナールでの養成」を受けた者である。民衆学校では、しばしばひとりの学級担任がすべての授業を担当した。民衆学校教員は、継続教育を受けて、中間学校教員になることができた。

(b) 高等学校の教員

　プロイセンにおいて、主としてW．フォン・フンボルトの関与により、教員候補者の試験に関する一般法（1810年）が勅令として発布されて以降、ドイツの諸邦では、「高等学校教員の新たな養成が始まった」。基礎教養としては、「ギムナジウムを卒業した後」[4]、とくに「各々の教科を授業するために」[5]、大学における学問的な教育を修了していることが求められた。「高等学校教員の実践的-教育学的素養は、極めて不十分である」[6]。1890年、当時のプロイセンは、「学問的素養をもった教員を実践的-教育学的に養成するために、ギムナジウム教員のための研修所を設立した。そこでは教員志望者に対し、ギムナジウムの授業の手ほどきがなされた」[7]。この「特別なギムナジウムでの義務的な研修期間に加えて、1924－25年には、第二の養成期間が設定される。それは今日の試補教員研修所の基となっている。研修所で試補勤務をおこなうというギムナジウム教員養成のモデルは、1979年になってすべての教職へと拡大された。」[8]

　民衆学校教員の養成が、教育大学や総合大学で行われ、内実が学問的になったのちに、基礎学校、基幹学校、実科学校、特別支援学校の教員に対して、教員養成の第二段階として試補教員研修所が導入された。ニーダーザクセン州では、1977年のことであった。

第2節　試補教員研修所と実習校における教員養成の組織と内容

　ドイツ全体では、すべての種類の学校における教員志望者である試補は、試補教員研修所での準備教育の中で訓練を受ける。それは18ヶ月の期間に統一されようとしている。

　養成を受けている試補は、毎週2回ゼミナールで教育学と選択した2科目の教科教育学の授業がある。それ以外は、実習の指導教員の指導のもとで授業をしたり、また、単独で授業をしたりする。指導教員の授業を参観することもある。(PVO-Lehr II 第9条)

　試補教員研修所における指導教員は、教科ゼミナール指導教員ないしは教科指導教員である。

　「教育学ゼミナールでの養成は、教員志望者に実践的な指導をすることである。とりわけ教育学とその関連諸科学を包括するテーマについて、教育科学の理論と学校での実践の連関を伝達することが肝要である。社会における学校の在り方や学校に関する法規を教授することも大切である。教科教授学ゼミナールでは、各教科の教授法が教えられる。ゼミナール教員は受講生とともに、メディアの使用も考慮しつつ、授業案を考え、分析する。受講生の自律性を考慮しつつ、情報の獲得、計画、決定、遂行、評価、省察がなされる。基礎学校教員志望者は、「読み書き」と「算数」の導入の仕方が教授される。」(PVO-Lehr II 第8条)

　試補教員研修所の教科ゼミナール指導教員ないしは教科指導教員は、試補教員の授業を参観し、助言する。教員養成の第二段階の目標は現在のところ、たとえば以下のようなものである[9]。

Ｉ　一般原則
　　養成においては、大学での学修で得た知見、試補教員の能力、実践経験をうまく結び付けるようにする。

養成の基本原理は以下のようなものである。
- ●実践志向、状況に合わせる、参加型、過程重視。
- ●試補教員も養成の仕方や成果に責任を分担する。
- ●試補教員の職業観を形成する。

Ⅱ　習得する能力の領域

①　授業
- ●才能の有無や社会教育学や特別支援が必要かどうかも考慮しつつ、授業の前提と条件を把握し、授業の計画と実行の際にそれらを考慮する。
- ●基礎のしっかりした知見に基づく教授学上の理論とモデルを精査し、授業のための決定に資するように考慮する。教科の指導案を授業で実地に移す。
- ●教育方法とメディアを教授学的にしっかり確立させて使用する。新しいメディアの使用可能性を考える。
- ●指導案の書き方をマスターし、授業で実行する。
- ●授業を教科内容学の観点からは正しく、学びやすいように、そして座学だけにならないように注意しておこなう。
- ●授業を観察し、分析し、評価し、分析結果を次の授業計画に生かす。

②　教育
- ●基本法、ニーダーザクセン州の法規、教育課題に現れた価値体系を伝達する。
- ●社会規範や、理念、目標の意味や関係を学校教育の中で省察する。
- ●政治教育を授業の原理として設定し、実行する。批判的、かつ責任感をもって新しいメディアを使うこと。生徒たちと信頼をもった関係を築くこと。
- ●おかれた立場に応じて、自分自身の教育者としての在り方を分析し、評価し、場合によっては変容させること。
- ●生徒の自律性を高めるために支援すること。

●生徒を保護する役割を果たす。
●保護者と協働する。

③ 評価
●生徒の作業や思考や社会的な行為に注意し、整理する。
●成績評価の方法を知り、評価し、機能的に運用する。
●成績評価の結果を書き記し、評点にまとめ、授業の構築や、個別の支援に役立てる。

④ 相談
●生徒本位の教育上の相談や進路指導。
●学校の内外での相談活動の可能性を知り、学校心理士の仕事、相談、薬物使用の警告、青少年担当の役所、職業指導と結び付ける。

⑤ 刷新
●教授学、教科内容学、教育政策を批判的に受容し、適用し、教育や授業に役立たせる。
●学校や、学校の目標、内容、方法に関与する。

⑥ 協働
●学校の内外の施設、地域と連携する。
●教員の義務や権利を知り、それに従って行為する。

　2010年の2月には、ニーダーザクセン州では、教育法第二項（PVO-LehrII）が以下のように改定される予定である。そうなると、コンピテンスの6領域に対して、おのおののスタンダードが設定されることになる。
　国家試験（修士課程修了時の試験に次ぐ二回目の試験）は、次のような領域からなっている。
　●養成期間を通しての評点。研修所の指導教員と実習校の校長によって、

「受験者の知識、能力、学力が」(第16条)[10]点数化され、評価される。
● 筆記試験。受験者は「教育実践に関する決められたテーマを考え、実践化できる能力がある」(第13条)[11]ことが、証明されなければならない。
● 各科目ごとの授業実践の試験
● 口述試験

　実習校の校長は、試補教員研修所の教科ゼミナール指導教員には直接関与できない領域に関して、教員志望者の成績を評価しなければならない。ブラウンシュヴァイク試補教員研修所のパンフレットには、校長のために、「A) 一般的な内容」と「B) 能力領域に関する固有な内容：授業、教育、評価、相談、刷新、協働」という2つの評価対象となる領域が掲載されている。

A) 一般的な内容について：
　● 学校の職務規定を理解しているか。
　●（児童・生徒、同僚、校長、保護者と）協働する用意があるか
　● 授業以外の学校内の職務について（職員会議、修学旅行、保護者への助言）

B) 固有な内容について：
　以下のヒントは能力領域に関するものである。校長は自由に裁量してよいし、領域全体を見渡しつつ、補いながら教員志望者に対して助言すること。

　① 授業
　たとえば
　● 教科担当者の会議で決められたカリキュラム上の基準を使用すること。
　● 授業観察：授業でとくに有用な観点に気付くこと（教科専門教員の授業を臨時に受講すること）自己自身の授業に、助言や観察から得た知見を盛り込むこと。

② **教育**

児童生徒や保護者、同僚との出会いの中で、教育の課題の要求を展開させること。

③ **評価**
● 法的基準の枠内での評価能力の向上（書いたり、話したりする能力の強調。成績評価会議、実践的評価の検討会議）
● 成績評価のための妥当性のある方法を用いた能力の領域（作業能力、思考能力、社会的行為の能力、専門科目の能力）を考慮すること。

④ **相談**

相談する過程や相談の成果の量と質について述べること。たとえば、児童生徒、保護者への個別な相談や会議への参加に際して。

⑤ **刷新**

学校の課題に新しいアイディアを提起すること（変革の可能性、活動、周囲への影響力）

⑥**協働**

上記の「A）一般的な内容」で書かれた活動をこえるような場合に、学校内外の集団や組織との協働において、活発に活動すること。

第3節　試補教員研修所の改革動向

1．PISA ショック

2000年以来、三年ごとに OECD 参加のほとんどの国々とその関連諸国では、学業成績調査が行われてきた。いわゆる PISA のことであり、それぞれの国での独自の調査も参照された。この調査は、15歳の生徒の日常的な知識や職業上の知識と能力を測ることが目的である（1頁）。[12]

「2001年末の第一回PISAの結果の発表は、大変なセンセーションを巻き起こし、PISAショックとまで言われるようになった」(7頁)[13]。PISAに現れた数字が証明しているところによると、ドイツの生徒の一般的な学力水準は、国際的に比較してみると、平均以下だというのである。「生徒の成績は、PISA加盟主要国の同年齢の生徒より、一年半も劣っている場合がある。」[14]

2005年に雑誌「シュテルン」に掲載された論争的な記事[15]での指摘によれば、ドイツの教育政策がうまくいかない主たる理由は、教育制度を経済的な側面からコントロールすることができていないからだ、と主張されている。

「この国では、教育の在り方が常に経済とは正反対のモデルとして理解されている。統制は耐え忍ぶことのできない強制方法を考えられた。したがって、ドイツの教員たちは、世界で唯一無二の方法で働くことになった。細部まで綿密に考えられた指導案が教員に、何を、何時、どのように教えるべきであるかを規定するのである。"だが、生徒が本当になにを習得しているのかは、私たちは制御できない"と、長年、ノルトライン‐ヴェストファレン州の文部大臣であったガブリエレ・ベーラーは言うのである。・・・他のほとんどの国々では、正反対の方法で授業をおこなっている。教員がどのように授業するかは、教員自身にゆだねられているのである。しかし、学年末には、文部省が全国で統一試験を行い、生徒の成績評価をしている。そうした試験は、ドイツには存在しない。それならば、自分の教育方法が同僚の教育方法より優れていると、どうして知ることができよう。"ドイツの教員は、自分の教育行為の帰結について知ることがない"とPISA組織者のシュライヒァーは言っている。能力不足教員は能力不足のままなのだ。全国統一試験は、他校の生徒の成績だけではなく、とくに教師の能力や学校の教育力を測ることになる。ドイツでは点数をつけて、成績の悪い生徒を退学させることがある。教育水準の高い諸国では、能力不足の教員を追い払うのである。」

こうした批判を背景として、ドイツの教育政策に改革の波が押し寄せた。それは、インプット・アウトプットを考慮すること、とスローガン的にいうことができる。

ここで児童生徒の教育と教員養成の質を確保するための中心的要素になっているのは、学校や教員養成（スタンダード）で求めるべき学習成果を決め、それをコントロール（評価）するということである。

教員養成の領域でも「スタンダード」が開発された。今までの実践とは違って、スタンダードは、「最終目標から、つまり、養成された教員の専門性から教員養成を考えるのである。教員養成は試補に対して、以下の問いに答えられなければならない。

1　最終的には何ができなくてはならないのか。
2　どこで、どうやって、それを習得するのか。
3　できることを、どこで、どのように示すのか。
4　できることを、何を使って、どのように評価するのか。」[16]

2004年、ドイツの各州文部大臣会議（KMK）は、「教員養成スタンダード：教育諸科学」[17]を大学と試補教員研修所での教員養成において、さらに、現職教員に対する再教育に際しても、導入することになった。「スタンダードとその履行は、教育諸科学の形成と教育実践を考慮して、各州が共同で検討し、改善していくこととする。」（1頁）[18]

「文部科学大臣会議が中心的な課題と考えたのは、学校教育の質を確保したい、ということだ。学校教育を確実なものにし、さらに発展させる基本は、スタンダードを導入し、到達度をチェックすることである。スタンダードを導入すれば、目標がはっきりするし、目標に達しているか否か、広い視点から検討する基礎となる。」[19]

各州文部大臣会議の基準には、11のコンピテンス領域があげられている。それを大学での教員養成や試補教員研修所での試補勤務の中で、身につけさせなければならないというのである。

すべてのコンピテンス領域は、理論的養成部分のスタンダードと実践的養成部分のスタンダードから成り立っている。このスタンダードは、期待される学習結果、養成の到達点を説明したものである。

理論的養成部分のスタンダードは、どちらかといえば、大学での学修に関連し、実践的養成部分のスタンダードは、第二段階の試補教員研修所に関連している。本当を言えば、この区別は難しい。なぜなら、大学でも試補教員研修所でも、そもそも教員養成というものは、重点の置き方は異なっていても、理論に導かれ、かつ実践を志向しているものだからである。

２．試補教員研修所でのスタンダードの具体化

以下で私は、ブラウンシュヴァイク試補教員研修所の観点から、基礎学校、基幹学校、実科学校の教職に対して、試補教員研修所のスタンダードに基づいた職能開発のなかで、どのようなことをしているのかを略述してみたい。

- ニーダーザクセン州で教員養成の第二段階において、すべての学校種の教職志望者に対して、入門としての職能開発。(2002年より)
- 試補教員研修所の自己評価 (2005年)
- 試補教員研修所での試補勤務のためにスタンダードをさらに発展させること。(2005年)
- ブラウンシュヴァイク試補教員研修所用のスタンダードの開発
- 教員養成の第二段階のすべての学校段階の指導教員の基礎的能力[20]

このうち最後の点について説明を加えるならば、教員志望者つまり試補教員の養成は、基本的には、教科ゼミナール指導教員によって行われる。このゼミナール指導教員は、学校教員として授業もするし、平均して職務の半分程度は、試補教員研修所の教師として働く。とくに優れた授業力を持っているとみなされる者が、教科ゼミナールの指導を任されるのである。この新しい課題を受け持つためには、通常、試補教員研修所の指導教員に任命され、それぞれの研修所の養成計画（研修所の仕事のテーマ領域）へ組み込まれ、教

職経験の情報を交換し、専門科目の同僚教員から手ほどきを受け、場合によっては州立の研究所の継続教育を受ける。養成の仕事を行う能力をつけるためには、基本的には、仕事をしながら仕事を覚える、ということになる。

ニーダーザクセン州の試補教員研修所のレベルアップのために、組織だった、開発中のスタンダードを視野に入れたゼミナール教員の育成が求められている。ゼミナールの教科担当教員がどんな能力を持っていなければならないのか、という問いに対して、領域別の目標が設定されようとしている。これは、「コース別単位」と呼ばれている。継続教育の3コースのために試補教員研修所に新たに任命された養成担当者が、それぞれ5日間行うものである。

2003年以来、このコースは常に開催されてきた。このコースの担当者やコース開催のための財政的基盤が限られているので、まだ限られた範囲で行われているにすぎず、今のところまだ多くの興味深いテーマが考慮されていない。

以下のコース単位は、それぞれの目標が設定されているが、将来的には、開発中の評価スタンダードと関連させることになっている。

コース単位：指導教員の自己像
目標設定
- 指導教員の自己像とは、ある必要とされ、望ましい能力や専門知識を挙げようとすることではない。さらには、いわゆる教師像という意味で、「指導教員のあるべき姿」をモデル化しようとすることでもない。
- むしろ求められるのは、指導教員の職場に特徴的であるとみなされる状況や立場に関連づけて、指導教員の役割を明らかにすることである。
- 難しい状況、難しい関係とは、学問に基盤を置いた知識からだけでは対応不可能な状況を言う。この場合、自分自身で状況を見極めて、自律的に判断していく力が求められる。
- 上記のように、教師としての役割を明らかにしていくことの眼目は、早急な判断や対応を求められる状況にあっても、それに十分応えていける

ような態度や行動様式を獲得し、磨き上げ、さらに確固としたものにする、ということなのである。

役割を明らかにすること、ある状況や関係性においてその本質を見極め、対応できる力を養うことは、結局、個々の教員で異なった錯綜した場面で、根本的な形であれ、さしあたりの対応であれ、態度を決定する場合には、大変重要になってくる。

コース単位「相談」
目標設定
1　本質的な葛藤に対して相談や判断するために、自律的な立場を形成すること。
2　試補教員が、教科や教科外の相談、状況に即した相談、相手に合った言い方での相談ができるように、相談に関する考え方を検討すること。
2−1　一定の基準に基づいた授業観察と−（授業の、あるいは、）相談のための分析視点を定める。（事柄のレベルでの取り組み）
2−2　相談のコツや方法を心得ている。そして、相談を受けているものが、養成上必要とされているような、自発的な学びへと進ませることができる。（関係性のレベルでの取り組み）
3　「相談」項目の構成の可能性。入門段階での能力の枠内で、つまり、数は少ないが重要な情報を伝え、身につけることが出来る。そしてれば、養成される側にとって、実践への橋渡しと出来ることが望ましい。

このように、試補教員研修所の教員は、自分自身の技量に基づいて、そしてその都度異なった要求を視野に入れながら、自分の頭でよく考え、自分の力を使って、自分の重要と考える課題を発展させていくのである。（試してみる‐反省する‐また、他のやり方を試してみる・・・連続した省察を行うこと）「基礎的能力の形成」は、さしあたり「授業計画と授業実践を視野に入れた助言」の領域に重点化したほうがよいであろう。

コース単位「評価」

目標設定

　基礎的能力においては、教科の指導教員の評価能力が、職務に関連づけながら、向上させられなければならない。

評価の「ねらい」の例：

- すべての評価は相対的なものであることを意識する。
- 相互連関の中で、評価を規定する要素を解明する。相互に分かちがたく結びついていたり、相反する場合があったり、補い合う要素を含んでいる場合があることを洞察する。そして納得できる場合には、考え方を変えることも視野に入れる。
- 評価領域の基準を開発する。（養成期間を通しての評点など）

評価の観点

　評価の観点について検討してみることは、さまざまな評価方法を開発することにつながる。こうした検討が考慮する事柄は、場所、時間、状況、動機などである。それによって、

- その都度、かかわっている人たちの理解の過程をわがものとすることができるであろう。
- 原則的な基準に関して、かかわりのある人たちの合意に基づいているべきであろう。
- 関わっている者の合意を得るべきであろう。

コース単位「ゼミナール教授学とゼミナール方法論」

目標設定・ゼミナール教授学の構成

　教員養成の第二段階における試補勤務は、以下のような有効と認められる技能の領域を対象としている。

①授業
②教育

③評価
④相談
⑤刷新
⑥協働

　この要件を満たすために、指導教員が持つべき能力は、試補教員が優れた授業をおこない、学校生活に参加できるように支援する能力である。したがって、ゼミナールの教授上の検討を、個々の試補教員の能力と関係づけることが重要であるし、必要不可欠でもある。この目標以外の広い意味での教授学上の概念という視点から見ても、組織の構成上の内容の問題は、ゼミナール教授学の中心問題となる。それらは、以下のような点である。

● 目標を定め、書き記すこと。
● 内容を選択すること。
● 組織の形態を定めること。

教科ゼミナールと教育学ゼミナールは、内容的に見れば、相互に切り離すことが出来ない関係にある。

コース単位：法律上の問題と組織上の問題
　目標設定
　　第二段階の教員養成の仕事は、二回目の国家試験まで続く。この段階の養成は、関連の法規に基づいて整備されている。法律に関する知識は、したがって、試補教員研修所の指導教員が正しい教育行為をするための前提条件である。指導教員は、このコースでは、最も重要な規定を知ることになる。その規定とは、指導教員と試補教員に関するものであり、養成に必要とされる行為の根拠となるものである。その場合、司法上の素養が要求されているわけでは決してない。そうではなくて、複雑な法体系への導入という意味であって、法的な確実性や法規の相互関係を知れば十分なのである。

まず、コース単位によって、関連の法律上の原則が教授される。それに続いて、現代のメディアを使って、この原則がどのような現代的課題にさらされているかを把握できるだけの情報の獲得方法が教授される。この点が、第二段階の教員養成で求められている。

3．試補教員研修所の自己評価

試補教員研修所の質的向上を目指して、基礎学校、基幹学校、実科学校、特別支援学校の教員を目指す試補教員は、アンケートで研修所の養成について評価することが求められている。自由参加ではあるが、全試補教員の74％がアンケートに答えている。ニーダーザクセン州立研究所（NLI）がアンケートを作り、分析する。アンケートは以下の点に触れている。

- ●試補教員の個別的な学習態度；　研修所の施設の使用（たとえば、図書室、パソコン、インターネット、教室の設備）(20項目)
- ●研修所の授業等の質的側面（24項目）
- ●研修所の運営（2項目）
- ●実習校との連携（4項目）
- ●研修所での授業、授業参観、試験における指導教員の仕事ぶり（24項目）

このアンケートの主眼は、自己評価を手がかりにして、個々の試補教員研修所の長所や改善すべき点を見抜くことである。評価報告書を精査して、個々の研修所の評価をすべての研修所の評価と比較対照することによって、各々の研修所の共通点と相違点をよりよく明らかにできるわけである。個々の研修所の所長は、職員一同とともに、アンケートの結果を詳細に検討する。その際、以下のような点を問題とする。

- ●私たちの研修所の長所はどこにあるのか。
- ●私たちは研修所に対する肯定的な評価に満足できるか。

第5章　ドイツにおける教員養成の第二段階の改革　85

●それぞれの評価に矛盾はないか。あるとすれば、どう説明できるのか。
●どの点を改善したらよいのか。
●そのためには、管理体制をとったらよいのか。

　全体的に見れば、試補教員研修所の業績評価は、研修所自体の改善のための手がかりとして、大変有用なものと考えられる。

第4節　試補教員研修所における試補勤務のためのスタンダードの構築

1．試補教員研修所におけるスタンダード

　2005年、ニーダーザクセン州の（基礎学校、基幹学校、実科学校、特別支援学校のための）試補教員研修所の代表者たちは、各州文部大臣会議の決定（教員養成スタンダード：教育諸科学）を、実際の場面で適用できるように、重点と対応の仕方について、暫定案を提出した。これらの研修所では、教育学ゼミナールと教科ゼミナールでの学習のために、個々の研修所で独自に養成カリキュラムを構築するという点で合意した。

　研修所の活動の質的向上のための方策として、以下のような点が考えられている。

●教育の内容、要求、目標、課題、達成度を評価できるものへと発展させ、体系化する。
●到達可能な具体的な力量の形成を項目別に示す。そのうえで、たとえば、どんな能力を試補教員に養成段階でつけるかを検討する。
　a）実践を特に志向した養成形態を養成段階に導入したほうがよいのか。
　b）それとも、大学での学修の中にすでに実践的な養成を部分的に挟み込み、さらに第二段階の養成課程にも実践的な面を入れ込んでいくか。
●第二段階の養成に入る前に、大学での養成で獲得される能力には何が必要であるか、一致点を見出す。
●養成の構成モジュールを発展させるために、（それぞれに分化したスタンダードを）中核的な構成要素として使用する。

●スタンダードは、養成の実質と成果を数や質で計量可能にする。こうしたことは、第二段階の養成の仕事を特色づけることになる。

2005年以来、ニーダーザクセン州の試補教員研修所は、個々の研修所に固有の養成カリキュラムを構築してきた。近年の議論が示したことは、この教育カリキュラムは、上記の意味での研修所の改善には大変役立つと考えられるということである。

激しい論争となったのは、スタンダードに基づいて、養成の結果が予測可能であるか、測定可能であるか、評価可能であるか、という問いであった。コンピテンスやスタンダードは、教職の複雑で水準の高い要求に対応するのであるから、妥当性や信頼性の基準を明確化するのは、大変に難しい。それゆえ、以下のような問題点が検討された。

● (各州文部大臣会議の) 教育養成スタンダードは、試補勤務における養成に対して、どの程度、移行、具体化、細分化可能であるか。
●教員養成スタンダードは、指導教員の目標イメージとして、養成カリキュラムの構築に役立つべきものなのか。それとも、養成後に達成された成果の測定のための基礎となるべきなのか。
●教育養成スタンダードが、細分化された能力の評価を視野に入れた成績評価の測定の道具として使用されるということになれば、スタンダードとは最低限の要求なのか、それとも最大限の要求なのか。あるいはまた、標準的スタンダードとして平均的に期待されるべきレベルを指しているのか。

2. ブラウンシュヴァイク試補教員研修所 (基礎学校、基幹学校、実科学校の教員養成) におけるスタンダードの構築

すでに述べたような歴史的発展を背景にして、われわれは研修所の全指導教員と試補教員の協力を得て、2006年までに、教育学ゼミナールと教科ゼミナールの学習のために、本研修所独自の養成カリキュラムを構築した。そ

の中では、各州文部大臣会議で提示された実際的な授業要項から、11の指定されたコンピテンス領域を借用した。そして、それに基づいて、独自の「目標設定」を行った。それは養成段階の教育学ゼミナールや教科ゼミナールの内容（たとえば研修所の講義題目）に関するものである。

養成科目のうち、約80パーセントが核となるテーマとして必修（K）、または、選択必修（WP）とされた。選択必修とは、いくつかのテーマのうちから、最低一つを選択すればよいものである。

養成科目のうち、約20パーセントは、選択科目である。（F＝選択領域）教育学ゼミナールと教科ゼミナールは相互に関連付けられている。教育学ゼミ

表5-1 ブラウンシュヴァイク試補教員研修所の（基礎学校、基幹学校、実科学校の教員養成を対象とした）研修所独自のカリキュラム（試補教員の養成計画）からの抜粋

教育学ゼミナールの教育内容	目標設定	各州文部大臣会議の教員養成スタンダード（実践的養成条項スタンダード）
●作業と社会生活の形態、とくにグループ学習 K	●グループ学習の理論的基礎を知る。実際の経験を交えて議論する。 ●グループ学習の基礎付けと段階を知る。	コンピテンス2： 教員は学習状況を形成することによって、生徒の学習を支援する。教員は生徒の動機づけを行い、生徒が学んだことを関連付け、学習したことを活用できる力を与える。 修了生は： ●さまざまな場面での学習を支援する。 ●知識や能力の獲得に関する学問的知識を考慮し、教授—学習過程を構築する。 ●生徒の学ぶ意欲、何かに取り組もうとする意欲を覚醒させ、強める。 グループ学習を率い、ともに活動する。
●授業の中での対話の仕方 K	●授業参観で対話の特徴を指摘する。 ●成功した対話の基本的な観点を明らかにする。 ●対話の原則を打ち立てる。 ●力量の領域を考慮して、授業内の対話の重要性に気づく。	
●典型的な授業展開の方法論の構築 K	授業の諸段階の機能を例を交えて検討する。 ●目標を志向し、教授方法論に基づいて授業をする。 ●自己自身の授業を、基準に照らして省察する。	

教科ゼミナールの教育内容： 教科：ドイツ語	目標設定	各州文部大臣会議の教員養成スタンダード（実践的養成条項スタンダード）
●読み書きを始める。（K／GS） ●対話への教育（パートナー学習、グループ学習、全体）(K) ●筆記・口頭の討論 ●統合的なドイツ語授業（WP）	●読み書きを始める。 ●生徒との対話の規則を練り上げ、実践化する。 ●パートナー学習、グループ学習、全体学習の理論的側面を知り、応用する。 ●上記のことを、対話の成果に結びつける。そして事柄に即して、継続する。 ●議論を文字で書きとめることを通して、あるテーマについての関連を明確にし、構造化して思考できるようにする。 ●ドイツ語科の他の視点や他の教科との連関を作り出す。(統合的視点)	コンピテンス２： ●教員は学習状況を形成することによって、生徒の学習を支援する。・・・(教育学ゼミナールと同じ)
教科ゼミナールの教育内容 教科：スポーツ	目標設定	各州文部大臣会議の教員養成スタンダード（実践的養成条項スタンダード）
●典型的な授業展開の方法論の構築（B／A）目標を目指した長距離走（オリエンテーリング、通過地点を定めた長距離走、等々） ●生徒による音楽の選択 ●生徒が自発的にスポーツの授業の一部分をおこなう。(アップなど) ●体育館での準備運動を創作する。(グループ授業、対話的授業) ●スポーツの授業の成果の確認 ●個別のランニングの計画 K	●動機の構造を理解する。 ●生徒を教授学的に規定された、生徒に実行可能な課題を与える。 ●途中の省察を学習支援のために使えるようにする。 ●生徒のために、あらかじめ行為の援助になることを提供する。	コンピテンス２： ●教員は学習状況を形成することによって、生徒の学習を支援する。・・・(教育学ゼミナールと同じ)

ナールと教科ゼミナールについては半年に一度、試補教員とともに、「目標設定」を考慮しながら、教育内容（＝試補教員研修所の講義テーマ）を話し合い、決定する。その際、養成の現状、諸学校の直面する諸問題、試補教員の負担の状況、教科内容学の議論の状況、等々が考慮される。

おわりに

　2007年以来、この私たちの研修所独自の養成カリキュラムが実践され、成果が試されている。中間報告から明らかになっていることは、指導教員も試補教員も、養成の目標、養成の内容、養成の課題設定をより構造化して、それぞれの活動へと適用することが出来ていた、ということである。

　ニーダーザクセン州のいくつかの試補教員研修所では、まず、教育学ゼミナールでの養成教育用に独自のカリキュラムを構築している。これらの研修所では、ブラウンシュヴァイクのカリキュラムを参考にし、またこのカリキュラムから刺激を受け、独自のカリキュラムをさらに洗練する参考にしている。

　2010年2月からは、ニーダーザクセン州の教員養成・採用試験規定には、新しく追加された条項が効力を持つようになる。教職の質に関する領域（授業、教育、等々）は、コンピテンスと細分化されたスタンダードというかたちで設定されている。この新たな規定を受けて、われわれの試補教員研修所では、2010年には、これまでの実践経験を基礎にして、教員養成カリキュラムの改訂を計画している。

引用参考文献
1　ドイツ連邦共和国基本法。
2　E.Hoffmann, Politiklexikon, München 1991.
3　Ders. Band 14, S. 845.
4　Brockhaus Konversationslexikon, Band 1, 14. Auflage, Leipzig 1898, S. 34-35.
5　同上。
6　同上。
7　同上。

8 http://de.wikipedia@org/wiki/studienseminar; 06.04.2009.
9 ニーダーザクセン州・教職のための養成と第二国家試験に関する規定（PVO－Lehr II）2001 年 10 月 18 日付。
10 同上。
11 同上。
12 http://de.wikipedia@org/wiki/PISA-Studien, 29.05.2009.
13 同上。
14 W．ヴュレンヴェーバー他「厄介者たちは、不幸の一部にすぎない」(「シュテルン」誌 2005 年 30 号、8 頁以下)。
15 同上。
16 http://www.studienseminar-koblenz.de; 02.08.2005.
17 教員養成スタンダード：教育諸科学：ドイツ連邦共和国各州文部大臣会議（KMK）決議。
18 同上。
19 同上。
20 http://www.nibis.de/nli1/seminar/ausschreib.pdf; 30.06.2009
教員養成の第二段階のすべての学校段階の指導教員の基礎的能力（2002 年 3 月 1 日現在）。

（翻訳　木内陽一）

第6章　ドイツにおける教員の継続教育

ハイデマリー・ケムニッツ

はじめに

　教員の継続教育は、教師たちが授業科目の発展と歩調を合わせ、陶冶・訓育課題において直面している現実の要求に可能な限り応えることができるように貢献すべきものである。教員の専門的知識は日に日に古くなり、仕事の負担は増え、絶えず新しいテーマや問題や挑戦が教員に突きつけられている。それゆえに、教員の継続教育を強化する必要性は明白で議論の余地のないことである。

　本章では、ドイツにおける教員の継続教育の背景、条件、展望を明らかにする。まず、教員の継続教育の問題について、研修と職業実践の観点から論じる。次に、教員の継続教育の枠組み規定や制度、継続教育を提供する組織、教員の継続教育に教員がどの程度参加しているのか、ならびに教員の継続教育の内容と形式について情報を提供する。最後に、目下の議論について展望を示すことにする。

第1節　ドイツの教師教育における継続教育の位置づけ

　教員の継続教育は、ドイツでは教師教育の第三段階と呼ばれる。それに先行する教師教育の第一段階は4～5年の大学での学修であり、第二段階は1～2年の州立試補教員研修所での試補勤務である。ドイツの教員はたいてい2科目の授業のために養成される。

　第二段階を終えて十分に養成された試補教員は、その州、あるいは他の州の学校監督官庁に教職を志願することができる。その際にとりわけ決定的に

重要なのは、科目の組み合わせと試験の点数である。州の配分方法で、志願者たちはその前提を考慮に入れて序列に組み入れられ、その教職や科目の組み合わせにおいて採用の可能性がある限り、学校の教員に任命される。最近では若干の州において、このような配分方法とともに、学校にも新任教員の選抜に参加する権利が認められている。大学での学修を開始してから教員として採用されるまでに、最低6年から7年かかることになる。

　教職に就いて3年後に点検（多くの場合、授業における臨時聴講や学校監督官庁の指導者との評価に関する会話）が行われ、ふつう、この点検後に教員は終身官吏に任命される。その後、教員の仕事の成果は二度と試されることはない。確かに若干の州では、たとえばニーダーザクセン州では、最近、学校視察が導入された。しかしこの視察では、全体としての学校の質に主眼が置かれており、個々の教員の授業の質を見るものではない。教員の官吏としての身分は、実際に取り消すことができず、退職後には高額の年金を受け取ることになるが、そのような身分をめぐっては議論が行われている。しかしこれまでのところ、このような特権を廃止し、教員も一般職員並みの待遇にすることを決定した州はわずかしか存在しない。

　費用のかかる研修に関連して、ドイツの教員は国際的に比較して高額な給与を受け取っている。こうした給与は官吏法によって統一的に規定されている[1]。教師が継続教育を行うか否かは、給与に何ら影響しない。若干の批判者はこうした事実に継続教育の義務を自発的に果たそうとしない教員が数多くいることの原因を見ている。

　歴史的に見て、ドイツにおける教員の継続教育は、19世紀の教員組合において自発的に組織された職業教育の形式にさかのぼる。20世紀になると、教員の継続教育はますます国家の関心事となる。第二次世界大戦後は二つのドイツの国家で別々に発展する。ドイツ民主共和国（DDR　今日の新しい連邦諸州、すなわち東ドイツ）では、教員の継続教育は1965年以来、義務化され、1970年代以来、一つの体系へと組織された。その体系において、すべての教員は定められた期間に継続教育を修了しなければならなかった。ドイツ連邦共和国（BRD　旧連邦諸州、すなわち西ドイツ）では、1970年代以来、確か

にドイツ民主共和国と同様に州立の継続教育機関が存在していたが、州の提供する継続教育に参加するかどうか、またどの程度参加するかは、教員に大幅にゆだねられていた。

概念的には、ドイツではFortbildungとWeiterbildungが区別される。Fortbildungは教員とその職業的能力に対する支援、助言、強化を目指している。Weiterbildungの措置は資格を追加して獲得すること（たとえば授業科目、学校段階、学校種において教員資格を追加すること）、あるいは学校における特別な能力（たとえば校長の役割、質の管理、学校開発のための能力）に関連している。

教員の継続教育については、ドイツでは長い間議論されず、研究もわずかしかなされてこなかった。このような事態は、近年になってようやく、とりわけ国際学力調査——特にTIMSSやPISA——でドイツの生徒の成績が好ましくなかった結果、目覚ましく変化した。必須の学校改革を一瞥すると、当然のことながら、教師教育にも注意が向けられている。ここではとりわけ第一段階の養成に注意が向けられている。しかし、現在の改革のための出発点はすでに就職している教員にある。ドイツでは現在、800,000人以上の現職教員がいる。ドイツにおけるもっとも有名な教員研究者の一人であるテーハルト（Terhart, E.）が述べているように、こうした教員とともに、われわれは働かなければならない（2003, S. 173）。

第2節　ドイツにおける教員の継続教育に関する枠組み規定

1991年以来、再統一されたドイツにおける16州に対して、教員の継続教育のための統一的な枠組み規定が適用されている。近年では若干の州が新規定を決議し、その中の一部が、教員は法律に定められた継続教育の義務を守らなければならないとしている。その際に、継続教育の義務を相談やキャリア発達と結びつける試みがなされている。教員の継続教育は、教員の仕事や学校改革のための重要な支援体制とみなされ、授業の組織や準備から教材やデータベース——その構築や保存のために各州では資金が調達される——

における方法的な指示を与えることにまで及んでいる。ドイツでは連邦の構造ゆえに、教員の継続教育の義務化には各州の間で異なる点が存在する。

●たとえばバイエルン州には、2002年以来、教員に4年間のうち合計12日間の範囲内で継続教育の義務を負わせる時間モデルがある。そこでは1日の継続教育に対して、およそ5時間（1時間：60分）の基準値が定められている。個人的な継続教育の義務を果たすために、教員はあらゆるレベルで州が行っている、あるいは州が認めた継続教育、たとえば大学にも訪れることができる。ここでは非常に多様な可能性の中から比較的自由な選択が許されているのに対し、証明すべき継続教育の少なくとも三分の一は校内研修として提供されている。つまり、個々人の継続教育――その重点は学校での仕事仲間の会話の中に確認されるべきなのだが――とともに、教員が同僚と行う校内研修への参加に重点が置かれているのである。

●ハンブルクは2003年の新学校法において、継続教育を年間30時間と定めた労働時間モデルを可決させた。

●その他の州、たとえば2003年以来同様に継続教育の義務がますます強調されているノルトライン・ヴェストファーレン州は校内研修を改革のための鍵とみなし、提供すべき継続教育の50％を校内研修に充てている。学校は校内研修のために高額の予算を受け取り、独自の方法で強化されることになっている。それぞれの学校は、特別な重点を持った独自の校内研修構想を開発し、必要に応じて手段を講じるよう要求されている。

●同様のことはニーダーザクセンでも行われている。ニーダーザクセンでは、州の財源による学校は2008年以来、自らの基盤的経費を自由に使うことができる。資金の使い道は、教師、生徒、保護者が代表として出席する学校の理事会によって決定される。この新しい規定は「自己責任の学校の観念」と関連している。すなわち、学校は外部からの規定が弱められることで、より強く自己の責任において発展することができる。学校は自らの予算で現場の実情に応じて重点を置くことができるので、たとえば研修を増やすこともできるのである。それに伴って、継続教育のための財政モデルが部分的に変化

し、資金投入の責任が連邦から個々の学校へと移動（脱中心化）する。

第3節　教員の継続教育の機関と組織形態

　教員の継続教育の提供は、個々の州において組織されている。権限をもつのは、文部省の監督と財政的支援の下にある州の機関である。この機関は、センターや各領域の継続教育と各学校の校内研修に区別される。教員の継続教育の州立機関は学校外部の担い手（教会、大学、経済団体、地域の企業）と協力しており、この協力によってますます多様で専門性の高い継続教育が提供できるものとみなされている。大学をより強力に教員の継続教育に組み入れようとする努力は文部省の側から支援されている。教員の継続教育の領域における大学と学校のネットワーク化は、大学が需要に応じて継続教育を提供することで、大学の同僚が学校の同僚を支援する模範的なイニシアチブやモデル的試みの先にある（Jürgens 2006）、というよりもむしろ未来のプロジェクトである。

　教員の継続教育のための州の機関は、多様で特色のある幅広い任務をもっている。それは、「テューリンゲンにおける教員の継続教育、指導案（Lehrplan）の開発、メディアのための機関」、「ラインラント・プファルツ州における校内研修と学校心理学相談のための機関」、「ニーダーザクセン州における教師教育と学校開発のための機関」に見て取れる。州の機関は省の依頼によって教師教育のための州規模の措置を講じ、教材を開発する。州の機関は、専門科目の助言者をそれぞれの授業科目に対して適格にし、あるいはまた、指導教員を各領域の継続教育の任務に対して適格にする。また、州の機関は、地域に特有の需要を突きとめ、自ら授業やコースを実施する。

　教員の継続教育についての州の位置づけや理解は、公文書や法令から読み取ることができ、そのつどの文部省のインターネットサイトで確認することができる。それらの位置づけや理解は、課題の記述という点や、教員の継続教育と学校開発の結合という点で相互に類似している。多くの州の文部省は、この記述に継続教育の義務の履行に関する注意書きを前置きしている。たと

えばニーダーザクセンの場合、教員の継続教育は授業のない時間に、したがってたいてい休み期間中に行わなければならないという注意書きがなされている。これは当然のように思われるかもしれない。けれども過去には、研究授業が存在したのである。その研究授業後、学校の管理者たちは保護者に、子どもの授業は教員の校内研修のため中止することを伝えていた。

　授業のない時間に継続教育を行わなければならないという注意書きは、2000年の教師教育に関する勧告に結びついている。この勧告は、専門家が各州文部大臣会議の依頼を受けて仕上げたものである（Terhart 2000）。そこでは、授業時間外に継続教育を行うよう教員に要求することができる、と述べられていた。大部分の州は、教員の継続教育に関する新しい規則において、この見解に従っており、また、継続教育を労働法の規定と両立するように、教員のための労働時間の規則を修正した。

　教員の継続教育については、ドイツでは1979年以来存在しているドイツ教員継続教育促進協会（Deutsche Verein zur Förderung der Lehrerinnen- und Lehrerfortbildung）もまた関与している。この協会の目的は、教員の継続教育と学校開発の専門家による専門的協働の促進、コミュニケーションと情報伝達の促進、教員の継続教育の問いを喚起する研究の活発化である。このようなことは主に、教員の継続教育についての領域を越えた専門会議が組織され実施されることによって、また、年報『フォーラム　教員の継続教育』の出版によって、あるいはまた、学校開発の特別なテーマに取り組む研究グループによって行われている。この協会はインターネットのホームページでさらに、教員の継続教育に関する人物や提案のネットワーク化を支援するような情報を提供している。

第4節　教員の継続教育に教員はどの程度参加しているか

　継続教育の措置への教員の参加に関するデータの状況は好ましくない。このことがあてはまるのはドイツばかりではない。大部分のOECD諸国はこの領域でいかなる統計的データも用いることができない。ドイツではこの事

態を、一方では、教員が最近まで自分たちの継続教育について、いかなる説明責任も果たす必要がなかったので、調査が極めて困難であるということから説明している。他方では、そのようなデータへの関心が、教育制度の比較に伴う国際学力調査の動向において、ようやく明確に高まってきたことである。ドイツでは、それぞれの州が規則的に教育報告を行うことを決定した。その報告では、教員が継続教育の措置にどの程度参加しているのかも把握されることになっている（Bildung in Baden Württemberg 2007, S. 210）。

　OECD 9 カ国の継続教育システムを比較した国際調査では、ドイツはスウェーデンや日本と並んで最も良い評価をされていた（Daschner 2004, S.295）。もっとも、この調査は1978年にさかのぼる。より新しい報告は、ヨーロッパの継続教育システムの比較に取り組んだ1995年の調査（EURYDICE）にある。その後、教員の継続教育は、ヨーロッパ諸国のあらゆる調査報告関連資料において高い価値をもつようになる。しかしこの事実は、構造的な弱点を反映していた。言及されたのは、比較的少ない予算（そのつどの教育費のせいぜい0.5％以下）、拘束力の不足、昇進との結びつきの欠如（スペインとポルトガルを除く）、確固とした評価手段の不足、比較的低い参加率である。

　デンマークやオランダの場合、継続教育の措置に参加する教員はそのつどおよそ3分の1存在すると報告されている。継続教育と昇進が相互に結び付いているスペインとポルトガルでは、初等領域と前期中等段階における参加率は40〜50％であり、しかも就学前領域（ポルトガル）では約70％である（Daschner 2004, S. 295）。33％以下の参加率は、EURYDICE調査では学校制度における転換・更新のプロセスの成功に対して危機的な割合であるとみなされていた。

　ドイツでは、たとえば学校の管理職や顧問教員のような一定の役割の担い手のために資格を付与する措置への参加率はすべて高い。管理職にかかわらない教員の参加についてのより正確な報告は、おそらく二、三年のうちにようやくなされるであろう。

第5節　教員の継続教育の内容と形式

　教員の継続教育の内容は、あらゆるレベルで（センター、各領域、校内といった継続教育のレベルで）非常に多様である。いずれにせよ同様のことは研修講座の由来にも当てはまる。異なる州でも同様に市場の傾向を見落としてはならない。

　専門科学の研修講座は、方法的なものや、教師の振舞いに関するトレーニングを重視するようなものと並んでいる。強く求められているのは、授業をめぐる古典的なテーマ、すなわち、専門科学や教科教授学、授業開発や新しい学習形式である。また、教育・教授問題とのかかわりも強く求められている。このような継続教育の提供は、学校内部の、同僚の継続教育のあらゆる現在の強調において、たいてい個別に認められる。教員の継続教育の国の機関（州の機関）も、大学や企業も、古典的な意味でのコースや研修を提供している。それらは多様で範囲が広く、個々の講演から数日間の会議や1週間のワークショップにまで及んでいる。

　授業の研修講座は、通例は教員の継続教育のための州の機関のインターネットのサイトで利用することができる。そこには授業のデータバンクがあり、そこで教師たちは検索したり、自ら継続教育のテーマを提案したりすることもできる。さらにそこでは個人で、提供されたコースに申し込んだり、教材付きのデータバンクを呼び出したり、画面の指示に従いつつE-ラーニングの入り口や学習の概要にアクセスすることができる。

　2009年のニーダーザクセン州における教師教育と学校開発のための機関の授業データバンクの抜き打ちテストは、次のような結果となっている。(学校制度における)「移行」というキーワードを入力すれば、6つの授業が表示される。そのうち3つは幼稚園から基礎学校までの移行に取り組んでおり、2つは前期中等段階すなわち第10学年から、後期中等段階すなわち第11学年への科目英語における移行に取り組んでおり、1つは（保護者から）学校の理事会への移行に取り組んでいる。最後の授業で、実際に保護者に対しても意図されているのは、特に教員の校内研修は教師たちだけに関係づけら

れるのではなく、そこに保護者もまた含められるべきであるということを示唆する点である。

　固定された、期限の定められた授業、コース、ワークショップのための研修講座と並んで最後に存在するのは、必要のある場合に要求することができるテーマの研修講座である。上述のデータバンクで「メディア」というキーワードで検索すると、たとえば「君たちはそこで何をしているのか——青少年のメディア世界」というタイトルの授業が現れる。この授業の解説には次のように記されている。「メディアは子どもや青少年の日常の重要な構成要素である（……）青少年のメディアの世界は大人たちをしばしば困惑させる。一つには、大人たちはそこで精確に何が起こっているのかを知らない。そして今一つには、メディアと結びついた危険を何度も聞いたり読んだりしている。チャットでの迷惑、ケータイでの暴力画像、インターネットでのポルノグラフィなど」。この研修講座において重要なのは、同僚教師の必要や関心のある場合に要求されうるメディア教育学者の講演である。

　学校がそのつどの問題領域に応じて自ら決定する教員の校内研修では、同僚の協力が前面に出る。同僚の協力は学校や授業の質を高めるとりわけ重要な手段とみなされる。このことは一方では理解できる。しかし他方で知られているのは、校内研修の規定によって校内研修が成功しているかどうかについてはまだ決定できないことである。

　継続教育における資料や学習の形式という点での狭義の形式においては、近年、最終的には成人教育において一般的に見られる傾向が観察されうる。とりわけポートフォリオの試みが教員の継続教育において足がかりを得ているように思われる。それゆえに、たとえばヘッセン州における教員の継続教育の新規定には、教員が資格付与のポートフォリオを設計し、その有効活用が同僚の会話の構成要素となるようにと、予め明確に述べられている。ここではポートフォリオは、利用した継続教育を記録するための手段となる。教員がこの理念に対してどう反応し、それをどう利用しているのかは結果を待たなければならない。

第6節　教員の継続教育に関する議論、研究、展望

　継続教育は生涯学習の意味において、現代の教職における職業倫理の意味を含んでいる。しかしそのことから、あらゆる職業の構成員が自発的に継続教育をするということを明らかに結論づけることはできない。教員の継続教育に関する法的義務でさえ、それは1960年代以来存在しているが、多くの教師たちがいつもあるいは断続的に継続教育をしており、それを当然のことであるとともに必須でもあるとみなしている一方で、若干の教師たちが何年も継続教育の提供から遠ざかっていることを妨げなかった。教師たちに継続教育の活動についてアンケート調査をしたペーター・クロウストは、継続教育に積極的な教師たちと継続教育から離れている教師たちのことを述べている（Chroust 2003, S. 42）。

　継続教育に関する討論に際して、『フォーラム　学校』(教員のための雑誌)2003は、1999年以来のドイツにおける教員の労働時間に関する専門家の所見を引用していた。そこで確認されていたのは、教員は年間労働時間の5〜10％をさらなる資格付与のために苦労して確保していることである（生涯学習2003）。この継続教育の相当の部分は、自己の発議で午後や週末に開催されたという。それによって教員は、3％を上回らないその他の公務の平均を明らかに上回る状態におかれたという。その他の点では、これはドイツにおける革新的な企業によっても越えられない価値をもつという。

　このような指摘は確かに興味深いが、ドイツの教師教育に関する多くの議論では、視線がもっぱら内側に向いているという印象をぬぐいきれない。内容的に教師教育に関する多くの議論は、このテーマともちろんほとんど関係がない。継続教育の義務を現実化すべきかどうかの決定では、注意すべき重要な点について形式的な考察が行われた。継続教育の必要性についてはあらゆる教員が賛同している一方で、その実現の可能性や形式については全く異なった見解が存在している。年間で固定された日数を操作する時間モデルは批判されている。そのような時間モデルは個人の継続教育の需要に反しているのである。また継続教育の規則は統計的な価値しかもたなくなってしまう

であろう。

　そのような疑念にもかかわらず、教員の継続教育に関する新規定は今や、継続教育の方法に関するパーセントによる配分をも固定させる条文として定式化されている。それは、「単なる」個人的な継続教育よりも同僚との校内研修に高い価値を付与する傾向がある。ペーター・クロウストはそこに教員の継続教育の二つの文化が確立されているのを見ており、それらの文化もまた数値を決定しているように思われる。この数値の決定には疑念が存在する。その疑念は、教員アンケートに現れていた制限に基づいており、また、いつも摩擦なしで行われるわけでなく、ストレス要因にもなりうる教員同士の相互作用に関する研究に基づいている。クロウストは、州によらない継続教育の研修講座への教員の「流出」が、制度的で集団による学習プロセスを強調する州に対する反応だと見ている。もしかすると彼は、個人のトレーニングあるいはまた、たとえば、卓越した研究者が学習の革新的な方法について講演する会議を開催する場合に、本の出版を行うような研修講座をほのめかしているのかもしれない。それは州の教員を引き付けるものである。クロウストに従うならば、州によらない提供の中に、教員はそれぞれの自己理解に基づいて必要なものを見つけているようである。すなわち教員は、自分の必要に応じて選択された、また自分の教師集団の外部で認知された、おそらく自分の仕事の日常においてもより有効な資格を獲得するのである。

　このことは、教員同士の協働や相互作用に関する研究の結果と合致する(Rothland 2004)。教員の継続教育に関係づけるなら、次のように結論づけることができる。「協働は、個人にとって価値がある場合に、すなわち個人の仕事が具体的に軽減される場合に実現する」(Terhart 2003, S. 174)。教員によって経験上、特に好まれる継続教育は、自分の授業科目に結びつくものであり、それによって授業における具体的な仕事の軽減という点で評価されるものである。「協働は、すでに同僚の間に確かな信頼がある場合にのみ可能である。つまり、同僚の協働は教科のグループにおいて始められるべきである」(ebd.)。ここから教科を越えた協働の可能性も開かれるであろう。

　現職教員の継続教育が成功するためには、結局、校長にも重要な価値を付

与しなければならないだろう。それに関しては最近、注目すべき研究が行われた。その研究の目的は、継続教育が教員の仕事を効果的に支援するとともに、最終的には子どものためになるように、学校におけるキャリア発達の一般的なプロセスについての認識を利用することである。結局、依然として指摘されるのは、教員の継続教育をキャリアの可能性と結び付ける考え方であろう。しかし、そのようなキャリアの可能性については、ドイツの教職は（管理職を除いて）あまり多くのものをもっていない。転用された意味においてではあるが、「良い教師であること」(Terhart 2003, S. 174) に値するように、職能の発達とキャリアの発達が結びつくのかどうかはまだわからない。

注

1　15年の職業経験を経た前期中等領域における教員の給料について、フィンランド、フランス、スウェーデン、イギリス、オランダ、ドイツを比較すると、ドイツは2000年において40,561ドルで、35,487ドルのイギリス、34,985ドルのオランダよりも上位に位置していた。最も収入が少ないのはスウェーデンの教員で25,553ドルであった（Arbeitsgruppe Internationale Vergleichsstudie 2007, S. 80）。

引用参考文献

Arbeitsgruppe Internationale Vergleichsstudie (2007): Vertiefender Vergleich der Schulsysteme ausgewählter PISA-Teilnehmerstaaten. Bonn, Berlin.

Bildung in Baden Württemberg (2007). Im Internet (28.07.2009) als pdf-Version verfügbar unter http://www.schule-bw.de/entwicklung/bildungsbericht/bildungsbericht_2007/bildungsbericht_2007.pdf

Chroust, Peter (2003): Selbstverwirklichung oder System. Von den ‚zwei Kulturen' der Lehrerfortbildung. In: journal für lehrerInnenfortbildung, (3), Heft 3, S. 41-47.

Daschner, Peter (2004): Dritte Phase an Einrichtungen der Lehrerfortbildung. In: Blömeke, Sigrid u.a. (Hg.): Handbuch Lehrerbildung. Bad Heilbrunn u. Braunschweig, S. 290-301.

EURYDICE (1995): Die Lehrerfortbildung in der Europäischen Union und in den EFTA/EWR-Staaten. Brüssel.

Hildebrandt, Elke (2008): Lehrerfortbildung im Beruf. Eine Studie zur Personalentwicklung durch Schulleitung. Weinheim und München.

Jürgens, Barbara (Hg.) (2006): Kompetente Lehrer ausbilden – Vernetzung von Universität und Schule in der Lehreraus- und –weiterbildung. Aachen.

Lebenslanges Lernen (2003). In: forum schule. Magazin für Lehrerinnen und Lehrer. Heft 2. Soest.

Rothland, Martin (2004) : Interaktion in Lehrerkollegien. In: Hillert, Andreas/Schmitz, Edgar (Hg.) : Psychosomatische Erkrankungen bei Lehrerinnen und Lehrern. Stuttgart/New York, S. 161-170.

Terhart, Ewald (2000) (Hg.) : Perspektiven der Lehrerbildung in Deutschland. Abschlussbericht der von der Kultusministerkonferenz eingesetzten Kommission. Weinheim/Basel.

Terhart, Ewald (2003) : Lehrerbildung nach PISA. In: Merkens, Hans (Hg.) : Lehrerbildung in der Diskussion. Opladen, S. 167-177.

(翻訳　大関達也)

第 3 部
日本における教師教育改革

☆　☆　☆

第7章　日本の学部での教員養成の新しい動向
　　　　——兵庫教育大学を事例に　　　　　　大関達也

第8章　日本の学部での教員養成の新しい動向
　　　　——上越教育大学を事例に　　　　　　釜田　聡

第9章　日本の学部での教員養成の新しい動向
　　　　——鳴門教育大学を事例に　　　　　　木内陽一

第10章　日本における教育実習の現状と課題　　早田恵美

第11章　日本の教職大学院の現状と課題　　　　渡邉　満

第7章　日本の学部での教員養成の新しい動向
——兵庫教育大学を事例に

大関　達也

はじめに

　本章では、兵庫教育大学における学部教育課程の改革について概観する。兵庫教育大学では、中期目標・中期計画に基づいて2006（平成18）年3月より学部教育課程の見直しが行われ、2008（平成20）年4月より学部入学生を対象に新教育課程が実施されている。

　兵庫教育大学中期目標（平成18年3月30日）には、「学部教育の理念・目的及び教育の成果に関する目標」が次のように記されている。「これからの時代に特に求められる教員の資質能力、すなわち（ⅰ）「地球的視野に立って行動するための資質能力」、（ⅱ）「変化の時代を生きる社会人に求められる資質能力」、（ⅲ）「教員の職務から必然的に求められる資質能力」の育成に重点をおいた教育を行う。また、学校現場の現代的諸課題に対応するよう教育内容のたえざる改善に努め、実践的指導力と教職への強い意欲を持ち、教員としての総合的な能力に加えて得意分野を持った教員を養成し、多くの人材を教育界に送り出すことを目標とする」。さらに、「教育理念等に応じた教育課程編成の基本方針」が次のように定められている。「○初等教育教員養成課程の専門性を高め、教職に対する強い意欲と実践的指導力を持った教員を養成するためのカリキュラムを編成する。○実地教育を通して教養教育と専門教育の一層の有機的連携を図り、学生の人間的成長と教員養成の見地からの教養教育の再構築を行う。○実地教育を本学の教育課程の中核をなすものとして位置づけ、そのあり方について学校教育学部及び附属学校園教員の共通理解を得るとともに、実地教育カリキュラムの充実を図る」。そして、このような中期目標の下に中期計画（2006（平成18）年3月31日）が設定され、「教

育理念等に応じた教育課程を編成するための具体的方策」が次のように記されている。「〇教養教育と専門教育の実地教育を通した連携を図るために教養基礎科目、教職共通科目及び専修専門科目の各授業科目について、4年間にわたる調和の取れた学年配当について点検し、カリキュラム編成の適正化を図る。〇初等教育における英語教育やものづくり教育に対応できる教員を養成するための教育課程の充実を図る。〇多様な領域に関する知識を得、理解を深めるための教養教育に関する授業科目の充実を図る。〇本学の特色とする実地教育科目とその他の授業科目との内容面での密接な連携を図り、教育的効果を上げるための点検と改革を実行する」。このように、学部教育課程の見直しは、たえず教育の質の改善に努めなければならない大学の課題である。

ところが、兵庫教育大学では1982（昭和57）年に学部第1期生を受け入れて以来、学部のカリキュラム構造を変えてこなかった。そのため、時代に適合しない科目区分を見直し、カリキュラム構造全体を再編する必要があった。そこで2006（平成18）年3月に兵庫教育大学学長より「学部教育課程改革の視点」(学長私案)が提示され、改革のための議論が開始されることとなる[1]。

以下では、学部教育課程改革の背景となった要因、学部新教育課程の概要および今後の検討課題について述べる。そのために依拠する資料として、兵庫教育大学教務委員会およびその下部組織として設置された学部教育課程見直し検討ワーキング・グループの配付資料を用いることとする。

第1節　学部教育課程改革の背景

学部教育課程改革は学内の自発的な改善要求から行われた。現行の教育課程の問題点を検討し改善することは大学に課せられた課題である。そうした課題意識の背景には、教員採用側からの大学に対する意見・提案[2]、あるいは中央教育審議会「今後の教員養成・免許制度の在り方について」(中間報告、2005（平成17）年12月）に示された政策提言があった。

改革の視点については、2006(平成18)年3月に提示された「学校教育学部教育課程改革の視点」(学長私案)に次のように記されている。
　(1) カリキュラム構造の見直し(従来の教養基礎・教職共通などの区分の再検討)
　(2) 授業科目の精選(免許や資格に関係ない科目や受講生の少ない科目の見直し)
　(3) 小学校(初等教育)教員養成に重点をおいたカリキュラムの充実
　(4) 教職に就くためのキャリア教育の充実
　(5) 初年次教育科目の新設及び情報系科目の充実
　(6) 実地教育体系の見直し
　(7) 中央教育審議会の答申への対応(教職指導、教職実践演習(仮称)への対応)
　(8) 授業科目は原則として単独で担当するよう見直す

このような改革の視点の下に審議が開始される。まず、教務委員会のもとに学部教育課程見直し検討ワーキング・グループが設置された(2006.4)。そこで指摘された問題点は以下のとおりである。
●教育課程のねらいについて、教員の共通認識が不十分。
●体験的(実地教育)科目で学生の体験は広がったが、内容面で不十分。
●各教科内容に関する学生の専門的知識が不十分。
●実践的指導力を高めるための授業が不十分。
●1単位を修得するための学修が不十分。
●実地教育との二重履修の問題。
●教養教育のねらい、位置づけが不明確であり、運営体制の整備が不十分。
●楔形・コンカレント(協働積み上げ方式)が十分に機能していない。教職、教科に関する科目のみならず、教員として必須の教養科目を考える必要があるのではないか。
●1991(平成3)年の大学設置基準大綱化により、一般教育と専門教育の区分、一般教育内の科目区分(人文、社会、自然、外国語、保健体育)が廃止された後、いずれの大学も最近のニーズに合わせてモデルチェン

ジを繰り返してきた。しかし、兵庫教育大学の教育課程は、設置基準大綱化以前のモデルを大綱化以後も使用し続けている。

このような問題点を改善する必要が生じた背景には、国立教員養成大学・学部を取り巻く状況の変化があった。まず、教員養成分野における抑制方針が撤廃されたことである。2005(平成17)年度に文部科学省は、主に都市部で、今後教員の大幅な不足が見込まれることから、教員分野（実質的には小学校教員）に係る大学・学部の設置や収容定員増に関する抑制方針を撤廃することとした。その結果、私学が小学校教員養成に続々と参入することとなった。2006（平成18）年に新規参入した大学は、関西圏では京都ノートルダム女子大学、大阪総合保育大学、畿央大学、関西国際大学、神戸親和女子大学である。さらに2008（平成20）年度からは関西学院大学に教育学部小学校教員養成課程が設置された。これは、聖和大学との統合後、同大学キャンパスを利用し、幼稚園・保育士から高等学校までの免許・資格に対応するものであった。

次に小学校教諭免許状取得プログラムにより、さまざまな大学・学部での免許状取得が可能になったことである。立命館大学や広島修道大学は、通信教育で小学校免許状を出している大学と提携し、学部在学中に小学校教諭免許状取得を可能にした。関西国際大学でも、玉川大学通信教育部と提携し、2006（平成18）年4月から、どの学部・学科でも小学校2種免許取得が可能になった。

さらに国立大新（0免）課程が廃止され、定員振替が行われたことである。2006（平成18）年度には新課程の入学定員558名が教員養成課程に振り替えられた。京都教育大学、埼玉大学、岡山大学では新課程が廃止された。愛知教育大学、三重大学、滋賀大学、奈良教育大学では新課程の定員が振り替えられた。しかしながら、教員採用数（教員採用率）の増加が見込まれない地域の大学（愛媛大学等）は、新課程の定員振り替えや廃止は困難であった。

また、大学での養成に対する不信から、各自治体で教師養成塾が開設されたことも、国立教員養成大学・学部を取り巻く状況に変化をもたらした。大学の教員養成だけでは経験が不十分であるとの認識から、たとえば「東京教

師養成塾」(2005 (平成17) 年度から) では、(1) 特別教育実習、(2) 講義受講、(3) ゼミナール、(4) ボランティア・就業体験を行っている。特に小金井小など35区市56校の協力による特別教育実習は、4月から翌年の3月まで1年かけて一つのクラスを担当するものであり、合計40日間実施している。また、ゼミではベテランの校長が自らの経験を踏まえ、指導案作成を指導する。東京都杉並区、京都市でも同様の取り組みが2006 (平成18) 年度より始まった。

さらに規制改革国民会議では、特別免許状等を積極的に活用し、免許状のない社会人を現場に送り込むよう要請する意見や、免許状不要論を唱える教育学者の意見があった。そうした中で構造改革特区に教員の専門職大学院設置が認可された。たとえば、2006 (平成18) 年度には日本教育大学院大学学校教育研究科学校教育専攻 (P) が株式会社栄光によって設置された。これは、構造改革特別区域法に基づく学校設置会社が教員の専門職大学院を設置した例である。また、学習塾大手の早稲田アカデミーは主に中学・高校の教員を養成する大学院大学を設立する準備に入っていた。その他、奈良県や京都市では、高校からの教員養成が開始された。

国の教員養成に対する諸施策・動向としては、2005 (平成17) 年12月8日に中央教育審議会「今後の教員養成・免許制度の在り方について」(中間報告) が出された。そこでは次のような提言がなされている。

(1) 教職課程の質的水準の向上。第一に、教職実践演習 (仮称) を4年次に設定。教員として求められる4つの事項 (①使命感や責任感、教育的愛情に関する事項、②社会性や対人関係能力に関する事項、③幼児児童生徒理解に関する事項、④教科等の指導に関する事項) を大学が授業科目の中で確認する。第二に、教職指導の充実。学生が身につけた知識・技能を有機的に統合し、教科指導や生徒指導等を実践できる資質能力を形成することを指導、助言、援助する。

(2) 教職大学院制度の創設

(3) 教員免許更新制の導入

さらに大学入学者の質的変化も改革の背景となる要因である。各大学の対

応としては（1）初年次教育の充実。たとえば、スタディ・スキルズ、タイム・マネージメント、授業等でのノート・テイキング、アカデミック・リーディング・スキル、文献調査・情報収集の基本、アカデミック・ライティング・スキル、プレゼンテーション・スキルなどを習得するための授業が開設されることになる。(2) 補習教育の充実。たとえば高校時代の未履修科目の補習。またプレイスメントテストを実施し、知識が不足している教科の学修も行われることになる。さらにライティング、リーディング等の基本技術の習得。その他、授業の中でキャンパスツアーが実施され、各センター、図書館の活用などが現地で説明されることになる。

　また、大学の教員養成カリキュラムが体験学修中心へと移行していることもカリキュラムを見直す要因となった。1年次から4年次の教育実習の積み上げは今や常識となっている。教育実習・体験学修の単位数、時間数も増加している。たとえば、島根大学は1000時間に及ぶ体験学修を必修化している。北海道教育大学釧路校では、2007（平成19）年度から毎週金曜日は原則的に校内での講義は行わず、小、中学校や社会教育施設での実習授業に当てる。教育現場での体験を増やし、教員の能力や意識を高めるのが狙いである。子どもと触れ合う時間を増やすことで、理論と実践を結びつけた教育ができるとする。学生が自分の教員としての能力、適性を確認する機会にもなると効果に期待している。上越教育大学は教員養成カリキュラムで特色GP取得した。3年次の教育実習では、分離型教育実習を実施している。5月下旬に1週間の見学実習、教壇実習までの4か月の間に各自の課題等を大学で研究、9月に3週間の教壇実習が行われる。教育実習校の教員アンケートで98％の教員が分離型は教育実習の質的改善につながったと回答している。

　このような国立教員養成大学・学部を取り巻く状況変化に対応して、兵庫教育大学では学部教育課程改革が行われた。改革にあたって、学部教育課程見直し検討ワーキング・グループが最初に取り組んだのは、人文・社会・自然の区分に縛られた教養教育カリキュラムの見直しである。教職共通科目や専修専門科目とのコンカレントを実現し、履修者数の極端に少ない授業科目を改善したうえで、教員に求められる幅広い教養をどのようにして身につけ

させるかが教養教育の課題とされた。
　改革の方針としては、兵庫教育大学のリソースや恵まれた環境を最大限に生かすことが同ワーキング・グループで確認された。そのために免許・資格に関係のない科目や受講者数の少ない科目の整理・統合を行い、今後新設する必要のある科目の充実を図ることになった。また、教員全員が教員養成を意識して授業を構成するよう啓発することも確認された。

第2節　学部新教育課程の概要

学部新教育課程の編成は、改革の5本柱に基づいて行われた。
(1) 小学校（初等教育）教員養成に重点をおいた教育課程の充実・精選
(2) 現代的な社会課題にも対応できる教養教育の構築
(3) 教職に就くためのキャリア教育の充実
(4) 今日の学校教育課題への対応
(5) 実地教育とその他の授業科目とのコンカレント（協働）のさらなる促進

　まず、従来の「教養基礎科目」「教職共通科目」「専修専門科目」の3科目区分は、「教養科目群」「教職キャリア科目群」「教職実践・リフレクション科目群」「専修専門科目群」の4科目群に再編された。以下、各科目群の概要を記す。

1.「教養科目群」(表7-2を参照)

　複雑かつ急激に変化する現代社会において求められる、初等教育教員としての教養を培うことを目的とし、基礎的アカデミック能力科目、社会課題探究科目、理数系基礎科目及び表現コミュニケーション科目から構成される。諸学問領域において蓄積されてきた知識を活かしながら、幅広い視野から問題の全体像とその本質を把握し、学生自身が主体的かつ協働的に探究していくことを目指す。
① 「初年次セミナー」を新設する。

この授業科目は、基礎的アカデミック能力の育成を目的とし、教育総合演習と連携しつつ行われる。
　　主体的に教育問題に取り組むなかでアカデミック能力を継続的に発展させる。
②従来の人文・社会・自然という科目区分を廃止し、「社会課題探究科目」のなかで現代の社会問題を学際的・複合的に扱う授業科目を配置する。4年間にわたって履修可能な「社会ボランティア体験学習」を開設、卒業要件単位とする。
③初等教員に必要な理数系の基礎的な能力育成のために「理数系基礎科目」を開設する。
④情報系科目を充実させる。
⑤英語教育を充実させる。
　　プレイスメントテストの実施によって習熟度別クラス編成を継続し、CALLシステム等による多様な学習方法の導入や自学自習の促進、指導内容の焦点化による授業科目の改編などを実施する。

2.「教職キャリア科目群」(表7-3 (1)(2) を参照)

　教職の意義等に関するもの、教育の基礎理論に関するもの、教育課程及び指導法に関するもの、生徒指導・教育相談・進路指導に関するもの等、学校教育の理論及び実践にかかわる分野についての知識及び経験を得させることを目的として開設する。それによって教職キャリアに関わる授業科目を充実させる。
①「教職基礎科目」→②「教職支援科目」→③「教職発達科目」の3つの科目区分に体系化し、段階的な教職キャリア発達を支援する。中央教育審議会答申の「教職実践演習」を2008(平成20)年度以降の入学生を対象に開設する。

3.「教育実践・リフレクション科目群」(表7-4を参照)

　理論と実践の往還を通して教科指導を中心とした実践的力量を形成するこ

とをねらいとしている。そのために、「初等教科内容科目」、「初等教科指導法科目」、「実地教育科目」及び「インターンシップ科目」という区分に従って開設する。

①小学校の教科指導に関する授業科目を拡充する。小学校教科内容を充実させる。全9教科の必修化及び初等教科Ⅱを新設する。小学校教科指導法を充実させる（「授業研究」科目の新設）。全9教科の指導法の履修に加え、さらに「授業研究科目」を開設し、教材研究及び学習指導案や模擬授業の分析を通して、教材研究や授業設計のあり方を習得させる。「授業研究」は、教科指導法関連の教員と教科内容関連の教員が共同（ティーム・ティーチング）で担当する。

②小学校での英語教育必修化に対応するため、「初等英語教育法」を新設する。

③実地教育（教育実習含む）体系を見直す。1年次から4年次にわたる実地教育（教育実習を含む）をさらに充実させる。小学校での教育実習を拡充させる（従来6週間→7週間へ）。中学校での教育実習を拡充させる（従来2週間→3週間へ）。「学校サポート体験学習」を新設する（「社会ボランティア体験学習」とは別に、学校現場でのボランティアを単位化し、2年次から4年次までの3年間にわたり開設）。「インターンシップ実習」を新設する（教員採用試験合格者及び臨時採用講師希望者のために、4年次後期の2月から3月に1週間の「インターンシップ実習」を新設）。

④実地教育（教育実習含む）と他の授業科目とのコンカレント（協働）の促進やeポートフォリオの導入などによる実地教育（教育実習を含む）の情報化を検討する。

4.「専修専門科目群」

初等教育教員としての共通の基盤の上に、学生の資質、適性等に応じて、特定の専門分野についての指導能力を高め、また、生涯を通じて、教員としての専門性を持ち、研究を推進しうる能力・態度を培うため、学生の選択による専修のコースにより、特定の分野について深く履修するよう専修専門科

目を開設する。すべての専修コースで1年次から専修専門科目の履修を可能にし、楔形教育課程を堅持する。

卒業要件単位数は従来の128単位から136単位に変える（表7-1を参照）。

表7-1 卒業要件としての単位数

旧教育課程

区分	学校教育専修	教科・領域教育専修
教養基礎科目	38	38
教職教養科目	60	52
専修専門科目	30	38
合計	128	128

新教育課程

区分	学校教育専修	教科・領域教育専修
教養科目群	28	28
教職キャリア科目群	34	26
教育実践・リフレクション科目群	54	54
専修専門科目群	20	28
合計	136	136

第3節　改革の個別的内容について

改革の個別的内容については、従来と大きく変わった点や特徴のある科目を以下に記す。

1. 現代的な社会課題にも対応できる教養教育の構築

①基礎的アカデミック能力科目（初年次セミナー）
  ・新入生に対する導入教育
  ・大学で学ぶことの意義の理解
  ・知的探究の技法の習得
    （ノート・テイキング、クリティカル・リーディングなどの技法の習得）
②社会課題探究科目
  ・現代の社会課題を学際的・複合的に扱う授業科目

・課題解決のために、多様な知識を統合し、適用する能力の育成
・課題解決のプロセスに積極的に関与しようとする態度の育成
・ボランティア活動を通じた社会参加の促進によって、自己と社会のかかわりについて省察し、豊かな人間性と社会性を育成する

③理数系基礎科目（「数学基礎」、「物質とエネルギーの科学」、「生命と地球の科学」、「基礎理科実験Ⅰ・Ⅱ」）
・理科、算数・数学の基礎的能力の育成

④表現コミュニケーション科目（外国語、情報処理、体育）

2．実地教育とその他の授業科目のコンカレント（協働）のさらなる促進

①初等教科内容科目
・「初等教科Ⅰ」は小学校の教科内容の基礎的理解をねらいとする科目
・「初等教科Ⅱ」では、教科内容の発展的理解をねらいとし、教材研究を通して、授業実践の基礎的能力を養う
・教科内容関連教員が担当

②初等教科指導法科目
・小学校の教科指導の実践力を養成
・「初等教科教育法」は学習指導要領を踏まえた指導法の基礎的理解、学習指導案作成の基本の習得をねらいとする
・「初等教科授業研究」では、教材研究及び学習指導案や模擬授業の分析を通して、各教科の授業設計のあり方を習得する

この科目は、教科教育法関連の教員と教科内容関連の教員が共同で担当することが望ましい。

③実地教育科目
・大学での授業に基づいた明確な課題意識を持って、実地教育に臨ませる
・実地教育での体験を大学での理論的リフレクションの対象とする
・「初等教科教育法」や「初等教科授業研究」は実地教育（「初等基礎実地教育」、「初等応用実地教育」）と関連させた授業内容とする

・「初等実習リフレクション」は「初等基礎実地教育」と「初等応用実地教育」をつなぐ授業とする
④インターンシップ科目
　・実地教育で経験する学習内容に限らず、幅広く教職にかかわる職務内容を経験
　・学校サポート体験学習ではボランティアとして学校での教育活動にかかわる
　・インターンシップ実習ではインターンとして教員の職務全般について体験する

　この科目は、教員採用試験の正規採用者、または臨時採用者が入職後の職務遂行を円滑に行うために設置される。

　担任業務の支援、協働を通して、教師の職能成長を図ることがねらいである。

3．教職に就くためのキャリア教育の充実

　「教職実践演習」(仮称)

　この授業は、学生が身につけた資質能力が、教員として最小限必要な資質能力として有機的に統合され、形成されたかについて、大学の設定した到達目標に照らして最終的に確認するために行う。

　確認すべき事項については、以下のとおりである。
①使命感や責任感、教育的愛情等に関する事項
②社会性や対人関係能力に関する事項
③幼児児童生徒理解や学級経営等に関する事項
④教科・保育内容等の指導に関する事項

おわりに——今後の検討課題——

　兵庫教育大学では、卒業時に学生に身につけさせるべき資質能力を明確化するために、教員養成スタンダードを設定することが課題である。これにつ

いては 2009（平成 21）年度より、教員養成スタンダード GP を契機として、全学的な取り組みが開始されたところである。それに合わせて「教職実践演習」の授業内容・方法も検討されなければならない。さらに教員養成スタンダードを意識した各授業の目標・内容の設定も必要である。そして、教育課程全体及び個別授業科目の内容を改善していくためのシステム作りについても、今後検討すべき課題となっている。

　授業担当については、授業科目の単独担当を原則とし、他方で学際的・複合的な内容を扱う授業科目等での複数教員の連携（ティーム・ティーチングの導入など）の工夫が必要である。

注
1 審議の過程については以下のとおり。
「学校教育学部教育課程改革の視点」（学長私案）の提示（2006.3）
教務委員会のもとに学部教育課程見直し検討ワーキング・グループの設置（2006.4）
同ワーキング・グループのもとにサブ・ワーキング・グループの設置（2006.9）
同ワーキング・グループの報告書の完成（2007.2）
教務委員会において授業科目の内容・方法の検討（2007.7～）
新教育課程の実施（2008.4）
2 　兵庫教育大学では、教育委員会や本学を卒業した教員の勤務先の学校長等、雇用者に対する聞き取り調査を実施することにより、卒業生の教員としての状況を把握し、教育の成果・効果の検証を行っている。

引用参考文献
中央教育審議会「今後の教員養成・免許制度の在り方について」（中間報告）2005 年。
中央教育審議会「今後の教員養成・免許制度の在り方について」（答申）2006 年。
兵庫教育大学教務委員会「学部教育課程見直し検討ワーキンググループ報告書」2007 年。
兵庫教育大学「兵庫教育大学学校教育学部新教育課程の概要」2009 年。
兵庫教育大学『学校教育学部履修案内』2009 年。

第7章 日本の学部での教員養成の新しい動向——兵庫教育大学を事例に 119

表7-2 教養科目群

区分		授業科目	単位数	必修・選択等の区分			授業の方法	標準履修年次	履修方法	備考
				必修	選択	自由				
教養科目群	基礎的アカデミック能力科目	初年次セミナー	2	2			演	1	左欄の授業科目について，2単位を修得すること。	第6条の2
	社会課題探究科目	暮らしのなかの憲法	2	2			講	1	社会課題探究科目及び理数系基礎科目から14単位以上を修得すること。 ただし，社会ボランティア体験学習Ⅰ・Ⅱ・Ⅲ・Ⅳ，障害者理解と支援（入門）のうちから修得した単位のうち，上記の14単位に含めることができる単位数は，2単位までとする。	
		同和教育と人権教育	2	2			講	2		
		現代社会と家族問題	2		2		講	2		
		社会の中の言語文化	2		2		講	1		
		伝説と史実	2		2		講	2		
		芸術と人間	2		2		講	1		
		環境問題と健康	2		2		講	2		
		文学と読解	2		2		講	1		
		社会認識と地理情報	2		2		講	1		
		生涯学習と人間形成	2		2		講	3・4		
		人間関係とカウンセリング	2		2		講	3・4		
		ものづくりと生活	2		2		講演	3・4		
		兵庫の教育	2		2		講	3・4		
		社会ボランティア体験学習Ⅰ	2		2		演実	1～4		
		社会ボランティア体験学習Ⅱ	1		1		実	2～4		
		社会ボランティア体験学習Ⅲ	1		1		実	3～4		
		社会ボランティア体験学習Ⅳ	1		1		実	4		
		障害者理解と支援（入門）	2		2		講演	1～4		
	理数系基礎科目	数学基礎	2		2		講	1		
		物質とエネルギーの科学	2		2		講	1		
		生命と地球の科学	2		2		講	1		
		基礎科学実験Ⅰ	2		2		実	1		
		基礎科学実験Ⅱ	2		2		実	1		

表現コミュニケーション科目	英語コミュニケーションⅠ	2	2			演	1	左欄の授業科目について，6単位以上を修得すること。ただし，外国人留学生は，母語を選択して，履修することはできない。
	英語コミュニケーションⅡ	2	2			演	1	
	英語表現実践	2				演	2	
	英語プレゼンテーション	2				演	2	
	英語リスニング	2				演	2	
	英語文化理解	2				演	2	
	英語文章表現	2				演	2	
	授業実践英語	2				演	2	
	ドイツ語コミュニケーションⅠ	2		2	28	演	1	
	ドイツ語コミュニケーションⅡ	2				演	2	
	フランス語コミュニケーションⅠ	2				演	1	
	フランス語コミュニケーションⅡ	2				演	2	
	中国語コミュニケーションⅠ	2				演	1	
	中国語コミュニケーションⅡ	2				演	2	
	韓国語コミュニケーションⅠ	2				演	1	
	韓国語コミュニケーションⅡ	2				演	2	
	英語オーラルコミュニケーション	2				演	1	
	情報処理基礎演習Ⅰ	2	2			演	1	左欄の授業科目について，4単位を修得すること。
	情報処理基礎演習Ⅱ	2	2			演	1	
	体育Ⅰ	1	1			実	1	左欄の授業科目について，2単位を修得すること。
	体育Ⅱ	1	1			実	2	

表7-3 教職キャリア科目群

(1) 学校教育専修

区分		授業科目	単位数	必修	選択	自由	授業の方法	標準履修年次	履修方法	備考
教職キャリア科目群	教職基礎科目	教職原論	2	2			講	1	左欄の授業科目について、2単位を修得すること。	第6条第2欄
		教育基礎論	2	}2	}2		講	1	左欄の授業科目について、6単位以上を修得すること。	第6条第3欄
		教育史	2				講	3		
		教育心理学	2	}2	}4		講	1		
		発達心理学	2				講	2		
		学習心理学	2				講	3		
		教育社会学	2	}2	}2		講	3		
		教育制度論	2				講	3		
	教職支援科目	教育方法論	2	2			講	2	左欄の授業科目について、8単位を修得すること。	第6条第4欄
		教育課程論	2	2			講	2		
		道徳教育論	2	2			講	2		
		特別活動論	2	2			講	3		
		総合学習の理論と実践	2		2		講	2		第6条の2
		生徒指導論（進路指導を含む。）	2	2			講	3	左欄の授業科目について、4単位を修得すること。	第6条第4欄
		教育相談論	2	2			講	3		
		幼児理解論	2	2			講	3	左欄の授業科目について、2単位を修得すること。	
		幼児教育指導総論	2	}6	}6		講	1	左欄の授業科目について、6単位以上を修得すること。	
		保育内容健康論	2				演	2		
		保育内容人間関係論	2				演	2		
		保育内容環境論	2				演	2		
		保育内容言葉論	2				講	2		
		保育内容表現論	2				演	2		
		教育総合演習	2	2			演	2	左欄の授業科目について、2単位を修得すること。	第6条第5欄
		発達障害の理解	2	}2	}2		講	3	左欄の授業科目について、2単位以上を修得すること。	第6条の2
		通常学級における特別支援教育	2				講	3		
		幼小連携教育論	2		2		講	3		
		養護の基本	2		2		講	1		
		学校図書館学Ⅰ	2		2		講	3・4		
		学校図書館学Ⅱ	2		2		講	3・4		
	教職発達科目	教職実践演習	2	2			演	4	左欄の授業科目について、2単位以上を修得すること。	
		教師発達論	2		2		講	4		

(2) 教科・領域教育専修

区分		授業科目	単位数	必修・選択等の区分			授業の方法	標準履修年次	履修方法	備考
				必修	選択	自由				
教職キャリア科目群	教職基礎科目	教職原論	2	2			講	1	左欄の授業科目について，2単位を修得すること。	第6条第2欄
		教育基礎論	2	}2	}2		講	1	左欄の授業科目について，6単位以上を修得すること。	第6条第3欄
		教育史	2				講	3		
		教育心理学	2				講	1		
		発達心理学	2	}2	}4		講	2		
		学習心理学	2				講	3		
		教育社会学	2	}2	}2		講	3		
		教育制度論	2				講	2		
	教職支援科目	教育方法論	2	2			講	2	左欄の授業科目について，8単位を修得すること。	第6条第4欄
		教育課程論	2	2			講	2		
		道徳教育論	2	2			講	2		
		特別活動論	2	2			講	3		
		総合学習の理論と実践	2		2		講	2		第6条の2
		生徒指導論（進路指導を含む。）	2	2			講	3	左欄の授業科目について，4単位を修得すること。	第6条第4欄
		教育相談論	2	2			講	3		
		幼児理解論	2		2		講	3		
		幼児教育指導総論	2		2		講	1		
		保育内容健康論	2		2		演	2		
		保育内容人間関係論	2		2		演	2		
		保育内容環境論	2		2		演	2		
		保育内容言葉論	2		2		講	2		
		保育内容表現論	2		2		演	2		
		教育総合演習	2	2			演	2	左欄の授業科目について，2単位を修得すること。	第6条第5欄
		発達障害の理解	2	}2	}2		講	3	左欄の授業科目について，2単位以上を修得すること。	第6条の2
		通常学級における特別支援教育	2				講	3		
		幼小連携教育論	2		2		講	3		
		養護の基本	2		2		講	1		
		学校図書館学Ⅰ	2		2		講	3・4		
		学校図書館学Ⅱ	2		2		講	3・4		
	教職発達科目	教職実践演習	2	2			演	4	左欄の授業科目について，2単位以上を修得すること。	
		教師発達論	2		2		講	4		

第7章 日本の学部での教員養成の新しい動向——兵庫教育大学を事例に 123

表7-4 教育実践・リフレクション科目群

区分		授業科目	単位数	必修・選択等の区分			授業の方法	標準履修年次	履修方法	備考
				必修	選択	自由				
教育実践・リフレクション科目群	初等教科内容科目	初等国語Ⅰ	2	2			講	1	左欄の授業科目について，20単位以上を修得すること。	
		初等算数Ⅰ	2	2			講	1		
		初等社会Ⅰ	2	2			講	1		
		初等理科Ⅰ	2	2			講	1		
		初等生活	2	2			講	1		
		初等音楽Ⅰ	2	2			講演	1		
		初等図画工作Ⅰ	2	2			講演	1		
		初等体育Ⅰ	2	2			講演	1		
		初等家庭	2	2			講	1		
		初等国語Ⅱ	2				講演	2		
		初等算数Ⅱ	2				講演	2		
		初等社会Ⅱ	2				講演	2		
		初等理科Ⅱ	2	2	12		講演	2		
		初等音楽Ⅱ	2				講演	2		
		初等図画工作Ⅱ	2				講演	2		
		初等体育Ⅱ	2				講演	2		
	初等教科指導法科目	初等国語科教育法	2	2			講	2	左欄の授業科目について，22単位以上を修得すること。	第6条第4欄
		初等算数科教育法	2	2			講	2		
		初等社会科教育法	2	2			講	2		
		初等理科教育法	2	2			演	2		
		初等生活科教育法	2	2			講	2		
		初等音楽科教育法	2	2			講演	2		
		初等図画工作科教育法	2	2			講演	2		
		初等体育科教育法	2	2			講演	2		
		初等家庭科教育法	2	2			演	2		
		初等英語教育法	2	2			講演	3		第6条の2（小一免のみ該当）
		初等国語科授業研究	2				講演	3		
		初等算数科授業研究	2				講演	3		
		初等社会科授業研究	2				講演	3		
		初等理科授業研究	2	2	14		講演	3		
		初等音楽科授業研究	2				講演	3		
		初等図画工作科授業研究	2				講演	3		
		初等体育科授業研究	2				講演	3		
		初等家庭科授業研究	2				講演	3		

区分	授業科目					実/演	単位	備考	条項
実地教育科目	教育情報メディア実習（実地教育Ⅵ）	1	1			実	2	左欄の授業科目について，2単位を修得すること。	第6条第4欄
	マイクロティーチング実習（実地教育Ⅴ）	1	1			実	2		
	学校観察実習（実地教育Ⅰ）	1	1			実	1	左欄の授業科目（自由科目を除く。）について，10単位を修得すること。	第6条第6欄
	フレンドシップ実習（実地教育Ⅱ）	1	1			実	2		
	初等基礎実習（実地教育Ⅲ）	4	4			実	3		
	初等応用実習（実地教育Ⅳ）	3	3			実	4		
	中学校実習（実地教育Ⅷ）	3		3		実	4		
	高等学校実習（実地教育Ⅸ）	2		2		実	4		
	初等実習リフレクション（実地教育Ⅶ）	1	1			演	3		
	中等実習リフレクション（実地教育Ⅹ）	1		1		演	4		
インターンシップ科目	学校サポート体験学習Ⅰ	1		1		実	2～4		
	学校サポート体験学習Ⅱ	1		1		実	3～4		
	学校サポート体験学習Ⅲ	1		1		実	4		
	インターンシップ実習	1			1	実	4		

第8章　日本の学部での教員養成の新しい動向
——上越教育大学を事例に

釜田　聡

はじめに

　今、教員養成系大学では、「教育の質保証」の嵐が吹き荒れ、「大学における教員養成」の内実が厳しく問われている。

　「教育の質保証」にかかわっては、二つの中央教育審議会答申に注目したい。

　一つは、2006（平成18）年7月、中央教育審議会から示された「今後の教員養成・免許制度の在り方について（答申）」（以下、2006年答申）である。もう一つは、2008（平成20）年12月に公表された中央教育審議会の答申「学士課程教育の構築に向けて（答申）」（以下、2008年答申）である。

　2006年答申は、「『教職実践演習』の新設・必修化、教育実習の改善・充実、教職指導の充実」など、教育課程の質的水準の向上を求めた。

　2008年答申は、「学士力」が提示され、大学卒業までに学生が最低限身に付けなければならない能力として、「1知識・理解，2汎用的技能，3態度・志向性，4統合的な学習経験と創造的思考力」が明示された。

　「大学における教員養成」については、1997（平成9）年の「教養審第一次答申[1]」（以下、1997年答申）が分水嶺となった。1997年答申以降、教員養成系大学・学部では、フレンドシップ事業や教育実習の分散・拡大など、入学当初から学生を教育現場に送り出し、子どもたちとのふれ合いの場を確保しようとする気運が高まった[2]。また、最近では地方自治体が開催する「○○塾[3]」等の活性化により、「大学における教員養成」の根幹が揺さぶられている。

　上越教育大学（以下、本学）では、こうした教員養成の新しい動向を本学

の内発的なカリキュラム改革の潮流に位置付け、2007（平成19）年度から「教職実践演習」を試行し、教職実践演習の到達目標（以下、上越教育大学スタンダード）の作成及び確認指標例の開発に取り組んできた。また、同時に上越教育大学スタンダードと有機的な関連を図った教育課程の再構築の方途を探ってきた。

本章では、教員養成の新しい動向の中で、本学ではどのように新しい方向性を打ち出したかについて論述し、教員養成の一つのモデルを提示することを目的とする。

最初に、「上越教育大学の取組の経緯」について述べる。次に、「上越教育大学の現在の取組」について言及する。ここでは、主に教職キャリア教育の視点と質保証の視点からカリキュラムの全体像について述べる。最後に、まとめとして、「今後の展望」について述べ、本章の目的に迫る。

第1節　上越教育大学の取組の経緯（2000年度学内カリキュラム改革以降）

1．教職キャリア教育による実践的指導力の育成

本学では、2000（平成12）年度から大きなカリキュラム改革を行った。そこでは、「高度な専門的力量と教育実践に精通した有能な教育実践家を育成する」ことを教育理念とし、現代の教育の現状から「①子ども理解を基礎とした包容力のある教師の育成、②教育活動を創造できる教師の育成」を具体的目標として掲げた。

これらの目標を具現化するため、「人間教育学セミナー」、「体験学習」、「ボランティア体験」などの授業科目、フレンドシップ事業としての「学びクラブ」を教職キャリア教育の導入教育として位置付け、入学早期から教職への自覚と課題を確かなものにしてきた。

2．体系的な教育実習
（1）本学と上越市・妙高市との連携

本学は、新潟県上越市に位置する。この地には、戦前、高田師範学校があ

り、その後、新潟大学教育大学高田分校に引き継がれるなど、教員養成に対する関心は極めて高く、現在でもその精神は脈々と受け継がれている。このような歴史的経緯と地域からの支援を受け、本学の教育実習については、本学附属学校園はもとより、上越市と隣接する妙高市の公私立の幼稚園及び公立の小中学校から全面的な協力を得ている。3年次の初等教育実習では、基本的に各クラスに一名ずつの実習生が配属され、授業実習は数多く経験できる状況であった。

　しかし、1998（平成10）年の教育職員免許法の改正に伴い、教育実習は4週間実施することが義務づけられた。本学では、2002（平成14）年まで3年次後期（9月中旬～10月初旬）に初等教育実習が3週間位置付けられていたが、1998（平成10）年教育職員免許法の改正に伴い、どのように4週間の教育実習を行い、教育実習の質的充実を図るかを検討した。その結果、教育実習期間を3週間から4週間に延長しただけでは、教育実習の質的改善を図れないと考え、「分離方式初等教育実習」を採用した[4]。

(2)「分離方式初等教育実習」

　「分離方式初等教育実習[5]」とは、4週間の教育実習を5月末に1週間、9月中旬から3週間に分離して行うものである。5月末の1週間を「観察実習」、9月中旬からの3週間を「本実習」、「観察実習」と「本実習」の間の

表8-1　「分離方式初等教育実習」

観察実習（実習校）	研究期間（大学）	本実習（実習校）
5月末（1週間）	6月～9月上旬 （3カ月半）	9月中旬～下旬 （3週間）
・師範授業の観察 ・子ども理解 ・本実習課題の把握 ・各種ガイダンス聴講 ・T・Aとして授業に参画	・背景となる専門的な学習 ・フィールドワーク ・予備観察・実験 ・予備製作・演習 ・教材開発 ・学習過程の工夫 ・学習指導案作成	・子どもの実態に基づく授業構想の修正 ・積極的な児童とのかかわり ・積極的な児童とのかかわり ・小学校教育をまるごと体験

約3カ月半を「研究期間」とした。それぞれの時期における取組内容は、**表8-1**のとおりである。

これらの成果については、受入校の指導教諭や実習生へのアンケート調査を継続的に実施し、その効果を確認してきた[6]。2006（平成18）年度の教育実習では、学部生170名のうち169名が「分離方式の初等教育実習は意義ある実習[7]」と回答している。その理由として、学生の多くは、「ゆとりをもって実習に取り組めるから。教材研究を深められるから[8]」と回答している。

（3）上越教育大学のカリキュラムと体系的な教育実習（2000年～2006年）

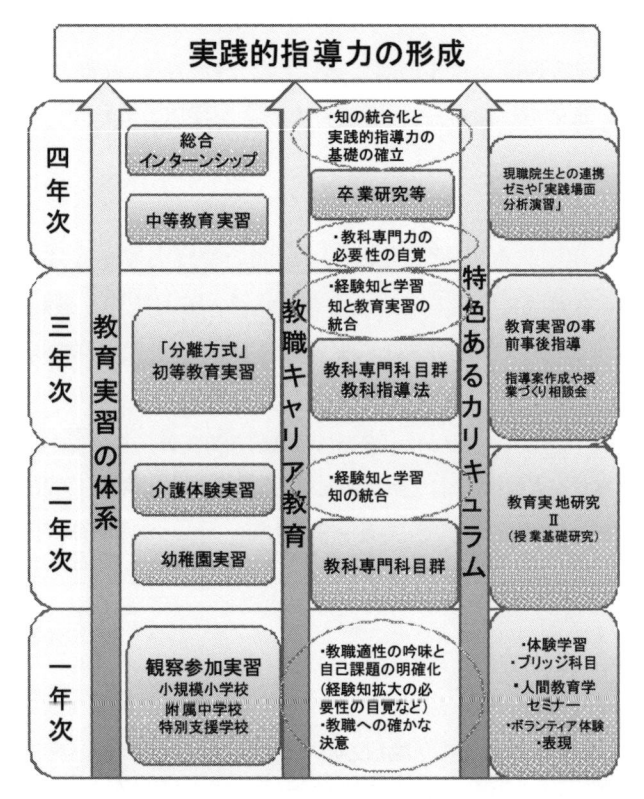

図8-1　上越教育大学の教職キャリア教育の体系（筆者作成）

次の**図8-1**は、本学のカリキュラムと体系的な教育実習との関係を表したものである。

1年次、学生は「人間教育学セミナー」において、教職のやりがいや厳しさなどを学び、目ざす教師像について考える。その他、自己表現力を磨くための授業科目「相互コミュニケーション『表現』」、教科専門への橋渡しとしての授業科目「ブリッジ科目」、身体活動を通した学びとしての「体験学習」などの特色ある授業科目が用意されている。

また、学生の自主活動「学びクラブ」[9]を全学体制で支援している。この活動は、入学早期から子どもとふれ合い、子ども理解と教職適性を自覚させるために、年間を通して子どもと触れ合うものである。

9月には、1週間の観察参加実習がある。そこでは、僻地小規模校（1日）や特別支援学校（2日）、附属中学校（1日）を参観し、これまでの児童・生徒の視点から、教職を目ざす学生の視点から学校現場を学び、教育の原点にふれ、目ざす教師像を再構築する。

2年次では、幼稚園の観察参加実習（1週間）がある。ここでは、幼稚園・小学校・中学校・特別支援学校を統一的に把握し、子どもの発達段階や学校種による教育の特性などについて考える。「教育実地研究Ⅱ」は、少人数の演習方式の授業で、「分離方式初等教育実習」に出向く前に、最終的に資質能力を確認し補充するための授業である。具体的には、板書や朗読の練習、朝の会、帰りの会のスピーチ方法、授業づくりや発問、評価等の基本的なことを確認・補充している。

3年次では、「分離方式初等教育実習」が位置付いている。教育実習ルーブリックを活用し、教育実習の質的充実を図っている。

4年次では、「教育実地研究Ⅳ（中学校実習）」や「総合インターンシップ」、「教職実践演習」などの授業科目が位置付いている。

第2節　上越教育大学の現在の取組
　　——上越教育大学スタンダードに基づく教職キャリア教育の展開

1．上越教育大学スタンダードと教育実習ルーブリック

　本学は、2009（平成21）年3月に「上越教育大学（上越・妙高地域連携）スタンダード」(以下、上越教育大学スタンダード）と「教育実習ルーブリック」を公表した。作成・公表に至った経緯は次の3点である。

　　ア　2000年以降の本学の内発的な大学教育改革の潮流があること。
　　イ　2006年答申で、「教職実践演習（仮称）」の新設・必修化の提言があったこと。
　　ウ　本学が創立以来、上越・妙高地域と緊密な関係を保ち教育研究活動を推進してきたこと。

　以下に、上越教育大学スタンダード作成の経緯について述べる。

　本学は、2005（平成17）年に特色ある大学教育支援プログラムの採択（教職キャリア教育による実践的指導力の育成―分離方式初等教育実習を中心にして―）を受け、「特色GPプロジェクト実施委員会」が設立された。この委員会を中心にして教育実習委員会とフレンドシップ事業実行委員会、教員養成カリキュラム委員会が連携し、教育実習を中核としたカリキュラム改革に取り組んできた。

　しかし、教育実習において、上越・妙高地域の各受入校からは、「上越教育大学では何をどこまで指導しているのか分からない。そのため、受入校としてどこから指導すべきかが分からない」「実習生でマナーが不十分な学生がいる。指導を徹底してほしい」などの意見が寄せられていた。学生からは、「教育実習の評価が不明瞭で公平感がない。実習前までに何をどこまでマスターすべきなのかが分からず不安が大きい」などの声が寄せられていた。このような上越・妙高地域や学生からの声に真摯に対応すべく、本学では教育実習前までに身に付ける資質能力等を明らかにするための条件整備を進めてきた。さらに、教育実習評価の指針を設定し教職関連カリキュラムを質的に充実させようとする気運も高まっていた。

　このような時、2006（平成18）年7月、中央教育審議会から「教職実践演習（仮称）」の提言があった。本学では中央教育審議会が提示した「到達目標及び目標到達の確認指標例」(以下、中教審到達目標）に準拠した本学独自

の到達目標と教育実習前までに身に付けるべき最低限の資質・能力を明確にすべきと考え、上越教育大学スタンダードと教育実習ルーブリックの作成に着手した。

2007（平成19）年春からは、「中教審到達目標」に準拠した「教職実践演習」のプログラムを作成し、その円滑な運営のため「教職実践演習推進専門部会」を立ちあげた。

また、上越教育大学スタンダードを作成・検討するため「上越教育大学（上越・妙高地域連携）スタンダード作成ワーキンググループ部会」と、「上越教育大学（上越・妙高地域連携）スタンダード作成委員会」を設立し、上越教育大学スタンダードの作成とそれに密接な関連を図った教育実習ルーブリックを作成するための協議を続けてきた。

上越教育大学スタンダードと教育実習ルーブリックの特色は次の通りである。

ア　上越教育大学スタンダードと教育実習ルーブリック相互に有機的な関連を図った。
イ　本学と上越・妙高地域が協働で作成した。
ウ　学生にとっては教職キャリア教育のガイダンス機能をもつ。
　　上越・妙高地域や社会に対しては、本学の教育の質を保証する基準となるものである。

表8-2で示す合計16の到達目標は、学生が卒業段階に修得すべき基本的・基礎的な指標である。ⅠからⅣの各事項の1から3までの到達目標は、「中教審到達目標」を参考に作成したものである。ⅠからⅣの各事項の4の到達目標は、本学が独自に設定した到達目標である。

表8-2　上越教育大学（上越・妙高地域連携）スタンダード

事　項	Ⅰ　教員として求められる使命感や責任感、教育的愛情等に関する事項	Ⅱ　教員として求められる社会性や対人関係能力に関する事項	Ⅲ　教員として求められる幼児児童生徒理解や学級経営等に関する事項	Ⅳ　教員として求められる教科等の指導力に関する事項
到達目標	1　教育に対する使命感や情熱を持ち、常に子どもから学び、共に成長しようとする姿勢が身に付いている。	1　教員としての職責や義務の自覚に基づき、目的や状況に応じた適切な言動をとることができる。	1　子どもに対して公平かつ受容的な態度で接し、豊かな人間的交流を行うことができる。	1　教科書の内容を理解しているなど、学習指導の基本的事項（教科等の知識や技能など）を身に付けている。
	2　高い倫理観と規範意識、困難に立ち向かう強い意志を持ち、自己の職責を果たすことができる。	2　組織の一員としての自覚を持ち、他の教職員と協力して職務を遂行することができる。	2　子どもの発達や心身の状況に応じて、抱える課題を理解し、適切な指導を行うことができる。	2　板書、話し方、表情など授業を行う上での基本的な表現力を身に付けている。
	3　子どもの成長や安全、健康を第一に考え、適切に行動することができる。	3　保護者や地域の関係者と良好な人間関係を築くことができる。	3　子どもとの間に信頼関係を築き、学級集団を把握して、規律ある学級経営を行うことができる。	3　子どもの反応や学習の定着状況に応じて、授業計画や学習形態等を工夫することができる。
	4　反省的実践を営む基本的な姿勢を身に付けている。	4　地域社会の一員として、地域や学校の各種行事やボランティア等に参加し、その責務を果たすことができる。	4　子どもの実態や学校の教育課題を踏まえて、結果や成果を意識しながら学級経営の評価を行うことができる。	4　全体計画及び年間指導計画の作成に当たっては、学校における全教育活動との関連の下に、教育活動を創造し、展開するための基本的事項を身に付けている。

以下に、設定理由について説明する。

> Ⅰ・4　反省的実践を営む基本的な姿勢を身に付けている。

　本学では、教職の基盤は日々の教育実践への「省察」行為と考え、入学当初から省察活動を重視し、主要な教育活動に意図的に位置付けている。すべての教職を目ざす学生に、日々の活動を的確に省察できる姿勢を身に付けてほしいと考え、到達目標として設定した。

> Ⅱ・4　地域社会の一員として、地域や学校の各種行事やボランティア等に参加し、その責務を果たすことができる。

　教員は、子どもや先輩・後輩、上司、保護者と円滑な人間関係をとり結ぶことが求めれる。本学では、入学当初から「学びのクラブ」や「ボランティア体験」、「各種サークル活動」などを推奨し、可能な限り、自らの人間関係を広げ、活躍の舞台を学外の上越・妙高地域に求め、経験幅を広げてほしいと考え、到達目標として位置けた。

> Ⅲ・4　子どもの実態や学校の教育課題を踏まえて、結果や成果を意識しながら学級経営の評価を行うことができる。

　教員は、子ども理解に裏打ちされた適切な学級経営を行うことが求められる。
　本学では、思いつきや独りよがりの学級経営に陥ることなく、子どもや保護からも十分に納得してもらえるような学級経営方針を立案し、その成果と課題をきちん説明できる力量を身に付けてほしいと考え、到達目標として明

示した。

> Ⅳ・4　全体計画及び年間指導計画の作成に当たっては、学校における全教育活動との関連の下に、教育活動を創造し、展開するための基本的事項を身に付けている。

　本学では、これまで、マニュアルに頼ってばかりの教員ではなく、地域の特性や子どの実態に合った教育を創造できる教員に育ってほしいと考え、「分離方式初等教育実習」を中核としたカリキュラム改革に取り組んできた。
　卒業時までに、学校における全教育活動との関連の下に、地域や子どもの特性に応じ教育実践を創造・展開できる力量を身に付けてほしいと願い、本到達目標を設定した。

　上越教育大学スタンダードと教育実習ルーブリックの実際の運用については、1年次の初年次科目、2年次の教育実地研究Ⅱ（授業基礎研究）、3年次「分離方式初等教育実習」、4年次で試行している「教職実践演習」を例に述べる。
① 「初年次科目」（1年次）
　1年次には、「人間教育学セミナー」や「ブリッジ科目」、「表現」などの特色ある授業科目、年間を通して児童と関わる「学びクラブ」や社会教育活動に参画する「ボランティア体験」、身体活動としての「体験学習」がある。
　2007（平成19）年度から、入学当初の学生に「教職キャリアファイル」を配付し、学生が自らの教職観を再構築し、自己目標を見出すために活用を促した。2008（平成20）年度は、「教職キャリアファイル」の内容の充実と、「教職キャリアファイル」を活用した学内の支援体制の構築に努めてきた。「教職キャリアファイル」の主な内容構成については次のとおりである。

> Ⅰ 教職キャリアテキスト編
>   教職キャリアとは、目ざす教師像、教職キャリア教育の体系、他
> Ⅱ 教職キャリアシート編
>   学部1年　入学時の自分自身を明確にしよう、1年間の自分自身を振り返ろう、他
>   学部2年　「教育実地研究Ⅱ」到達目標で資質能力を自己評価、他
>   学部3年　「分離方式初等教育実習」自己課題と自己評価、他
>   学部4年　「教職実践演習」スタンダードで資質能力を自己評価、他
> Ⅲ 教職キャリア資料編
>   教職キャリア形成に関する図書雑誌、就職・進路に関する情報

②教育実地研究Ⅱ（2年次）

　この授業は、3年次春からの初等教育実習に向けて、学生の教職観や学習技能等を確認し補充するために位置付いている。具体的な授業内容は、各教科等の授業づくりの基礎や板書の書き方、教科書の朗読や話し方演習等である。

　2007（平成19）年度から、学生には授業の冒頭で、教育実習ルーブリックを提示し、教育実習前までの課題を明確にするように促している。授業の最後には、実際に朗読や話し方の実技テスト、教育用語のテスト、漢字テスト（筆順を含む）などを行い、学生の到達度を確認し補充指導を行った。その上で、学生一人一人に対して、教育実習ルーブリックに基づいた教職キャリアガイダンスを行い、実習前の不安を和らげたり、具体的な自己課題の設定とその解決策を見出したりできるように助言した。結果的にこうした取組は、教育実習前の学生の資質・能力についての質保証の確保と上越教育大学スタンダードの中間的な確認の場の役割を果たしている。

③「分離方式初等教育実習」（3年次）

　3年次5月に、観察実習（1週間）、9月に本実習（3週間）を位置付けて

いる。

　2007（平成19）年度から、学生には事前指導において、教育実習ルーブリックに基づいた自己評価をする場を位置付けた。事後指導においても自らの成長を確認し、今後の課題を明確にするために再度教育実習ルーブリックに基づいた自己評価を行う場を設定した。

表8-3　教育実習ルーブリック（一部）

項目	中項目		「教育実習ルーブリック」(3年)(4年)		
			First stage	Second stage	Third stage
Ⅰ 教員として求められる使命感や責任感、教育的愛情等に関する事項	1 使命感や責任感	1	教育実習における自己課題を見出し、実習場面ごとに学ぶ視点を明確にしようとする。	教育実習における自己課題を問い直したり、新たな課題を見出したりすることができる。	教育実習における自己課題を問い直したり、新たな課題を見出したり、常に学び続けようとする姿勢をもつことができる。
		2	主体的・積極的に、教育実習に参加しようとする。	主体的・積極的に、教育実習における自己の職責を果たそうとすることができる。	時と場をわきまえ、主体的・積極的に教育実習における自己の職責を果たすことができる。
		3	教育実習期間中、直面することが予想される教育課題に対して、基礎的な知識をもつ。	教育実習期間中、日々生起する教育課題に対して、常に謙虚に学ぶ姿勢をもつことができる。	教育実習期間中、日々生起する教育課題に対して、常に謙虚に学ぶ姿勢をもち、その解決の見通しをもつことができる。
		4	社会状況や時代の変化に伴って生じている新たな教育課題や子どもの変化について、学ぶ姿勢がある。	社会状況や時代の変化に伴って生じている新たな教育課題や子どもの変化について、その要因を学ぼうとする姿勢がある。	社会状況や時代の変化に伴って生じている新たな教育課題や子どもの変化について、その要因と対応策について学ぼうとする姿勢がある。
		5	教育実習にかかわる法令等を理解し、日々の教育活動で実践しようとする。	教育実習にかかわる法令等を理解し、日々の教育活動で実践することができる。	教育実習にかかわる法令等を理解・遵守し、日々の教育活動において的確に実践することができる。
		6	環境を整備し、子どもの安全に配慮しようとする。	教具や環境を整備し、子どもの安全、健康に配慮することができる。	常に教具や環境を整備し、子どもの安全、健康に配慮することができる。
	2 教育的愛情	7	子どもの可能性を信じ、子どものよさをみつけようとする。	特定の教育活動において、子どものよさや成長に気づき、子どもに温かく接することができる。	日常の教育活動を通じて、子どものよさを観察し、子どものよさや成長に気づき子どもに温かく接することができる。
		8	特定の教育活動において、子どもの声をきちんと聞き、子どもから学ぼうとする姿勢がある。	日常の教育活動において、子どもの声をきちんと聞き、子どもから学ぶことができる。	日常の教育活動を通じて、すべての子どもから学び、子どもと共に成長しようと日々の実践を積み重ねることができる。

④「教職実践演習」（4年次）

　2007（平成19）年度から試行している「教職実践演習」では、第1次のガイダンスにおいて、上越教育大学スタンダード及び確認指標例に基づき、学生一人一人が自己課題を見いだす場を設定した。学生は、自らの学習履歴

と上越教育大学スタンダード及び確認指標例に基づき、自らの教職キャリアの現状を見つめ直し、自己課題を明らかにする。

以下に、2009（平成21）年度の「教職実践演習」の概要を記す。

1　授業科目の単位数及び授業方法
　(1) 開設時期：2007年度　2009年度度試行3年目
　(2) 単位数：2単位（選択）
　(3) 授業形態：演習、通年不定期　1クラス15名前後　4クラスで実施
　(4) 履修年次：学部4年次　履修登録者約60名
　(5) 指導体制：教職実践演習専門部会
2　授業科目の到達目標
　　上越教育大学（上越・妙高地域連携）スタンダード
3　2009年度の取組
(1) 本年度の目的
　①将来の卒業要件化（必修化）に向けた試行
　②確認指標例とその具体的な運用方法等の開発
(2) 授業計画
　前期（4月～7月）
　ガイダンス　　学修履歴の確認と自己課題の明確化（上越教育大学スタンダード）
　第1、2回　主に上越教育大学スタンダードⅠに関する事項
　第2、3回　主に上越教育大学スタンダードⅠに関する事項
　第4、5回　主に上越教育大学スタンダードⅡに関する事項
　第6、7回　主に上越教育大学スタンダードⅡに関する事項
　第8、9回　主に上越教育大学スタンダードⅢに関する事項
　後期（10月～1月）
　ガイダンス　　後期ガイダンス（課題の提示と履修者の把握等）

第10回～第13回　　教科指導について
　　　第14回　具体的な学級経営について（児童理解、保護者対応等）
　　　第15回　学級経営案と総合学習のプランを構想する。

　「教職実践演習」では、演習形式の授業を重視している。例えば、「児童理解・保護者対応等」の学習場面（第14回）では、次の学習活動が行われる。

ⅰ　ロールプレイングのねらい、方法などについて配付資料を使って説明する。　　　　　　　　　　　　　　　　　　　　　　　　　　10分
ⅱ　課題について、自分の考えをメモしながら構想する。　　　　5分
ⅲ　ロールプレイング（1人4分×12人）及び指導者による講評。　70分
　　－家庭訪問をする場合はどのような対応をしますか。(本人と母親を前にして）－
　　1人ずつ順番に教師役として、前に出て演じる。ほかの学生は1人ずつ順番に児童役をする。保護者が関与する場合3人目の学生が演じる。1人終わるごとに対応について話し合う。
ⅳ　振り返りシートに記入する。　　　　　　　　　　　　　　5分
　配付資料は、次のとおりである。

　　　D子は、控え目な性格で、学級では孤立傾向のある女の子です。
　　今朝、母親から次の内容の電話が学校にありました。
　　「昨日、帰校時にくつの中にだれかに画鋲を入れられ、泣いて帰ってきました。学校に行きたくないと泣いています。何とかしてください。」
　　このような電話を受けた場合、あなたは学級担任としてどのように対応しますか。
　　次の場面を想定して、説明しなさい。
　　①電話を聞いた後、あなたはどうしますか。

②家庭訪問をする場合はどのような対応をしますか。(本人と母親を前にして)
③この問題に今後どう対処していくのかを説明してください。

　学生は、これらの演習を通じて、上越教育大学スタンダードと自らの力量を照らし合わせ、力量の確認を行う。また、未達成と思われる部分については、教員からの指導・助言を参考にしながら、自らの新たな課題を見出していく。

第3節　今後の展望について

　2010（平成22）年度の入学生から「教職実践演習」の履修が義務づけられる。
　本学では、「教職実践演習」の授業内容や担当者の決定を含め、円滑な授業運営ができるように、また上越教育大学スタンダードと教育課程が有機的に関連づけられるように準備を進めているところである。とりわけ「教職実践演習」については、単なる授業科目としてではなく、本学の教育課程の質的水準の向上の「要（かなめ）」として考えている。
　図8-2は、本学の学生が上越教育大学スタンダードに包含される資質能力を確実に身に付けられるように、教職関連科目を中核に構築した体系的な教育課程の概要である[10]。
　今後は、上越教育大学スタンダードに基づいた体系的な教育課程を再編成する予定である。また、学内外の教育環境を整備[11]することで、本学の「教育の質保証」を図り、「大学における教員養成」のモデルを再構築する予定である。

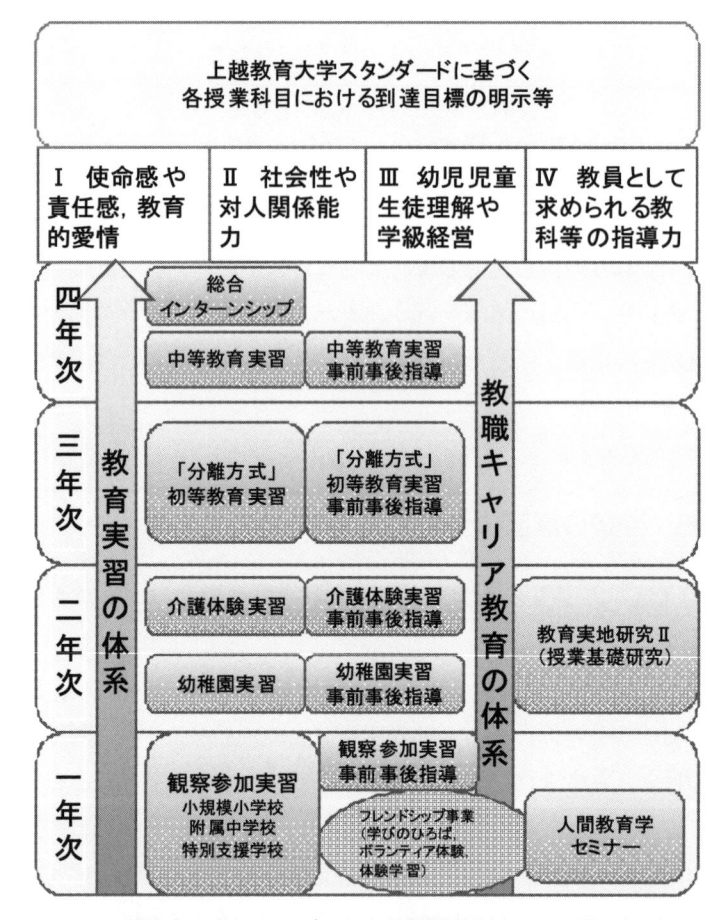

図8-2　上越教育大学スタンダードと教職関連科目との関係（筆者作成）

注・引用参考文献

1 「新たな時代に向けた教員養成の改善方策について（教育職員養成審議会・第1次答申）」①養成－採用－研修の各段階における役割の明確化、②養成段階での役割としての「最小限必要な資質能力」の内容、③「得意分野を有する個性豊かな教員」像に基づく制度改革の必要性などが指摘された。
2 山﨑準二「教師としての発達と専門的力量－その捉え方の転換を図る－」日本教師教育学会編『日本教師教育学会年報』第10号、2001年、12頁。
3 瀧本知加、吉岡真佐樹「地方自治体による『教師養成塾』事業の現状と問題」『教員の需給変動と「質保証」』日本教師教育学会編『日本教師教育学会年報』

第 18 号、2009 年、48 〜 60 頁。
4　2002（平成 14）年度までの上越教育大学の教育実習は現場に一任（丸投げ）の状態だった。事前・事後指導を行うものの、実習期間中はほとんど実習現場の先生方に学生指導を一任していた。学生の立場からは、教育実習校に行って、はじめて子どもたちと出会い、そこから教材研究が始まるという状態だった。本学が期待する「教育活動が創造できる教師の養成」は困難と考え、「分離方式の初等教育実習」を導入した。本学では、かねてから「教育を創造できる教師の育成」を目ざしていた。分離方式の教育実習が実現し、研究期間があることで、学生の主体的な教材研究の時間が確保された。
5　分離方式初等教育実習の成果と課題については、次の論考を参照のこと。
濁川明男、釜田聡、「初等教育実習への分離方式の導入の効果」、日本教育大学協会第二常置委員会編『教科教育学研究』第 22 集、2004 年、117 〜 129 頁。濁川明男編著『教員養成は今変わる』教育出版、2007 所収。
6　濁川明男、釜田聡、「初等教育実習への分離方式の導入の効果」、日本教育大学協会第二常置委員会編『教科教育学研究』第 22 集、2004 年、117 〜 129 頁。
7　同上。
8　濁川明男編著『教員養成は今変わる』所収、教育出版、2007 年。
9　釜田聡、濁川明男、「『学ぶこと』の意味を問い続けるフレンドシップ事業の意義－継続的な子どもたちとのふれ合い活動『学びクラブ』の実践を通して－」、日本教師教育学会編『日本教師教育学会年報』第 13 号、2004 年、122 〜 132 頁。
釜田聡、「学びクラブでの学生の成長－上越教育大学の『学びクラブ』の実践－」、濁川明男編著『教員養成は今変わる』教育出版、2007 年、109 〜 119 頁。
10　2009（平成 21）年 10 月末現在、上越教育大学スタンダードと有機的な関連を図った到達目標や　ルーブリック等の作成が完了した授業科目等。
11　学内外の環境整備：入学時から卒業時までの教育課程の縦軸に上越教育大学スタンダードの各事項に込められた思いや願い、具体的な資質能力が位置付き、この縦軸とそれぞれの授業科目相互が横軸に関連付き、地域と協働して多様な学びの機会を保証すること。喫緊の課題としては、教科指導法とブリッジ科目、教科専門の質的充実があげられる。

第9章 日本の学部での教員養成の新しい動向
―― 鳴門教育大学を事例に

木内　陽一

第1節　鳴門教育大学の教員養成の展開と概要

　鳴門教育大学は、1981（昭和56）年10月に徳島県鳴門市に設置された新構想の教員養成大学である。本学の設立理念・目的は、大きく2つある。第1は、教員の資質能力の向上という社会的要請にもとづいた「現職教員に高度の研究・研鑽の機会を提供する大学院」で、広い視野に立って清新な学識を授け、学校教育に関する理論的・実践的な教育研究を進める「教員のための大学」であることである。第2は、幼児・児童・生徒の成長と発達に関する総合的な理解にたち、全教科・領域にわたる優れた指導力を備えた「初等教育教員及び中学校教員の養成を行う学部」で、教育実践力を育成するとともに、学校教育の推進に寄与する「地域に開かれた大学」であることである。

　本学は、設立理念・目的を実現するために、教育研究を常に学校現場や地域社会の現実と向き合いながら展開してきた。特に、2004（平成16）年度の国立大学法人化以降は、教育実践力をもつ優れた教員の養成をめざして教育体制の改善に努めてきた。学部では、2005（平成17）年度から教員養成コア・カリキュラムを実施し、教育実践コア科目を基盤に、従来にも増して臨床的・実践的な教育活動の展開に力を入れてきている。大学院では、現職教員の再教育という本来の役割に加えて、新たに長期履修学生制度を導入し、すでに大学教育を終え、様々な知識や技能、キャリアをもつ学生を対象とした教員養成を行っている。また、本学では、2001（平成13）年度から教員採用試験に合格した学部学生に鳴門市内の小・中学校で教員インターンシッ

プを実施しているほか、「部活動等支援ボランティア」、「児童図書室の開室」、「フレンドシップ事業」等において、子ども達とふれあいつつ教職の実際を体験させ、教育の今日的課題に対応できる教育実践力を身につけた質の高い教員を養成している。

第2節　教育実践力養成のための取り組み

　教育実践の省察力は、変化する学校現場の状況の中で、教員が自己の教育実践を絶えず反省・評価し、改善していく能力である。本取組は、教育実践の省察力をもつ教員の養成を、学生が教育実践力を自ら反省し意味づけ開発していく場と手だてを意図的・計画的に組み込んだ教員養成コア・カリキュラムの展開を通して実現しようとするものである。

　取組の具体的な柱は、①教育実践力の中核を授業実践力ととらえ、その能力を評価する客観的な尺度となる授業実践力評価スタンダードを開発すること、②授業実践力評価スタンダードを枠組みにして「教育実践学を中核とする教員養成コア・カリキュラム（鳴門プラン）」を実践し評価すること、③授業実践力評価スタンダードと「知の総合化ノート」及び授業実践映像データベースとを組み合わせて、学生が自己の教育実践力を診断し、職能開発の到達点と課題を明確にできるシステムを構築することである。

第3節　教育実践力の形成

1．取組の動機・背景

　本学の理念・目的は、優れた教育実践力をもつ教員の養成にある。教育実践力は、2005（平成17）年10月の中央教育審議会の答申「新しい時代の義務教育を創造する」においても指摘されている通り、授業実践力、学級経営力、子ども理解力、対人関係能力、教職に対する意欲・使命感などの総体として理解される。

　本学は、2000（平成12）年4月に、教育実践力の育成という目標を一層

自覚して学部カリキュラムを改編した。改編の基本的なコンセプトは、「学校現場の教育実践と直接的に関わるコアとなる科目を設け、それらを中心により実践的な教育課程を編成する」というものであった。こうしたコンセプトのもとで、コア科目として、①教職に対する意欲・使命感を高めるためのキャリア教育としての「教育実践基礎演習」（1年次前期）と、②子ども理解、授業理解、学級経営理解をそれぞれねらいとして、学校現場での実践場面から事例を引いて学生が主体的に探究・討論する「教職基礎演習Ⅰ・Ⅱ・Ⅲ」（1年次後期と2年次前・後期）とを新設することとした。そして、これらのコア科目と学部3・4年次の教育実習とを接続させて、理論知と実践知の統合を保障する教育課程の柱にすえた。

　この改編では、本取組の「教員養成コア・カリキュラム（以下、コア・カリキュラム）」開発の先駆となる考え方が打ち出され意欲的な授業実践も蓄積されていったが、一方で次のような課題も指摘された。第1に、教育実践力を客観的に評価するための尺度と具体的な方法が確立していないことである。第2に、カリキュラムの多様な教育領域・科目が、教育実践力形成のために学生自身により総合され活用されるものに必ずしもなっていないことである。第3に、教員養成という目的を担う大学としての人的・組織的連携が不十分なことである。これらの課題を克服し、真に教育実践力の育成に資するコア・カリキュラムを大学の組織をあげて開発し実践していくことが求められた。

2．内容と実施プロセス

　上記の課題をふまえ、学生が大学における多様な学びを総合し、自己の教育実践力の形成・成長を意味づけ評価し、自らの課題克服の具体的な手だてを取っていける能力を「教育実践の省察力」ととらえ、その育成を取組の中心目標とした。それは、単なる教育技術者養成にとどまらない、生涯にわたり学び続ける教員の養成という現代的課題とも合致していると意義づけた。そして、その目標は、「教育実践力自己開発・評価システムを組み込んだコア・カリキュラム」の開発と実践により達成できるという構想を立てた。本

学は、この取組を、大学としての戦略的行動計画と位置づけ、2002（平成14）年10月から、学内の全講座及び附属校園を包括した教員33名からなる「教員養成カリキュラム構築のための教科内容学の研究プロジェクト」(研究代表　西園芳信）により鋭意推進してきた。以下、取組の柱となる3つの内容について説明する。

取組1．「授業実践力評価スタンダード」の開発
〔2003（平成15）年3月〕

　まず、教育実践力の内容を、中核的資質能力としての授業実践力、子ども理解力及び学級経営力と基盤的資質能力としての対人関係能力、教職に対する意欲・使命感とからなる構造として把握した。そして、授業実践力について、評価項目と「授業実践力評価スタンダード（以下、評価スタンダード）」を開発した（**表9-1・表9-2**参照）。評価スタンダードは、授業実践力の到達段階指標であり、1：基礎的段階、2：標準的段階、3：発展的段階、の3段階で構成した。授業実践力は、授業実践の過程で発揮される能力であるとの視座から、授業構想力・授業展開力・授業評価力の3つの下位能力から構成されるものととらえた。授業構想力は、授業の構成と展開・評価のプランづくりに関わる能力である。授業展開力は、子ども理解と教授学習のための技術・態度をふまえながら授業構成のプランにもとづいて実践できる能力である。授業評価力は、実践の事実に即して教師自らが実践と授業構成論を反省し評価し、改善できる能力である。そして、これらの能力それぞれに評価項目を措定し、段階指標の内容を定めた。その際、各教科・領域教育の特性の違いを考慮して、段階指標の記述内容にはそれぞれのバリエーションを認めることとした。

表9-1 「授業実践力評価スタンダード」評価項目

要素	大項目	中項目	小項目			番号
A. 授業構想力	1 目標の分類と設定					1
	2 学習者の把握					2
	3 授業構成	1) 教育内容の構成				3
		2) 教材の選択・構成				4
		3) 授業過程の組織				5
		4) 学習法・学習形態の選択・組織				6
	4 単元計画	1) 単元計画の作成				7
		2) 学習指導案の作成				8
		3) 学習評価計画の作成				9
B. 授業展開力	1 話し方	1) 基礎音声表現技能				10
		2) 話法	①	説明		11
			②	助言		12
			③	範読		13
			④	描写（例話）		14
			⑤	発問		15
			⑥	指示		16
			⑦	司会		17
			⑧	応答		18
		3) 態度	①	身振り手振り		19
			②	視線		20
			③	表情		21
		4) 適合性	①	語彙		22
			②	演技性		23
	2 接し方	1) 教室内での教師の位置どり				24
		2) 子どもの発言対応				25
		3) 突発事態への対応				26
	3 教材・教具の使用	1) 板書	①	内容		27
			②	技能		28
			③	態度		29
		2) 教育機器・資料の使用	①	教育機器の使用		30
			②	資料の使用		31
			③	実験器具・機器の使用		32
	4 学習者への評価活動					33
C. 授業評価力	自己の教育・社会観，教育目標，授業構成論，指導法の対象化と授業評価					34

表9-2 「授業実践力評価スタンダード」段階指標：社会科の場合（一部抜粋）

観点　　　　段階	段 階 1	段 階 2	段 階 3
A．授業構想力			
1．目標の分類と設定	目標を、関心・意欲・態度、思考・判断、技能・表現、知識・理解の各観点から捉えて設定している。	目標を社会の見方・考え方の形成という観点から捉え、授業構成の過程と授業展開の実際を通じて検証でき、子どもの評価が具体的に可能なように設定している。	目標を社会の見方・考え方の形成という観点から捉え、教師の授業評価と子どもの自己評価の判定基準として活用できるように段階的に設定している。
B．授業展開力			
1．話し方			
2）話法 ①説明	・平易なことばづかいである。 ・初めに、次に、まとめとして、など、箇条的説明がきちんとなされている。	・具体例が適切に用いられている。 ・結論を先に出して後で説明する方法が適宜とられている。	・話だしで子どもの興味をひく工夫がなされている。 ・目的や意味を明確にしながら、説明手順が工夫されている。
C．授業評価力			
自己の教育・社会観、教育目標、授業構成論、指導法の対象化と授業評価	・教育目標と子どもの学びの実際に照らして、実践された授業に対して論評し、改善点を具体的に指摘できる。	・実践された授業を、目標論・授業構成論・子どもの学びの一貫性・整合性という観点から捉え論評し、改善点を具体的に指摘できる。	・教科論・目標論・授業構成論・授業の事実の関わりから、複数の授業類型が存在していることを理解して、実践された授業を類型に位置づけるとともに、子どもの学びの実際に照らして、その特質と課題、改善点を具体的に指摘できる。

（『鳴門教育大学平成17年度ファカルティディベロップメント推進事業実施報告書』2006（平成18）年2月, pp.86-97.）

取組２．「教育実践学を中核とするコア・カリキュラム（鳴門プラン）」の開発と実践

〔2004（平成16）年6月大学として承認、2005（平成17）年4月から実施〕

　本カリキュラムのコア領域は、「教育実践学」である（図9-1参照）。それは、第1コア科目と第2コア科目から構成される。第1コア科目は、「教育実践基礎演習」（1年次前期）である。授業内容の柱は、①教職の意義と使命、②学びの意味と教科の成立・実践、③子ども理解と生徒指導、④学級づくり、の4つである。授業は、就職支援・教科専門・教科教育担当の大学教員と教育現場の教員の協働により展開する。第2コア科目は、「教科教育実践」と「教育実習」である。「教科教育実践」は、教科授業を展開するための基礎的・基本的な理論と実践の技術・方法を、学習指導要領を基盤とする教科内容の柱立ての理解と教育現場での具体的な指導場面の分析、模擬授業の実践とをふまえて習得していく。授業科目としては、「初等中等教科教育実践Ⅰ」（1年次後期）、「同Ⅱ」（2年次後期）、「同Ⅲ」（3年次前期）が用意される。授業は、教科専門・教科教育・附属校園または地域の教員の協働により展開する。「教育実習」は、「教科教育実践」と関わらせ、「ふれあい実習」（1年次9月）、「附属校園実習直前観察実習」（3年次6月）、「附属校園教育実習」（3年次9月）、「附属校園実習事後指導」（3年次10月）、「副免実習」（4年次11月）を必修とし、「教員インターンシップ」（4年次6月～3月）を選択履修として展開する。

　「教育実践学」は、学部4年間の各学年段階・各科目で学生が常に授業を観察・分析し、そして構想・実践・評価していくことを通じて、理論知と実践知を統合しながら教育実践力をスパイラルに形成・成長させていくように構成している。そして、授業の担当と展開は「協働」を原則とした。「協働」は、各担当者が、評価スタンダードを互いに理解し、学習指導要領や教科書の読み合わせを通して教科内容の柱立てをつかみ、目標・内容・方法の一貫性を保障しながら授業を協同して展開しているコア領域の授業展開の実態を表現している。コア以外の教養・教職・教科教育・教科専門の各領域・科目

教科内容学

学部		教養	教職
4年次		A:現代社会の諸問題 テーマ 　1:地球の生態系 　2:紛争と平和 　3:現代の科学と倫理 　等 B:身体運動・表現・ 　コミュニケーション 　○スポーツ健康科学 　○基礎情報教育 　○英語コミュニケーション 　等	教育実践科学 　○生徒指導論 　○特別活動指導論 　○道徳教育指導論 　○授業研究論 　○教育評価論 　○教育課程論 　等 教育実践原論 　○人間形成原論 　○発達心理学 　○教育心理学 　○教育制度・経営論 　○教育社会学 　○教職論
3年次			
2年次			
1年次			

教育実践学（コア）

学部	（教科教育実践）	（教育実習）
4年次		教員インターンシップ 副免実習
3年次	初等中等教科教育実践Ⅲ	実習事後指導 附属校園実習 附属直前観察実習
2年次	初等中等教科教育実践Ⅱ	
1年次	初等中等教科教育実践Ⅰ 教育実践基礎演習	ふれあい教育実習

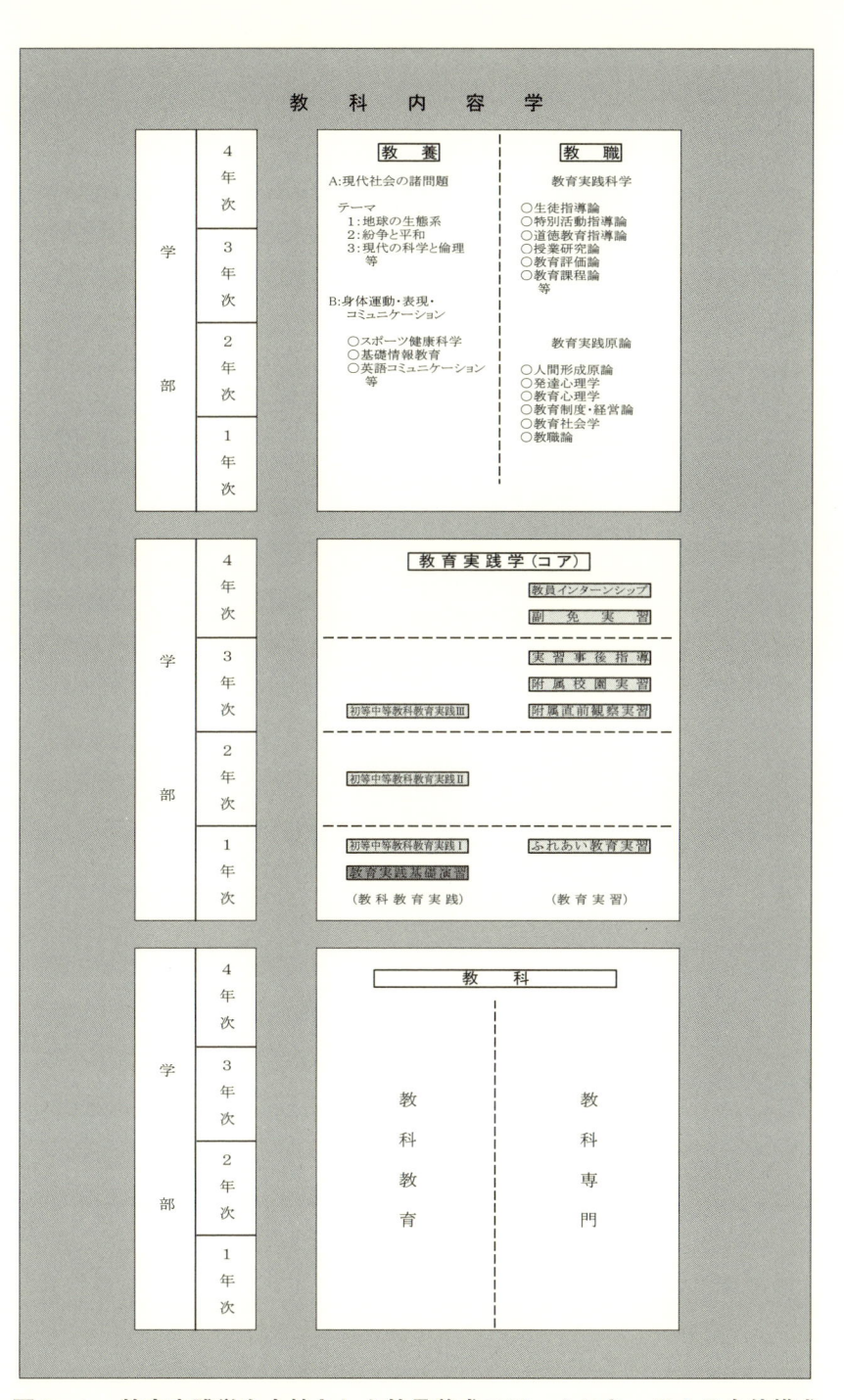

教科

学部	教科教育	教科専門
4年次		
3年次		
2年次		
1年次		

図9-1　教育実践学を中核とした教員養成コア・カリキュラムの全体構成

■は第1コア科目、▨は第2コア科目を示す。
(『教科内容学を基盤とした教員養成コア・カリキュラム開発』2004（平成16）年7月、p.13より作成)

については、「教育実践学」と結びつけカリキュラム全体の構造化が図られるよう構成した。

取組3．教育実践力自己開発・評価システムの構築
〔2004（平成16）年4月から試行〕

　本システムは、評価スタンダードと「知の総合化ノート」及び授業実践映像データベースとから成る（**図9-2**参照）。「知の総合化ノート」とは、ポートフォリオのような単なる学習の集積にとどまらず、学生自身が個人使用のノートパソコンを用いて、講義・演習や教育実習、あるいは合宿研修、部活動、ボランティア活動等における様々な学びの成果を項目ごとにファイルを作成し、整理・構造化して、教育実践力の内容を自ら意味づけ省察していくためのひとつの具体的な手だてである。また、授業実践映像データベースは、現在、「教育実習授業映像＆学習指導案」というサイト名で稼働している。これは、学生や附属校園教員の授業をビデオで撮影し、Web上の動画コンテンツとして整備したものである。同時に、学生や教員が作成した学習指導案や教材等も閲覧できるようにしている。また、各コンテンツに対してコメントを付加できる機能を備えている。

　コア・カリキュラムのなかで評価スタンダードを「知の総合化ノート」及び授業実践映像データベースと組み合わせて活用することで、学生は、その評価項目や段階指標を実践に裏付けられた自分なりの言葉で理解することができる。それにより、評価スタンダードが学生による教育実践力の省察の観点として真に機能するようになるのである。

　コア・カリキュラムにおける本システムの運用は、次のように行われる。①1年次前期の教養科目「基礎情報教育」において、学生にパソコン操作の基礎技能を習得させる（本学では、2000（平成12）年度から学部新入生全員にノートパソコンを持たせている）。②1年次前期のコア科目「教育実践基礎演習」の導入段階（3コマ程度）で「知の総合化ノート」及び授業実践映像データベースの意義・内容・活用方法について講義・実習を行う。この時、学生個々のパソコンに「知の総合化ノート」のための学習支援ソフトが組み

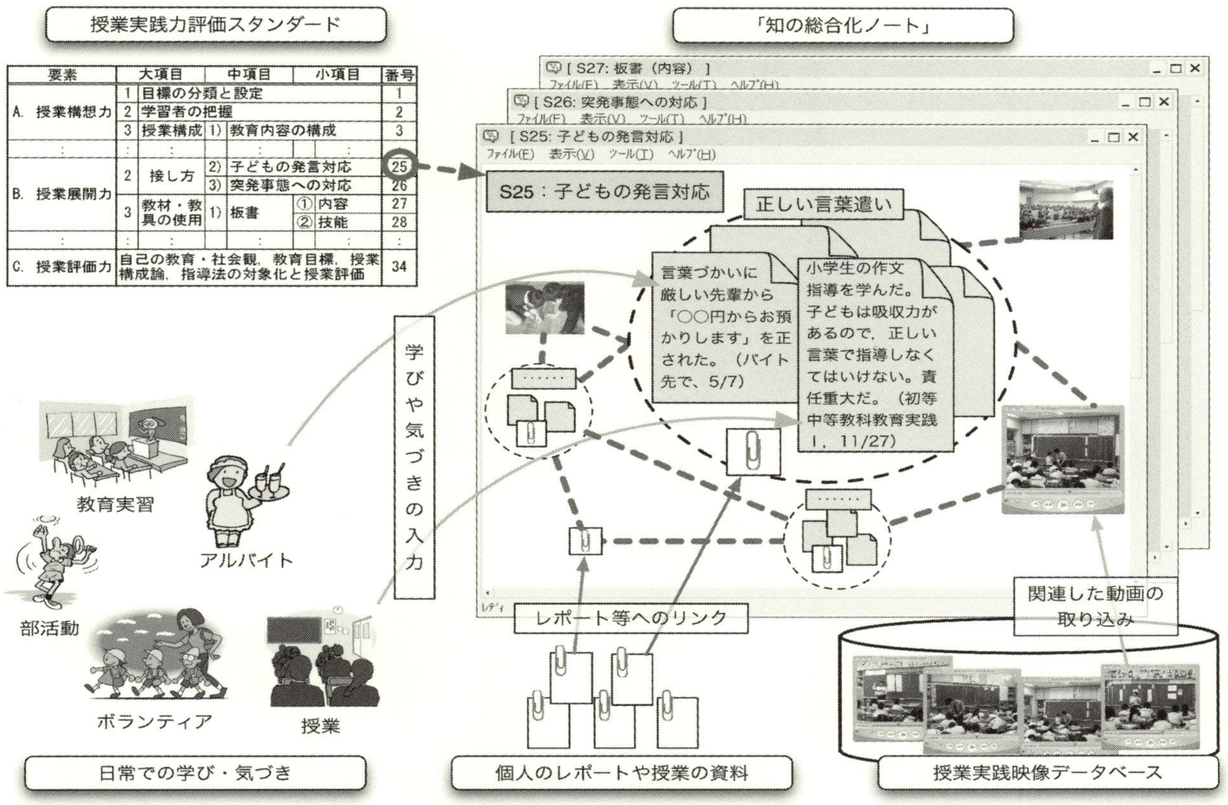

第9章 日本の学部での教員養成の新しい動向——鳴門教育大学を事例に　151

図9-2　教育実践力自己開発・評価システムにおける学生の学び（イメージ図）

（学生の「知の総合化ノート」に基づき作成）

入れられる。さらに彼らのパソコンには「教育実践基礎演習」の内容の柱である「教職の意義と使命」、「授業実践」、「生徒指導」、「学級づくり」に関する「ノート」（ファイル）が設けられる。これら4つの項目は、教育実践力の基本的な構成要素であり、学生がこれ以後の様々な学びにおいて教育実践力や教職を意識化していく主要な観点になる。学生は、4つの項目ごとに自分なりに「知の総合化ノート」をつくりその活用に慣れていく。③1年次後期のコア科目「初等中等教科教育実践Ⅰ」の導入段階（2コマ程度）で評価スタンダードの概要を理解させるとともに、評価スタンダードをもとに授業実践力の評価項目別ファイルを個々に作成させる。それに続けて、当該授業の進行過程で、「授業実践」を中心に「知の総合化ノート」を構築させる。以後、学生は、コア領域の諸科目や大学内外での諸活動を通じて「知の総合化ノート」をつくり、ファイルを自らの考えで増やしていく。「知の総合化ノート」が全ての学生に確実に活用される方策としては、「初等中等教科教育実践Ⅰ・Ⅱ・Ⅲ」と「教育実習」とにおいて、それぞれ定期的に「実践省察の時間」を設けた。この「実践省察の時間」では、学生各自がその授業・教育実習の一定期間における様々な学びを評価スタンダードを参照点にしながら授業実践力別ファイルに構造化し、その内容について相互に議論したりする。そして学生は、「実践省察の時間」に授業実践映像データベースにおける自己の授業映像や他者の優れた実践の映像及び映像に付加されたコメントを「ノート」の中に適宜整理・保存し、必要な時に必要な情報を閲覧するのである。

3．取組展開上の課題とその解決の方策

観点1：コア・カリキュラムの実践にかかわる課題とその解決策

この観点における第1の課題は、大学教員が、自己の個別の専門分野に根ざす教育観を変革し、「教師教育者」という意識を共有して教育活動にあたる体制・組織を自らつくり出すことである。この課題解決のために、2004（平成16）年9月と2005（平成17）年3月、同年9月の3回にわたり、コア・カリキュラムと評価スタンダードについて議論するシンポジウムを文部

科学省及び教員養成大学の担当者を交えて開催し、大学教員の研修の機会とした。また、2005（平成17）年10月の「FD推進事業」では、コア科目「初等中等教科教育実践Ⅰ」の授業カンファレンスを実施し、「教育実践学」の目標・内容・方法の共通理解に努めた。コア科目の「協働」実践のための「授業担当者会議」の開催も、大学教員の意識改革のための具体的な手だてとなっている。第2の課題は、コア・カリキュラム実施に伴う附属校園教員の大学での授業負担の増大に対して対処することである。この課題解決のために、附属校園教員が学部の授業を負担する時数に応じて大学教員が附属校園の授業を担当する体制を構築した。2005（平成17）年度は、「初等中等教科教育実践Ⅰ」の実施に伴い、9人の大学教員が、9教科総合計37時間分の附属小学校の授業を担当した。

　観点2：教育実践力自己開発・評価システムの展開に関わる課題とその解決策

　「知の総合化ノート」と授業実践映像データベースが、学生にとって「実践の省察」のためのツールとして機能するためには、学生がパソコンの基礎的な操作法を習得した上で、多様な情報（文字、図表、映像等）を編集する技能を身につけていなければならない。入学した学部1年生全員のパソコン操作の技能水準を把握し、基礎的・基本的な情報処理の知識と技能を習得させることが課題となった。この課題に対処するために、1年次前期必修の教養科目「基礎情報教育」の時間を活用した。

　観点3：デマンドサイドのニーズをカリキュラム・授業の評価・改善に活かす方途

　2005（平成17）年8月に、「21世紀の教員養成・教員研修等のあり方に関する検討会議」を設置した。本会議は、県・市レベルの教育委員会等から推薦された委員10名と大学教職員の委員10名により構成され、デマンドサイドのニーズを常にふまえながら本取組を評価する中核組織としての役割を担っている。

第4節　本取組の特性

本取組の特性は、以下の6点に集約できる。

第1は、優れた教育実践力を持つ教員の養成という大学の理念を具現化したものとして、コア・カリキュラムの実践と評価スタンダードを基盤にした教育実践力自己開発・評価システムの構築を具体的な手だてに、「目標」－「カリキュラム・授業」－「評価」を一体的にとらえた教員養成のための教育課程のひとつのモデルを構築できていることである。

第2は、学生が、教育実践力自己開発・評価システムを活用して自己の学びの履歴を整理し位置づけ、評価・改善していくことを通じて、教師としての教育実践力を明確な課題意識を持ちながら計画的にかつバランスよく獲得していくことができることである。

第3は、学生が、評価スタンダードと「知の総合化ノート」をもとに、教師をめざす自己の成長を振り返るとともに、共に学ぶ者同士で自分たちの授業実践を批評し合うことを通して、互いに磨き合う学習環境をつくることができることである。そのことは、学生の人間的成長を促すとともに、学校現場において同僚教師と学び合う関係を築いていくことのできる資質能力を形成するための基盤をつくることにもなる。

第4は、学生が、教育実践力自己開発・評価システムを以後の教師生活においても支援ツールとして継続的に活用し、学校現場での様々な学びをさらに集積・構造化していくことで、生涯にわたり学び続ける教師として成長できることである。

第5は、大学教員が、教育実践力自己開発・評価システムを活用することにより、教育実践力の形成・成長という観点から学生の学修到達度状況を学年次ごとに把握し、自己の授業改善の観点を得ることができることである。

第6は、大学教員が、評価スタンダードをふまえることによって教師の力量についての観点や内容を共有化することができることである。そのことが、大学教員の「教師教育者」としての自覚を高め、明確な基準をもったFDの展開へとつながっていくのである。

第5節　本取組の組織性

　本取組は、大学組織内における開発・推進体制と評価体制との機能の分担及び相互連関を保持していくこと、さらに、できるだけ多くの教職員と学生を取組の推進体制に巻き込むことに留意しながら実施している。

　開発・推進体制については、これまでは学内の研究プロジェクトが取組内容を開発し、教育研究評議会がその取組を承認した後、学部教務委員会が推進する体制をとってきた。プロジェクト体制は、比較的短期間で取組内容を開発するのに実効性をもつが、取組の継続的な推進体制の構築という観点からは弱点をもっていた。そこで、2006（平成18）年度以降の展開にむけて、学内組織として取組内容を開発・整備し、具体的な推進策を立案する拠点となる「戦略的教育研究開発室」(2005（平成17）年度開設。教育研究担当理事、研究開発担当学長補佐、教員7名、教務部長、教務課長、教務課長補佐で構成。）を設置し、中・長期的な展望をもった戦略的開発・推進体制を整備した。そして、〈「戦略的教育研究開発室」による取組の推進戦略の立案〉→〈各部・講座へのフィードバックを経て案を修正・確定〉→〈教育研究評議会による承認〉→〈学部教務委員会による推進のための具体策検討〉→〈授業担当者会議による授業の計画・実施についての打ち合わせ〉→〈授業の実践〉という取組の開発・推進の基本的な流れを確立した。また、取組推進のための大学・附属校園の連携体制の構築には、「大学・附属連絡協議会」が中心的な役割を果たしていく。

　評価体制については、取組に対する評価が多様な視点からなされるように、以下の3つのレベルから構築する。第1に、大学教員・附属校園教員の相互評価として、学部教務委員会が管轄する「FD推進事業」の場で取組の推進状況や成果について教員が互いに吟味し評価していくことにより、取組内容を修正していくこと。第2に、学生による評価体制として、学部教務委員会が実施する「学生による授業評価」を通じて、取組が学生の教育実践力育成と学部の授業改善に寄与しているかを評価すること。第3に、外部評価体制として、「21世紀の教員養成・教員研修等のあり方に関する検討会議」にお

いて取組内容と成果について評価を受けることである。

第6節　取組の有効性

1．大学教員からみた取組の有効性

　2005（平成17）年9月の本学主催の教員養成改革シンポジウムにおいて、学外から高等教育改革・FDの専門家と現職の小学校長を招き、学内の教職員とともに、「教員養成における評価スタンダードの意義と課題」について議論した。議論を通じて、評価スタンダードの有効性として、学生にとっては教育実習等での授業実践の参照点、附属校園教員にとっては実習生指導の指標、大学教員にとっては自己の授業の目標・内容・方法を定める視点になることが認められた。また、評価スタンダードは、学生にとっては外部（教員の側）から与えられた授業実践力の評価基準であるので、その活用については、内容を固定化することなく、学生自身が意味づけ再構成して、自己の職能開発に活用していくような場と手だてを具体的に用意することが重要であるとの見解をまとめた。こうした議論を通じてシンポジウムは、本取組の有効性とそれを全学的に推進することの意義を教職員間で確認する場となった（『鳴門教育大学平成17年度FD推進事業実施報告書』より）。

2．学生からみた取組の有効性

　評価スタンダードについては、2003（平成15）年度から2005（平成17）年度の学部3年次附属校園教育実習生に対して実験的に試行した。そして、その有効性について、社会科教育コース所属の実習生のべ37名に対する段階到達度調査と自由記述調査から基礎的データを得た。例えば、実習期間中に評価スタンダードを活用すると、実習事前指導時の模擬授業と比べて、授業実践力、特に授業展開力の段階到達が向上することが明らかになっている。2003（平成15）年度の学部3年次学生11名に対する段階到達度調査では、授業展開力に対する自己評価の平均値は、模擬授業後が29.18点であり、実習後が37.09点であった（なお、本学は、学校現場で即戦力として活

躍できる教員の授業展開力の目標点を、24の評価項目それぞれで第2段階に達することと考え48点と定めている）。自由記述調査でも、大多数の学生が、評価スタンダードの活用について、「授業の実践や指導案の作成に必要な知識や留意点を明確にできる」との肯定的な意見を述べた。

　2005（平成17）年度の「初等中等教科教育実践Ⅰ」に対する「学生による授業評価アンケート」をもとに、本取組と関わりの深い設問の分析結果からもデータをひき述べる。全回答者は106名である。「授業の内容」に関して、「授業実践を観察する視点が示された授業内容であった」という設問には、80.6％の者が「そうである」と回答した。「授業実践に必要な指導力について理解できる授業内容であった」という問いには、86.7％の者が「そうである」とした。「あなたの授業への取組」に関して、「積極的に実習・実験・実技等に取り組んだ」という問いには81.6％の者が「そうである」と回答した。最後の「授業の満足度」に関する設問には、87.8％の学生が「満足である」と回答し有効性を認めた。

3．学外者からみた取組の有効性

　1年次前期の取組を終えたところで、「21世紀の教員養成・教員研修等のあり方に関する検討会議」により中間評価を受けた（2005（平成17）年11月）。教育委員会推薦の10人の学外委員により取組内容とコア科目「教育実践基礎演習」の授業評価の結果に対するヒアリングと意見の提示がなされた。学外委員からは、「本取組は、実践的な指導力をもつ教員の養成という目標を実現するために、学校現場の現実のなかに学習課題を求めそれを追求・解決していくものになっており、教育委員会としてもその有効な展開に期待する。」との意見が出された（会議議事録より）。本取組は、デマンドサイドからもそのニーズと合致し、有効性をもつものと評価された。

第7節　実施計画

　2005（平成17）年度学部入学の学生が4年次生になる2008（平成20）

年度までの実施計画を以下のように構想した。

【2006（平成18）年度】

　①学生による授業評価やFDでの議論をふまえて、附属校園教員との共同研究体制を構築し、評価スタンダードの内容を学生・大学教員・附属校園教員にとってより読みやすく使いやすいものに修正・改善する。②1年次生及び2年次生に対して、コア領域「教育実践学」の諸科目での映像データベースを活用した「知の総合化ノート」の作成・構造化と「ノート」を用いたレポートを作成し議論を継続していくことにより、学生の学習活動における「実践の省察」を習慣化する。その過程で、評価スタンダードをもとに特定教科を越えた授業実践力別ファイルを個々に作成させる。③学生の模擬授業や優れた実践者の授業の映像を、授業実践映像データベースに継続的に蓄積していく。

　各年度とも他大学等に赴き、評価スタンダードや「知の総合化ノート」の内容及びそれらの有効性について意見を聴取して、本取組の推進・改善に活かす。

【2007（平成19）年度】

　①コア科目の中に適宜取り込んでいた「実践省察の時間」を発展させて、1年次生から3年次生に対して通年の毎週1コマの「知の総合化の時間」を設け、学生にカリキュラム全体を通じた学びの省察と構造化を促す。特に、3年次生については教育実習前後において、先輩や附属校園教員・大学教員の授業の視聴によって得た知を具体的な映像と共にノートの該当ファイルに貼り付けたり、自己の実習授業の中からポイントとなる場面を貼り付けることにより具体的な実践映像をも組み込んだ「知の総合化ノート」を構築していく。また、本ノートのグループウエア機能を活用して、教育実習中に指導教員が学生のノートにコメントを書き、学生はそのコメントを参考に学習指導案を修正していくことも行う。②附属校園実習の事前・事中・事後の実習生の教育実践力評価に、評価スタンダードと「知の総合化ノート」を活かす

仕組みを構築する。この仕組みは、実習生の評価に附属校園教員のみならず、大学教員、学生自身が参画していく体制づくりを意味している。

【2008（平成20）年度】

①4年次前期は教員採用試験に向けて、「知の総合化ノート」を用いて特定の課題についての協議やレポート作成を行う。後期にはコア領域の特設科目として「教職課題研究（仮称）」（8コマ程度）を設定し、その「ノート」を用いて、特定の教育課題についての議論や指導案作成を行う。そして、模擬授業により、学生の教育実践力の卒業前最終の評価を行う。その最終評価は、評価スタンダードを用いて大学・附属校園・教育委員会等の教員の複数の目を通して行う。②4年次生の教育実践力の評価をふまえて、「21世紀の教員養成・教員研修等のあり方に関する検討会議」による本取組全体の点検・評価を受ける。その内容を受けて、「戦略的教育研究開発室」により検討し、取組の修正・提案を行う。

本取組の進捗状況・成果・方法については、各年度ごとにWebサイトやシンポジウム等により社会に対して情報を公開し形成的評価を受ける。そして、最終年度には報告書を刊行し、成果を公開し総括的評価を受ける。

おわりに――国際的視座から見た「鳴門スタンダード」

2007（平成19）年12月7日（金）鳴門教育大学において国際シンポジウム「教員養成教育における学生の教育実践力育成と認定（出口）評価のあり方―教育実践力評価スタンダードの開発の意義と―」が開催された。外国人ゲストとして、李雨明珠（韓国・公州教育大学校教授）、郭華（中国・北京師範大学教育学院教授）、蠶秀麗（同上・研究員）が出席され、本国との比較において、「鳴門プラン」の国際的な位置づけについて、持論を開陳された。

韓国では、「教育実践力」とは、狭義の「授業力」、広義には教育課程についての専門性（教育課程の構成、内容体系、教授・学習方法、評価）及び児童生活指導能力である。教育大学でのカリキュラムについても種々の改善がおこ

なわれており、とくに、授業の方式では、従来の講義形式から、学生の発表、セミナー、討論等、さまざまな試みがなされつつある。12の教育大学では、教育実践力の向上を目指して、教授・学習センターを設置しているが、公州教育大学校では、とくに教員志望の学生のために、ワークショップやセミナーや講義を通じて授業をみる視点の養成に力を入れ、附属小学校、協力校での授業参観、授業分析のためのメディアの活用等の現代的課題との取り組みを行っている。また、教育実践力の検証は「教員任用試験」で行われる。試験は、1．筆記試験、2．論述試験、3．面接・模擬授業・英語会話からなっている。

つぎに、中国では、とくに北京師範大学では、大学4年間の学習に加えて、2年間の教育実践に関する修士課程の設置、合計6年間の教員養成が目指されている。教育実践力養成は、とくに修士課程2年間の中心課題となる。その際、実習先の指導教員が重要な役割を担う。評価の基準は、教授能力、仕事の態度、コミュニケーション能力が柱となっている。

さて、近年、東アジアの隣国との学問交流が活発化していることは、まことに喜ばしい事実であるが、この点は、教員養成という各国の大きな教育課題について、相互に学びあう点にも明確に見てとれる。韓国との交流でいえば、「鳴門プラン」は、教育学 - 教科教育学 - 教育実践という三領域が、実践を核としながらも、有機的に結びついているがゆえに、韓国の教師教育改革に示唆を与えるものであろう。中国との関係についていえば、日本では、昨今、6年制の教員養成の可能性が議論されつつあるが、中国の「4＋2」型の改革、つまり大学4年間の学習と、教育実践に特化した修士課程2年での学習の結び付けかたは、現代日本の教員養成改革に示唆を含むものであろう。いずれにしても、「鳴門プラン」を中心に、さらに国際的な議論を続けていくことが肝要であると考えられる。

引用参考文献
平成19年度：教員養成教育に関する国際シンポジウム報告書（文部科学省　平成18年度「特色ある大学教育支援プログラム（特色ＧＰ）」）（鳴門教育大学）。

平成20年度：特色ＧＰシンポジウム報告書（文部科学省　平成18年度「特色ある大学教育支援プログラム（特色ＧＰ）」）(鳴門教育大学)。
平成20年度：特色ＧＰ・専門職ＧＰシンポジウム報告書（文部科学省　平成18年度「特色ある大学教育支援ンプログラム（特色ＧＰ）」、文部科学省　平成19年度「専門職大学院等教育推進プログラム（専門職ＧＰ）」)(鳴門教育大学)。

第10章　日本における教育実習の現状と課題

早田　恵美

第1節　教育実習の意義

1．教育実習とは

　教育実習は、教育職員免許法施行規則によって、大学の「教職に関する科目」の中に位置づけられている。2006（平成18）年7月の中央教育審議会答申では、この大学の教職課程を「教員として最小限必要な資質能力を確実に身に付けさせるもの」へ改革する[1]としている。

　「教員として必要な資質能力」とは、教員「養成段階で修得すべき」もので、「教職課程の個々の科目の履修により修得した専門的な知識・技能を基に、教員としての使命感や責任感、教育的愛情をもって学級や教科を担任する資質能力、および教科指導、生徒指導等の職務を著しい支障が生じることなく実践できる資質能力[2]」である。

　教育実習とは、この「教員として必要とされる資質能力」の修得に必要な最低限度の実践経験の機会であり、大学で学んだ知識や技術を実地体験を通して検証する場である。

2．教育実習の意義と目的

　藤枝は、教職教育における教育実習の意義にかかわる重要な事項を12項目にわたって抽出している[3]。
　(1)　現実の生きた学校環境のなかでの教職的な経験及び研究の場。
　(2)　視点の転換による教育という営みのとらえ直し。
　　①　教えられる立場から教える立場へ、受動的立場から能動的立場への転換。

②　教育を他者に対する指導・他者啓発の面からだけでなく、自己教育・自己啓発としての面からのとらえ直し。
　③　教育とは何かについての現実的・体験的省察の展開。
　④　教育を見る自分自身の視点ならびに教育への自己の基本姿勢の明確化。
(3)　教師としての自己成長、生涯にわたる教育専門家としての成長の第一歩。
(4)　教職についての総合的な認識の獲得（使命と責任）。
(5)　教職的な知識・技術と態度を習得する創造的生活体験の場。
(6)　教育理論を主体的に再構成する端緒の獲得。
(7)　教育研究（理論的研究によって教育の原理を明らかにするとともに、教育の現実に密着した実地研究が不可欠）。
(8)　大学で修得した諸学問を現実の教育場面に適用するための実践的諸能力の基礎の培養。
(9)　教育における新たな研究課題の発見。
(10)　教師としての能力や適性の自覚、教育者としての自覚、教育精神の体得。
(11)　教育理論と教育実践の相補関係についての認識の獲得。
(12)　教育実習は大学教育全体の総合的実践。

　さらに藤枝は、教育実習には大きく２つの目的が見出せると指摘する。第一に、「大学・学部で習得した専門的な教育理論や技術を教育現場で実践（適用・応用・検証）し、新たな研究課題を発見し、理論を主体的に再構成する能力を育成すること[4]」の重視であり、理論と実践の統合する「研究」という目的である。

　第二に、「教職に就く以前の段階において、教師としての職務遂行に必要とされる最低限の知識や技術、実践的諸能力を習得させること（即戦力養成）[5]」の重視であり、実際的職業遂行能力の「養成」という目的である。

3.「教員として必要とされる資質能力」の修得

近年、教員養成にかかわって教師としての「実践的指導力」の育成が重視されている。

表10-1　教師に求められる資質能力[6]

技能的側面	テクニカル・スキル	1	専門的知識・技能：教科内容、指導方法に関する知識技能
		2	学際的知識・技能：専門教科に関連した学際の領域への理解
		3	応用実践能力：学習内容を組み立てる能力、学習集団を組織する能力、新しい知識や技術を吸収し活用する能力
		4	表現能力：学習内容を正確に表現し伝達する能力、プレゼンテーション能力
	コンセプチュアル・スキル	5	創造力：授業づくりにかかわる創造力
		6	広い視野：社会全体の動きに目を向け、高い関心を持つ
		7	先見性：将来を見通す豊かな想像力や深い洞察力
		8	感性：感受性、共感性
		9	課題解決能力：現実や変化に対する的確な対応能力
		10	総合研究能力：授業研究、教材研究の能力
	ヒューマン・スキル	11	人間理解力：児童生徒理解、保護者・同僚への理解
		12	対人関係能力：子どもとの人間関係づくり、同僚・保護者とのコミュニケーション能力
		13	集団指導能力：リーダーシップの能力
人格的側面	パーソナリティ	14	決断力：授業という複雑な状況に対する即興的な判断、対応
		15	柔軟性：授業という複雑な状況に即応できる能力
		16	自律性：職務を実施する際の判断行為の自主性、得意分野の形成
		17	協働性：教師間や学校関係者との協力
		18	明朗快活さ：心の広さ、余裕から生まれるユーモア
	モチベーション	19	教育観・信念：向上心、教育的情熱を生み出す子ども観や理念
		20	精神的若さ・情熱・進取性
		21	使命感・誇り：教職に対する愛着、自信や誇り、一体感、充足感
		22	自己教育力：価値や目標に向かって自己を高めようとする力量

「実践的指導力」は、中教審答申（2006（平成 18）年）において教員として求められる 4 つの事項にまとめられている。すなわち、①教員としての使命感や責任感、教育的愛情などに関する事項、②社会性や対人関係能力に関する事項、③幼児・児童・生徒理解や学級経営などに関する事項、④教科・保育内容などの指導力に関する事項、である。小山悦司は、この 4 つの事項を、これからの教師として求められる資質能力の内容を総括したものとし、その上で専門職（profession）としての教師に必要とされる具体的な資質能力を分類整理（表 10 - 1）している。

授業、生徒指導、学級経営、学校行事、研究・研修、諸会議、学級経営や教科経営にかかわる事務処理、地域活動への協力活動など、学校における教員の仕事は多岐にわたる。小山が示す 22 項目にわたる教師に必要とされる資質能力は、日々の教育的営みの過程で、子どもや教職員集団、保護者や地域社会との触れ合いを通して習得され、高められていくものである。教育実習においては、教員の仕事すべてを体験することはできないにしても、2〜4 週間という貴重な実地体験の機会を最大限に生かして、教師の仕事を総合的に観察・参加・実習および研究することによって、実習生は教員としての「職務を著しい支障を生じることなく実践できる」「最小限必要な資質能力」を身に付けることが求められる。

第 2 節　日本における教育実習の現状

1．教育実習における指導教員の果たす役割

表 10 - 2 は、実習校における教育実習の内容と方法である。このような実習を通して、教育実習生は、教職志望度や教職適性感、児童・生徒、教師、授業イメージなどを変容させ、教師として必要とされる資質能力の基礎を形成していく。教育実践の指導において、実習生に最も多くかかわるのが実習校の指導教員である。

実習校の指導教員が果たす役割に関して、米沢崇は、実習生の小学校教員としての力量形成に関する指導教員の指導的かかわりの関連を調査し、数量

的分析を行い、以下の知見を示している[7]。なお、**表10-3**に小学校教員としての力量尺度の因子および、指導教員の指導的かかわり尺度の因子を示す。

(1) 指導教員から教壇実習に対する指導・支援を多く受けた実習生ほど、教授や評価、子ども理解に関する力量および、教師としての態度を形成する傾向にある。

(2) 指導教員から実習生活に対する指導・支援を多く受けた実習生ほど、評価に関する力量を形成し、教師としての専門的知識を獲得する傾向にある。

分析結果から、米沢は、「実習生は、教育実習を通して、学校及び教師の職務とは何かを実感し、子ども理解を深め、基本的な指導技術を修得し、教師としての自覚や使命感を高めている[8]」と推論する。さらに「指導教員から指導的かかわりを多く受けた実習生は、教授や子ども理解に関する力量および、教師としての態度だけでなく、評価に関する力量および専門的知識も習得したと認識しており、指導教員の存在は、教育実習が実習生の力量形成にとって意義あるものとなるための鍵を握っている[9]」と指摘する。

表10-2　教育実習の内容と方法

方法＼内容	学級経営・学級事務	授業	特別活動の指導
講話受講	学校経営、学級経営、校務分掌、服務に関すること	各教科の指導法、教材研究、教育評価法に関すること	生徒理解、部活動、学校行事に関すること
観察	担任による朝の会、帰りの会、昼食、清掃の観察 学級事務理解	配当学級内の様子の観察 模範授業の観察	生徒会活動の観察 部活動の様子の観察
参加	清掃への参加 学級事務の補助 生徒との交流	机間巡視による指導補助 グループ学習への参加 授業研究会への参加	学級活動、学校行事への参加や付き添い（引率）
実習	朝の会、帰りの会の指導 昼食や清掃指導 出席簿の処理管理	各教科、道徳、総合的な学習、学級指導などの実地授業および研究授業	部活動の指導 学校や学年行事の運営指導

表 10-3　小学校教員としての力量尺度及び指導教員の指導的かかわり尺度の因子[10]

小学校教員としての力量尺度の因子

第Ⅰ因子　教授に関する力量
- 子ども自身が自発的に活動できるように指導できること。
- 授業の反省、分析から次の改善策や課題を提示できること。
- 一時間の授業のねらいを明確にして学習指導ができること。
- 授業研究や授業改善の方法を知っていること。
- 子どもの実態を踏まえた指導案を立案できること。
- 授業で準備した教材や教具を有効に使用することができること。
- 教材研究ができること。
- 教具やワークシートの準備ができること。

第Ⅱ因子　評価に関する力量
- 学級目標を構造化し、設定できること。
- 学級内での生活や学習のルール設定ができること。
- 相互評価や自己評価を通して子どもの評価能力を育てることができること。
- 評価の観点をもって客観的に授業評価ができること。
- 授業のねらいに沿って子どもの学習成果を評価できること。

第Ⅲ因子　連携・協働に関する力量
- 保護者に学校の事を知らせ、理解を求める姿勢があること。
- 家庭との連携を図り、保護者との信頼関係をもつように心がけること。
- PTAや地域の行事に積極的に参加すること。
- 保護者や同僚教師と連携を取り、子どもに冷静な対応ができること。

第Ⅳ因子　子ども理解に関する力量
- 子どもと接する機会を多く設け、子どもをありのまま理解しようとすること。
- 子どもと接する中で、個々の子どもの特性や違いを理解できること。
- 子どもの個性、性格、人間関係を理解していること。
- 学級内の友達関係とその性質が把握できること。
- 子どもとの相互理解を通して、信頼関係を築くことができること。

第Ⅴ因子　教師としての態度
- 社会人として常識、ルールを遵守し、適切な言葉づかいができること。
- すべての子どもに平等、公平に接することができること。
- 教育者としての素直さ、謙虚さ、協調性を持っていること。
- 教師として適切な言葉づかいができること。

第Ⅵ因子　専門的知識
- 各教科内容の知識を持っていること。
- 単元ごとのねらいやその位置づけ、系統性を理解していること。
- 学習指導要領の内容を理解していること。

指導教員の指導的かかわり尺度の因子

第Ⅰ因子　教壇実習に対する指導・支援
- 教育実習生の授業に関するフィードバックを提供すること。
- 指導教員自らの授業を観察させること。
- 教育実習生の授業計画に対して直接指導すること。
- 教育実習生とコミュニケーションをとり、協働関係を築くこと。
- 優れた授業やその進め方の実践例を提示すること。
- 教育実習生に対して自身の授業の分析や省察を促すこと。
- 教育実習生に対して新しい授業方法の代替案を提案すること。
- 教育実習生の授業や生活指導を観察すること。
- 教育実習生の授業の合間において支援を提供すること。

第Ⅱ因子　実習生活に対する指導・支援
- 教育実習生に学校教育の課題を解説すること。
- 配属学級以外の子どもたちとの活動経験を提供すること。
- さまざまな教育機器を実際に取り扱って見せること。
- 教育実習生に実習校の様子を紹介すること。
- 教育実習期間中のスケジュールを明確に示すこと。

この研究結果は、教育実習における指導教員は、実習生の教員としての人格的資質の形成、教科・学級指導における知識・技能の習得において、特に重要な役割を果たしていることを示唆している。実践的指導力、即戦力養成の観点からすれば、教育実習において指導教員が、何をどのように、どれだけ指導するかが実習生にとっては大きな意味をもつことになる。

　しかしながら、一方で、現在実習校における教育実習の具体的な指導内容および方法に関しては、実習校に一任されている実態である。**表10-3**に示される教員としての力量や指導的かかわりを明確に意識した指導が、実習担当校や指導教員の共通理解の下で行われているわけではない。実習生の力量形成に関する指導教員の果たす役割や影響が大きいだけに、実習校における指導教員の教育実習に対する意識や認識の差によって、実習生への指導の在り方が変わってくるようなことは避けなければならない。また、教員養成の中核に位置づけられる教育実習の質と水準の維持という観点からも、指導教員の指導の質が問われることになる。

2．教育実習生の陥るジレンマ

　教育実習期間中に、教育実習生の多くがさまざまな実践上の問題にぶつかり、自身の力量不足を痛感する経験をする。実習生の実習記録や日誌、実習生との対話からは、主な悩みや葛藤の具体例として、以下の3点が挙げられる。

(1)　授業づくりにおいて、教科内容の知識が不足している事実をつきつけられること。
(2)　教科内容の知識をどのようにして得ればよいのか、その方法を知らないこと。
(3)　生徒の実態を把握する方法を知らず、生徒理解ができないことへの焦りや不安。

　実習生の悩みや不安は、教育や児童生徒に対する理想、イメージと現実、実態とのギャップから生じる場合が多い。また、あまりにも性急に教育実践における即戦力の習得を求めすぎることや自分自身の技能や知識への過信か

ら、「失敗に学ぶ」という経験知の積み上げを軽視する傾向も見受けられる。このような悩みや不安を抱えたまま実習を終了した場合、実習生の多くは教職適性感が低下し、教職以外の進路を選択する。これは、適職性や能力の自覚という教育実習の重要な意義のひとつではある。

　しかし、一方で、このような悩みや葛藤は、「理論と実践の相補関係の認識の獲得の契機」ともなるのである。例えば、実習校や大学の指導教員の指導・援助の下に悩みや葛藤を克服した実習生の中には、新たな課題やつまずきの解決に向けて理論研究や実践研究を志向する者もいる。実習生は、教育実習という「実践」の場に身を置くことによって、「理論」の重要性を認識することになるのである。ここに、大学における教員養成教育と実習校における実地教育の連携、すなわち、理論と実践を往還させる教員養成の在り方を追求する意義がある。実習生の抱える悩みや葛藤に適切に対応するためにも、それが知識不足、内容への理解不足といった理論に関するものなのか、経験不足という実践に関するものなのか、原因を明らかにした上で、指導教員がフォローしていくことが求められる。

3.「教職実践演習」における教育実習

　現在、大学の教員養成段階において「教職実践演習」が創設され、教育実習を体験的な教育実践の核に据え、理論と実践を往還させる実践的な教育課程が組織されている。「教職実践演習」のカリキュラムは、学校教育活動のみならず社会教育の分野にまで及び、あらゆる学校教育の場面に対応できる「最小限必要とされる」資質能力の育成を目指している。

　兵庫教育大学における実地教育課程（実地教育Ⅷ：中学校教育実習）の目的[11]を例に挙げると、

(1) 教育実践を実地に体験して、教育者としての使命を認識し、実践意欲を高めること。

(2) 講義・演習などで学修した指揮・理解や技術を、実地に応用・展開して研鑽すること。

(3) 学校教育の目標と内容を実地に即して認識し、指導の方法・技術を修

練すること。
(4) 子どもの発達的特性、個性および生活態度を具体的に理解するとともに、教育者としての人格態度について自ら修練すること。
(5) 教育実践を科学的に研究し、充実・進歩させる創造力を啓発させること。

とあり、体験や実践を通して教員としての実践的指導能力の育成を目指していることが分かる。同時に、（5）にあるように実習生に実践知、経験知に対する省察と実践的研究を促している。大学においては、教員養成にあたり、1年次から4年次までの系統的かつ発展的な教員養成プログラムが工夫され、「理論・実践サイクル」の確立が目指されている。表10-4に、「理論・実践サイクル」のカリキュラムの例として、兵庫教育大学学校教育学部における実地教育科目の一覧を示す。

　マイクロティーチングや事例研究、課題研究など、実践的技能や知識の修得をめざす授業が展開されると同時に、教科教育法といった理論に関する授業が実地教育と並行して組み込まれていることに特色がある。

　しかし、学校現場での教育実習においては、教科指導や生徒指導における「実践」経験を積むことによる実践知、経験知の習得に重きを置く実習指導がなされることが多く、「理論」に即した実践という意識は希薄になる。実習校において、様々な教育活動に身を置くことになる実習生は、日々その活動の遂行に追われることになるが、実習における体験を大学で学んだ教育理論や教科教育法の理論などを基に客観的に考察することも重要である。

　この点に関して、兵庫教育大学の実地教育科目にも見られるように、大学教育においては教育実習の前後における事前指導や事後指導がきめ細かに行われている。しかし、実習校側にはそのカリキュラムの概要は十分に認識されていない。その結果、大学でどこまで教育に関する理論や実践について学び、どんな技能や知識を身に付けているのか、教育実習でどんな力を身につけさせて欲しいのか、課題や到達目標が見えない中で、実習校側では実習生の指導を「一任」されている現状が続いているのである。

表10-4　兵庫教育大学における実地教育科目[12]

科目名	主な目的	単位(年次)	履修方法	実施方法
学校観察実習(実地教育Ⅰ)	実地教育体系の意義を学び、幼稚園、小学校、中学校、特別支援学校の教育概要と実践について理解し、各校園での見学・参加の実習を通して初等教育教員となる意欲と構えを培う。	1(1)	期間設定1週間	大学でのオリエンテーションの後、幼稚園及び小学校、中学校、特別支援学校の見学・参加の実習を行い、大学で実習後の総括を行う。
フレンドシップ実習(実地教育Ⅱ)	社会教育における青少年教育としての野外活動等の意義やその指導法について学び、野外活動への参加を通して児童及び生徒を観察し、その理解を深める。	1(2)	期間設定1週間	社会教育施設での野外活動の意義を学び、野外活動指導法及び実技の実習を行うとともに、児童・生徒の観察及び参加実習を行う。
初等基礎実習(実地教育Ⅲ)	幼稚園又は小学校の教育全般について実習し、基本的な教育方法及び技術を学び幼児又は児童の特性を理解する能力を養うとともに、教師としての資質を啓培する。	4(3)	期間設定4週間	附属幼稚園又は小学校において、指導計画の立て方、指導法研究の方法、幼児又は児童理解の方法等の習得を含む4週間の指導実習を行う。
初等応用実習(実地教育Ⅳ)	地域社会と幼児又は児童の実態に応じた教育のあり方について学び、地域社会及び幼児又は児童の実態に応じた教育を実践するとともに、併せて指導の方法及び技術を充実させ、教師としての資質を高め、その責務を自覚する。	3(4)	期間設定3週間	出身幼稚園又は小学校において、地域や幼児又は児童の実態に応じた教育実践に学び、3週間の応用実習を行う。また、実習終了後、実地教育課程全体の総括を行う。
マイクロティーチング実習(実地教育Ⅴ)	「教育の方法及び技術に関する科目」として、マイクロティーチングを通して授業又は保育の教材作成及びその活用に関する基本的な考え方と技能を修得し、授業又は保育における教師の反省的思考力を養う。	1(2)	通常授業時間設定(実習30時間)	学校教育研究センターにおいて、マイクロティーチングの実習を行う。
教育情報メディア実習(実地教育Ⅵ)	「教育の方法及び技術に関する科目」として、教育における情報機器の活用方法と情報社会に参画するスキル・態度を修得し、それを学校教育実践に応用する力を養う。	1(2)	通常授業時間設定(実習30時間)	情報処理センターにおいて、学校教育や授業における教育情報処理の実習を行う。

科目名	内容	単位数	時間設定	備考
初等実習リフレクション (実地教育Ⅶ)	初等基礎実習の事後指導として、幼稚園又は小学校における指導法及び内容等を実地に即して学修し、教師としての専門的な実践開発力を養う。	1 (3)	通常授業時間設定 (演習15時間)	初等基礎実習の事後指導として、最初に大学で実習後の総括を行い、その後、系コース毎に学生個々の実習経験に即して、幼児、児童への指導法及び内容等に関する専門的な演習を行う。演習の成果は、最後の全体プレゼンテーションで発表する。
中学校実習 (実地教育Ⅷ)	中学校及び高等学校の教員免許状取得を希望する者が、中学校又は高等学校の教育全般について実習し、その指導力のいっそうの拡充を図る。(いずれか1つ選択すること。)	3 (4)	期間設定 3週間	中学校教員免許状取得のために附属中学校又は出身中学校で3週間の教育実習を行う。
高等学校実習 (実地教育Ⅸ)		2 (4)	期間設定 2週間	高等学校教員免許状取得のために出身高等学校で2週間の教育実習を行う。
中等実習リフレクション (実地教育Ⅹ)	中学校実習及び高等学校実習の事後指導として、中学校又は高等学校における実習教科の指導法及び内容等を実地に即して学修し、教師としての専門的な実践開発力を養う。	1 (4)	通常授業時間設定 (演習15時間)	各教科・領域の系コースの教員等によって、中学校又は高等学校での教育実習の事後指導として、各々の教科・領域についての指導法及び内容に関するより専門的な演習を行う。

第3節　日本の教育実習における課題

1．理論と実践の有機的関連に関する課題

　日本における教育実習の現状を踏まえた上で、藤枝は、教育実習における「理論と実践の有機的関連」に関する課題を以下のようにまとめている[13]。

（1）教育実習が、一過的、通過儀礼的、あるいは漫然とした経験的営為としてではなく、真に教育理論と教育実践とが相互的に機能する場へと転換するために、教育実習の大学での教師教育カリキュラムの中での孤立化・分断化、実習校への一任体制、理論と実践の分離の克服がなされる必要がある。

（2）教職科目の1つとしての教育実習が、真に大学教育の一環として位置づけられるためには、理論と実践の結合の観点が、希薄化あるいは欠落していることが問題となる。理論的基礎に基づく実践的指導力の

育成が、教育実習に期待されるべきである。
(3) 教師教育においては、「理論・実践サイクル」すなわち、①日常的実践→②反省的実践→③実践的理論（経験知）→④科学的理論→⑤実践、のサイクルが確立される必要がある。
(4) 必要以上に、子どもの犠牲回避論を前面に押し出して行われる実習は、実習生をいたずらに萎縮させ、受動化し、実習生を既成の型にはめ込む狭隘な即戦力養成になりがちである。これは、理論的基礎を欠いた職人見習い的教師教育の典型となる。教育実習においては、「失敗から学ぶ」というプラグマティズムの方法論が考慮される必要がある。
(5) 教師に対して新しい方法論を自分の頭で考え、評価し、新しいプランを実態に即して解釈するという主体的かつ創造的行為を期待しようとするならば、理論から切り離された養成教育は十分なものとはなり得ない。合理的な問題解決能力を育成するためには、実習生が徒弟のように効果的戦略・方法の習得と応用に専念すべきであるという単なる即戦力養成に矮小化されるような事態はあってはならない。
(6) 教育実習の使命は、実習生を学校の仕事に対して仕込むことを内容とするのではなく、彼らが反省しつつ、また、実際とかかわりあいながら学び、理論と実践を意識的に結びつけることを内容とするべきである。教育実習の目的は、究極的には理論に導かれた教師としての主体的な行為能力の形成に置かれるべきであろう。
(7) 理論と実践をインテグレートするためには、教育実習を大学の教職教育カリキュラムの中に正しく位置づけることである。そのために、実習生がそれぞれ独自の研究課題を明確に意識化した上で実習に臨むことが必要である。また、実習を通して発見した新たな研究課題を実習中、および実習後に、大学で同時的・継続的に追求することを可能とするようなフォローアップ・システムの開発が不可欠である。そのために事後指導の抜本的な見直しが課題となる。

「理論と実践の統合」を目指しながらも、有機的結合がすすまない教員養

成の現状は、ながく指摘されてきた日本の教師教育の課題であった。一方で、最近の教員養成に関する提言や世論において、教師の専門職像が「技術的熟達者（technical expert）」から「反省的実践家（reflective practitioner）」へ転換されつつあることは、「理論と実践の統合」に向けて大きな意味を持つ。教師として最も重視される資質能力は、常に子どもと向き合い、子どもとともに授業を創造し、常に主体的に研修・自己研鑽を積み重ねる自己啓発力と言われる。学校教育現場においては、実践に効果的に生かせる知識・技能の習得を専らとする傾向になりがちであるが、確固たる理論の基礎なしには、藤枝が示す主体的な思考に基づく問題解決能力としての実践的指導力は培えない。理論の探求を並行することによって、自らの実践を客観的に反省、省察できる「反省的」教育実践家という教師モデルに近づけるのである。

　前述のように、教育実習生にかかわる指導教員の役割はきわめて大きい。実習生は、指導教員をモデリングすることで、教職への習いに踏み出すとも言える。その意味で、指導教員がどのような姿勢で教育実習生にかかわり、どんな教師像を提示できるかが問われることになり、責任を伴う。それゆえに、反省的実践家としての教師モデルを志向し、教育実習における教員養成の質と水準を維持・向上させていくためにも、理論と実践の有機的統合を図る教員養成の到達目標や基準が明確に示され、大学および実習校双方の指導教員の共通理解が図られていくことが求められるのである。

2．大学と実習担当校間における連携に関する課題

　兵庫教育大学の実地教育科目に見られるように、大学側は系統的・計画的に「理論・実践サイクル」のカリキュラムを実施している。しかし、実習担当校側にその内容に対する認識がなく、現在の教員養成改革の内容や動向についての理解が不足していれば、教育実習の実習校への一任や指導技術の即戦力養成という課題の解決にはつながらない。

　大学と実習校の隔たりを埋めるために、実習校の実態や特色に即した教育実地研究としての教育実習を最大限に尊重しながらも、教員養成にかかわる目的、理念、内容、方法に関する標準的な規準（スタンダード）が示される

ことも重要なのである。前述の米沢らの研究に基づく教師の力量や指導教員のかかわりに関する因子は、教育実習における実習生の到達目標が示されており、スタンダードの基本モデルとなりうるであろう。このような教員として必要とされる最低限度の資質能力の基準が、大学と学校現場の共同研究によって開発されることによって、教育実習の内容や方法の充実が図られるとともに、教員養成の質と水準の保証にもつながるであろう。そしてそれは、実習校の指導教員自身にとっても教育活動における実践的能力、すなわち「教員に求められる資質能力とは何か」を見直す貴重な機会になるのではないだろうか。

　教員養成におけるスタンダードの策定は、大学と実習校の協働的行為としての教育実習の実現、およびシステムの確立をめざす上で喫緊の課題と言えるであろう。

引用参考文献
1　文部科学省中央教育審議会「今後の教員養成・免許制度の在り方（答申）」平成18年7月。
2　同上。
3　藤枝静正著『教育実習学の基礎理論研究』風間書房、2001年、172～173頁。
4　同上、177～178頁。
5　同上。
6　赤星晋作編著『新教職概論』学文社、2008年、49頁。
7　米沢崇「実習生の力量形成に関する一考察－実習校指導教員の指導的かかわりとの関連を中心に－」、日本教師教育学会編『日本教師教育学会年報』第17号、2008年、101頁。
8　同上。
9　同上。
10　同上、97～98頁。
11　兵庫教育大学学校教育研究センター編集「中学校教育実習－実地教育Ⅷ－"初等教育実習を発展させる教育実習"」(兵庫教育大学学校教育学部、2008年、3頁)。
12　兵庫教育大学学校教育研究センター編集「学校観察実習－実地教育Ⅰ－実習資料」(兵庫教育大学学校教育学部、2008年、2～3頁)。
13　前掲、藤枝『教育実習学の基礎理論研究』、482～483頁。

第11章　日本の教職大学院の現状と課題

渡邉　満

はじめに

　中央教育審議会（以下、中教審）は、2005（平成17）年10月に、2003（平成15）年5月から審議を行ってきた諮問事項「今後の初等中等教育改革の推進方策について」への答申を提出した。答申のタイトルは「新しい時代の義務教育を創造する」であった。そこでの新しい義務教育へ向けた教育改革の目標は「子どもたちの『人間力』を豊かに育てる」ことであり、そのために「世界最高水準の義務教育の実現に取り組む」のだという。その世界最高水準の義務教育にとって重要なのは、「学校力」（学校の教育力）であり、それを担うのは個々の教員の「教師力」（教師の教育力）であるとしている。全体として義務教育制度の新たな構造をこれまでにない規模で明らかにし、それを具体化しようとしているように見える。その中でも、特に教員の在り方に重要な位置づけを与えており、中教審では、平行して「今後の教員養成・免許制度の在り方について」（2005（平成17）年12月中間報告、2006（平成18）年7月答申提出）の審議を行い、義務教育改革答申の実現に向けて教員の養成教育の改革を含めた具体的方策を検討してきた。この教員の養成教育の改革の柱の一つは、教員のための専門職大学院、「教職大学院」（教職学位課程）の創設である。この教職大学院の設置に関する中教審における具体的検討作業では、いくつかの大学と共に、本学も先導的役割を果たしてきた。

　そこで、ここでは、最近の我が国の教員養成に関する動向、特に教職大学院の展開を中心にしてその現状と課題について考察を加えてみたい。その際、兵庫教育大学の教職大学院の設置における取組を事例として示しながら、これからの教師教育の課題が専門職にふさわしい高度な知識と技能の育成とそ

のための制度的確立にあり、新人教員の養成教育（pre-service）の課題であると同時に、現職教員の研修・再教育（in-service）による「教職の専門性」の確立にあること、そして実際に設置された教職大学院が展開の中で現在直面している諸課題について検討したい。

第1節　教職の専門性確立の新段階

1．教員養成から教師教育への移行

　戦後の教員養成制度の改革は、「開放制」の理念の確立と「教職の専門性」の確立を巡って展開してきた。二つの課題は戦前からの我が国の教員養成を根幹から組み替えるきわめて重要な課題であるが、同時に困難な課題でもある。1980年代までは、戦後のベビーブームによる児童生徒数の増加は、教員の量的養成という課題を生じさせ、私立大学等の教職課程の増設や国立の教員養成系学部や大学の学生定員の増と教育研究体制の充実が図られた。その一方で、教員の資質向上のために現職教員の研修のための大学院、いわゆる「新構想の大学院」が新設された。

　1980年代の終わり頃になるとそれまでの第一次および第二次ベビーブームによる児童生徒数の増加への対応が一転して、少子化による児童生徒数の減少傾向への対応に移ることとなる。教員就職率は低下の一途をたどりはじめ、国立の教員養成系学部では教員以外の人材養成を目的とする新学部に転換したり、新課程を設置することによって教員養成課程の定員削減への対応を余儀なくされることとなった。1997（平成9）年には約5,000人が削減され、新課程に振り替えられた。

　それに対して、教員養成の課題の焦点は大学院における養成教育や現職教員の再教育に移っていった。特にこの時期の学校においては、いじめ、不登校、校内暴力、さらには学級崩壊といった諸問題や子どもたちの心の問題に起因すると見られる問題行動が多発し、深刻化の一途をたどっていた。これらの問題は産業や経済の発展やそれに伴う社会の急速な変化などに起因する教育の困難化の問題であるが、それは同時に学校の在り方や教師の指導力

に関わる問題としても受け止められるべきものである。学級崩壊が経験の少ない教員だけでなく、経験豊かな年配の教員の学級の問題でもあることは、これらの諸問題が単に子どもたちの問題としてのみ捉えることのできない学校や教員の課題でもあるという意味で象徴的である。大学院修士課程は、1996（平成8）年にはすべての国立の教員養成系大学学部に設置が完了したが、それは同時に、それまでの制度的、量的な整備の段階から養成教育および再教育の実質的な内実の吟味の段階に移行することでもあった。それは教員養成から教師教育への移行でもある。

　教育職員養成審議会（以下、教養審）は、1997（平成9）年から3年間に三次にわたる答申を提出し、学部の養成教育においては「得意分野を持つ個性豊かな教員」の養成と採用が課題であるとしたが、学校や社会の変化への対応を今後必要な資質とし、特に教職教養科目の強化を図りながら、「教科指導、生徒指導等の職務を著しい支障が生じることなく実践できる資質能力」を中心に置いて、実践的指導力の基礎を教員養成に求めた。その上で、大学と教育委員会の連携を養成、採用、そして研修に引き入れながら、比重を採用後の現職教員の再教育、研修に置く方向を明確にした。そして教員研修プログラムの研究開発や実施体制の整備の必要性を指摘した。

2．専門職大学院（教職大学院）の設置

　また、2001（平成13）年11月には、「国立の教員養成系大学学部の在り方に関する懇談会」が「今後の国立の教員養成系大学学部の在り方について」の報告書を提出し、「教員養成学部の大学院では学部段階での内容をさらに深め、教員にとって必要な深い知識を学び、各学校で中核的な役割を担いつつ若手教員を指導できる能力や、新たな課題に対して自らその問題の所在をつきとめ、対応策を見い出し、あるいは従来の方法を修正する能力を育成することが求められる」とした。そのためには、他の専門学部と同じような内容の学問を追究するのではなく、教員養成の立場からの専門的要素を取り入れた、名実共に修士（教育学）にふさわしい教育研究を展開するよう求めている。特に教科教育専攻の場合には教育に関する研究の副論文を義務づ

けるなど、大学院における教育研究を学校現場の諸課題に定位し、専門職業人の養成にふさわしい教育の充実策として、夜間、週末、長期休業期間等を利用した授業の実施、衛星通信、インターネット等を活用した遠隔教育の実施、サテライト教室を利用した教育の実施、長期在学コースの設定、大学院修学休業制度を利用した一年制コースなどを具体的に提案している。特に注目されるのは、1999（平成11）年に大学院設置基準が改正され、高度の専門性を要する職業等に必要な高度の能力をもっぱら養うことを目的として、特に必要と認められる専攻分野について教育を行う修士課程（専門大学院）を設置することができるようになったことから、この分野においても検討を要することを指摘していることである。

　これを受けて、中教審では、専門職大学院制度を活用した教員養成のための専門職大学院として「教職大学院」制度を創設することが検討され、2005（平成17）年12月の中間報告「今後の教員養成・免許制度の在り方について」（以後、中教審中間報告）は、「近年の社会の大きな変動の中、様々な専門的職種や領域において、大学院段階で養成されるより高度な専門的職業能力を備えた人材が求められている。教員養成の分野についても、研究者養成と高度専門職業人養成の機能が不分明だった大学院の諸機能を整理し、専門職大学院制度を活用した教員養成教育の改善・充実を図るため、教員養成に特化した専門職大学院としての枠組み、すなわち『教職大学院』制度を創設することが必要である。」と述べながら、教職の専門性を確立するために、従来の大学院では研究者養成と高度専門職業人養成とが明確に区別されていなかったとの反省に立って、新大学院における教師教育を提案した。

　その際、目的・機能は、当面、①学部段階での資質能力を修得した者の中から、さらにより実践的な指導力・展開力を備え、新しい学校づくりの有力な一員となり得る新人教員の養成と、②現職教員を対象に、地域や学校における指導的役割を果たし得る教員等として不可欠な確かな指導理論と優れた実践力・応用力を備えたスクールリーダーの養成に限るとしている。

　そこでの制度設計上の基本方針は、次の５点に集約される。①教職に求められる高度な専門性の育成への特化、②「理論と実践の融合」の実現、③確

かな「授業力」と豊かな「人間力」の育成、④学校現場など養成された教員を受け入れる側（デマンドサイド）との連携の重視、⑤第三者評価等による不断の検証・改善システムの確立。なお、これらを着実に実現するために、専任教員の構成は、既存の大学院の基準を大きく変更し、その4割以上が学校現場等での実務経験者（実務家教員）であることが求められている。

第2節　兵庫教育大学の教職大学院設置

1．兵庫教育大学大学院学校教育研究科（修士課程）の現状と課題

　兵庫教育大学は、主に現職教員の学校教育に関する高度の研究・研鑽の機会を確保する大学院（修士課程）として、1978（昭和53）年に我が国で最初に設立された新教育大学である。当時の教育組織は、学校教育学専攻（定員130人）、特別支援教育学専攻（定員30人）、教科・領域教育学専攻（定員140人）の三専攻で、学生定員は合計300人であった。修士課程設置後30年を経過して、大学院修士課程修了者数は6,300人を超えており、そのうち現職教員は修了者の約80パーセントに当たる約4,900人となっている。

　このように、兵庫教育大学大学院は、「教員のための大学院大学」として創設され、主に現職教員を受け入れ、より高度な教育研究を通して教員に必要な理論的、実践的な能力の向上を図ると共に、教育研究の成果を学校現場の実践に還元するべく教員の養成・研修を行ってきた。また、2005（平成17）年度からは、社会の変化や学校教育の新たな諸課題に対応しながらその目的を一層効果的に実現するために、学校教育学専攻の教育研究組織を改編し、名称変更すると共に、各コース名にふさわしいカリキュラムへの改訂を行ってきた。また、障害児教育専攻は特別支援教育学専攻に名称変更すると共に、心身障害コースと特別支援教育コーディネーターコースの二コース制へ改編した。さらには、大学と県・市教育委員会および公私立学校との連携を促進するために「現職教員研修支援プログラム開発に関する調査研究会」を発足させ、県・市教育委員会や学校現場との連携の促進にも取り組んでいた。

しかし、一方では、中教審の報告書が指摘するように高度専門職業人養成という観点でこれを振り返ると、ややもすれば研究者養成としての教育機能に傾き、学校現場における実践力・応用力など、教職に求められる高度な専門性の育成という点で不十分さは否めない。特に兵庫教育大学は、元々新構想教育大学として初等中等教育教員の再教育を行うという理念のもとに設立されたのであり、この理念を実現するためにも、新たに中教審によって提言されている教職大学院を設置し、既存のコースをそれに転換していくことが不可欠であった。

2．兵庫教育大学の教職大学院の概要

中教審答申によれば、教職大学院の設置は当初の計画から遅れ、2008（平成20）年4月からとなったが、兵庫教育大学では、まず2007（平成19）年4月に上に示した既存の専攻に学校指導職専攻と教育実践高度化専攻の二専攻を追加新設し、翌2008（平成20）年4月に正式に一専攻（教育実践高度化専攻）による教職大学院を設置した。実質的には1年先行して教職大学院の設置を行ったこととなる。専攻、コース、教育課程、授業方法、成績評価、学生の受け入れは各々次のようになっている。

①**専攻（コース）**

2007（平成19）年4月段階では、学校指導職専攻および教育実践高度化専攻（授業実践リーダーコース、心の教育実践コース、小学校教員養成特別コース）であり、2008（平成20）年4月発足の教職大学院は、教育実践高度化専攻（学校経営コース、授業実践リーダーコース、心の教育実践コース、小学校教員養成特別コース）である。各コースの定員は**表11-1**、**表11-2**のようになって

表11-1　2007年度の専攻・コース

専攻	コース	学生定員数
学校指導職専攻	学校指導職コース	20
教育実践高度化専攻	授業実践リーダーコース 心の教育実践コース 小学校教員養成特別コース	30 20 30

表11-2　2008年度の専攻・コース

専攻	コース	学生定員数
教育実践高度化専攻	学校経営コース	20
	授業実践リーダーコース	30
	心の教育実践コース	20
	小学校教員養成特別コース	30

いる。

②各コースの養成する人材

　各コースの養成する人材は、学校指導職専攻（2008（平成20）年度より学校経営コース）においては将来の校長、教頭などの学校経営専門職であり、また学校経営を支援する指導主事、管理主事などの教育行政専門職である。授業実践リーダーコースにおいては学校のミドルリーダーであり、学校現場で指導的役割を果たすメンター教員および学校の授業実践改革で中心的な役割を果たす教員となっている。心の教育実践コースにおいては同じくミドルリーダーであり、学校で道徳教育や進路指導（キャリア教育）、生徒指導・教育相談、学級経営などの「心の教育」を推進できる実践力のある教員である。小学校教員養成特別コースにおいては新しい学校づくりの担い手となる新人教員である。授業実践リーダーコースと心の教育実践コースは、新人教員の養成も行っている。

③教育課程

　教育課程は、中教審「専門職大学院ワーキンググループ審議経過報告」および中教審中間報告では、教職大学院の教育課程は共通科目、選択科目および実習科目とされている。

　共通科目は、高度な専門性を有する教員を育成するため、すべてのコースの学生が履修すべき科目を領域ごとに設定し、学生の教員としての資質・能力の向上をより一層図ることができることをねらいとしている。内容領域は、学校教育全般の基礎的な諸課題が5領域に整理・区分されている。「教育課程の編成・実施に関する領域」、「教科等の実践的な指導方法に関する領域」、

「生徒指導、教育相談に関する領域」、「学級経営、学校経営に関する領域」、そして「学校教育と教員の在り方に関する領域」がそれである。兵庫教育大学では、それらの5領域に加えて、「その他の領域」を設定して「共通基礎科目」としている。その他の領域を設定したのは、情報処理や特別支援教育は全ての教員の基礎的な課題であり、また5領域には教育に関する原理的考察を行う科目が含まれておらず、今日のように変化の激しい時代にあっては教育それ自体が常に問い直されねばならないという課題を考慮したことによる。

　選択科目はコース別の科目群であり、教員の専門性に応じた科目である。兵庫教育大学では、選択科目を専門科目とし、共通基礎科目とは異なった特色を出すため、コースごとに学校教育の実践課題に取り組む実践開発研究の科目としてこれを設定している。例えば、筆者の所属する心の教育実践コースでは、専門科目を10科目に区分して設定しているが、各科目は2年目の後期に学習する「心の教育総合研究」へつながるように設定されている。これは各院生が各科目において作成する心の教育に関する実践プログラムを総合的な心の教育実践プログラムにまとめ上げることをねらいとしている。これによって、院生は各専門科目を受講しながら、単に授業内容を理解するだけでなく、各自の問題関心に基づきながら実践的なプログラムを開発することが可能となるとの配慮によるものである。

　実習科目は実践力の育成を重視する教職大学院の特徴的な科目であり、実習協力校（適応指導教室を含む）において実施し、学校現場でのインターンシップによる実習とアクション・リサーチを組み合わせた新たなタイプの実習を行うこととしている。中教審中間報告および答申では、現職教員においては一部または全部の免除が可能となっているが、兵庫教育大学では、共通基礎科目および専門科目において各院生が開発する実践プログラムの実践・検証の実施（アクション・リサーチ）のため、現職教員に対して一部の免除にとどめている。例えば、心の教育実践コースでは、実習科目は心の教育実地研究Ⅰ（学校における「心の教育」の実際）、同Ⅱ（アクション・リサーチ）および同Ⅲ（ケース・カンファレンス）の3科目を設定しているが、現職教員には

心の教育実地研究Ⅰのみを免除科目としている。これは専門科目において作成する心の教育実践プログラムを実際に学校現場で実施し、その効果の検証を行い、さらに改善を図るという意図による。また心の教育実地研究Ⅲは教育相談業務を実際に行うための実践的スキルを開発するものであり、実践的指導力を育成することを主要なねらいに置いている教職大学院の目的を考慮した上での措置である。

④授業方法および院生指導

　授業方法は、これまでの大学院が講義を中心としていたのに対して、教職大学院における授業については、少人数で密度の濃い授業を基本としつつ、理論と実践との融合を強く意識した新しい教育方法を積極的に開発・導入することが求められている。そのため、ケーススタディ、フィールドワーク、シミュレーション、ワークショップ、ロールプレイング等を積極的に活用することとしている。兵庫教育大学においても、地域の教員や指導主事等との連携のもとにシラバスを作成するなど、従来の講義形式を中心にした授業方法の改善に努めている。

　院生指導は、教職大学院では修士論文を課さないことから、従来の修士課程とは異なり、修士論文指導を行う課題研究は設定しない。しかし、学校現場で有用な実践プログラムを開発するための指導は当然必要である。心の教育実践コースでは、既に言及した全教員が指導に当たる「心の教育総合研究」という専門科目の他に、各分野ごとにミーティングの時間を設定し、院生の学習・研究指導を行っている。

⑤成績評価等

　中教審は、各授業において履修されるべき資質・能力およびその到達度を明示し、評価基準の明確化、学生への明示等によって、厳格な成績評価を実施することとしているが、兵庫教育大学でもこれを積極的に受け止め、シラバスに反映させている。具体的には評価は各科目において明示した3項目による評価基準に基づいて行うこととしている。例えば、心の教育実践コー

スの「道徳教育および道徳授業の理論と実際」という科目では、 i 学校における道徳教育の課題を現代社会の特質と関連させて理解できること、ii 道徳教育および道徳授業の諸理論について各々違いが理解できること、iii 道徳授業を構成する諸事項について適切な理解を有していること、の3項目を基準として設定している。

⑥学生の受け入れ

　教職大学院はその目的に対応するために入学段階において学生に求められ資質能力を明確にし、将来の中核的・指導的な役割を果たしうる教員に必要な資質能力を育成し得るか否かを的確に判断し得るような入学者選抜を工夫する必要があるとされている。兵庫教育大学では、現職教員（3年以上の経験を有する者）とその他（大学卒業者で経験を持たない者）に分けて入学試験を実施することとしている。全ての受験者に口述試験を課し、また後者には、教養試験と専門に関する試験を課して、教員に必要とされる資質能力に関する判断を行っている。

第3節　教職大学院の課題―2（3）年間の振り返り

　以上、兵庫教育大学の教職大学院を事例としながら、この教職大学院の概要について述べてきたが、ここではこれまで2（3）年間の取組を振り返り、この新制度が今後所期の目的を達成するために必要と思われるいくつかの課題について触れておきたい。

1. 全体的観点

　学校における教育実践と教員の実践的指導力の育成に焦点を置いた教職大学院であるが、あまりにその側面を一面的に強調しすぎると、各都道府県や各市町村等で既に設置している教育研修所や教育センター、あるいは教育事務所等が行う教員研修との差異化や独自性が困難となる可能性もある。それらの研修とは異なり、教職大学院でなければできない学習や研究とは何か、

この点を明確にしておかなければならないという課題があるように思われる。
　ドイツの教員養成システムでは、二段階養成のうち、第一段階の大学での養成では、教育科学および教育内容専門科学などの学問的側面が強調され、第二段階の試補期間においては実践的側面が重視されているが、我が国の制度では、それらが明確に区別されていないこともあり、いずれかの一面に偏る可能性があったし、これからもこの問題は相変わらず残されることもありうるのではなかろうか。

２．具体的諸課題

　全体的観点との関連で、各授業に対する院生の評価と担当教員の評価をもとに、この３年間を振り返ると以下のような諸課題が浮上してくる。これらの諸課題の多くは各授業担当者のいっそうの工夫によって解決されるものではあるが、制度上の問題に関わるものもあり、今後検討を重ねる必要がある。

①　ストレート院生と現職院生の２種類の院生への対応の在り方
　本学では、共通基礎科目と専門科目では、対応を区別している。共通基礎科目では両者は別クラスとし、専門科目では同一クラスを編成している。共通基礎科目は学校教育全般にわたる基礎的な諸課題をその内容としている。ストレート院生と現職教員院生とでは、その理解度と経験に違いがあり、両者の合同によるクラス編成による効果も考えられるが、むしろ各々の課題が不明瞭となる可能性があるという点に重きを置いて対応を変えることとしている。院生には合同による効果を主張する者も少なくないが、３年間の内ではその数は年々少なくなっている。重要なのは、授業内容や方法を両者の差異に応じて変えていく工夫をさらに行っていくことであると考えている。

②　大学教員間での教育に関する共通理解が困難であること、特に、アカデミック教員と実務家教員の役割分担、専門の異なる大学教員間の隔たりの大きさ。
　アカデミック教員と実務家教員との関係、あるいは各々の特色を発揮し

た教育・研究指導の役割分担・協働の在り方の問題は、この制度の根幹に関わる問題でもあり、今後時間をかけて解決に取り組むことが必要であると思われる。専門の異なる教員間の問題は、これも各コースの院生指導の根幹に関わる問題であり、この教職大学院の理念についての共通理解の問題であることから、時間をかけて理解のすりあわせが行われなければならないであろう。

③ 実習校のメンター教員と大学教員（チューター）の間の関係および相互理解の問題

メンター教員は大学院の実習と学部の教育実習とを区別することができにくい状況にある。大学と実習校との間に協議会を設置して、定期的に協議を行っているが、実習校からの出席は校長であり、メンターでないことが多く、課題となる。実習の基本的な意義と内容について明確にしておくと同時に、大学側から積極的にメンターの役割と業務の内容に関する研修会の開催等を実施することも必要である。

④ 実習校選定の問題

多くの学校は研究課題を設定して教育活動や研究活動を行っていると思われるが、格段国や都道府県等による指定研究を行っているわけではない学校も多く、実習校選択決定において困難な状況を生じさせている。特に現職院生が現任校で実習を行うこととすると、難しいことにもなる。

⑤ 教科に関する内容や指導者の不足

教職大学院のカリキュラムは、各教科に関する科目が入っていないため、教職大学院の教員構成も教科部分が薄くなり、専門的指導力の形成といったときに、それでよいのかという問題もある。教職大学院はほとんどの大学で、従来の修士課程に併設されており、定員も修士課程の定員を割いて設定されている。このため、教科内容という点では修士課程には及ばない状況が生じることもありうる。

⑥ 院生による教職大学院理解の問題

　院生、特に現職院生は大学院における教育に関する専門的学習や研究といったときに、全体的な学習というより、個別専門領域のことを考えることが多く、特に共通基礎科目に関しては既に知っている内容だと考えやすい傾向がある。大学院教員は、共通基礎科目の「基礎」が易しいことを意味せず、むしろ学校教育の基本課題に関わるものであることを踏まえた授業内容の構成努力が求められる。本学では、各コースが「学びのプロセス」という学習・研究の流れ図を作成し、２年間の共通基礎科目と専門科目の履修と各実習の活動内容のステップおよび２年間の研究成果としての実践プラン作成に向けた研究発表のステップを示している。

⑦ 到達目標（教師教育スタンダード）の明確化の必要性

　教員養成ないし教師教育においてもっとも重要な課題は、学部４年間、ないし大学院２／３年間の到達目標を明らかにしておかなければならないということであろう。それがなければ、教員も院生も到達目標が不明確となり、学習・研究上の課題把握ができないこととなる。また、今後カリキュラム改革を行う際にもそのための基準を欠くこととなる。結局は、上で挙げた諸課題は解決の展望を獲得することが困難となろう。

　以上、我が国の教師教育のもっとも新しい制度でもある教職大学院の最初の２年間（兵庫教育大学では実質３年間）を振り返り、課題の検討を行ったが、その設置の意義は教職の専門性を実現する上できわめて大きなものがあるということができる。しかし、一方では、多くの課題も見えてきている。特に教師教育スタンダードは、専門職としての教師に関する議論が必ずしも論点の共有化に至らないという事態を打開するためにも、今後各大学において取り組むべき緊急の課題であろう。兵庫教育大学では、本年度から３年間のGPの獲得を機に、学部における教員養成のスタンダードの開発からはじめながら、段階を踏んで博士課程に至るまでのスタンダード開発に取り組むこととなっている。教職大学院においても、この取組を契機として、科学的根

拠をもったスタンダードを基準にして上記諸課題の解決にあたることが必要である。

おわりに

　我が国の教員養成に関する戦後の展開をたどりながら、現在取組が進められつつある教職大学院の概要について述べてきたが、その基本的な流れは、学校の教員の仕事が高度な専門性を担うものであることがしだいに意識化され、教員養成の中でそれをいかに実現するかという教職の専門性の確立へ向かって展開してきたことが明らかになったであろう。しかし、教職大学院に関しては、大学院の教員の4割以上を実務家教員で占めることや中教審のワーキングチームが示している教師教育カリキュラムが理論的な側面や学校教育の教科内容の領域を軽視し、あまりに技術的な資質や能力を重視しすぎていること、そしてそのことがかえって教職の専門性の確立を阻害するのではないかという指摘もすでに出されている。また、共通科目において示されている領域には教育や学校教育の原理的な研究・考察を行う教育史、教育哲学等の領域が設定されていない。時代や社会の大きな変化の中で教育改革が進められるのであるから、なおのことこれらの領域が重要となる。このことも見逃すことのできない点であろう。しかし、中教審答申や中間報告が強調している諸点は、従来の大学院が抱えてきた課題であることも事実であり、今後各大学がこれらの重要な諸点をカリキュラム編成においてどのように考慮し、工夫・反映させるかが教職の専門性の確立にとって大きな課題になると思われる。

引用参考文献
秋田喜代美・佐藤学編著『新しい時代の教職入門』有斐閣、2006年。
海後宗臣編『教員養成』(戦後日本の教育改革8) 東京大学出版会、1971年。
高階玲治編『ポイント解説　中教審「義務教育改革」答申』教育開発研究所、
　　2006年。
日本教師教育学会『日本教師教育学会年報（第9号）―新制大学半世紀：「大学に

おける教員養成」の再検討—』、2000年。
日本教師教育学会編『日本の教師教育改革』学事出版、2008年。
兵庫教育大学『兵庫教育大学における教職大学院設置構想』、2005年11月。
文部科学省編『文部科学時報　12月臨時増刊号　中央教育審議会答申「新しい時代の義務教育を創造する」』ぎょうせい、2007年。

第 4 部
教師教育におけるスタンダード
——国際的な展開と日独調査の結果

☆　☆　☆　☆

第12章　「良い」教師－「コンピテンスのある」教師
　　　　——教職の専門性に関するドイツならびに国際的な議論について
　　　　　　　　　　　　　　　　　　　　　　ノイマン,K.、渡邊隆信

第13章　教員養成スタンダード導入の国際的動向　　別惣淳二

第14章　日本の大学教員と附属小学校教員の教員養成
　　　　スタンダードに対する意識　　　　　　　別惣淳二

第15章　教員養成スタンダードに対する
　　　　ドイツの大学教員と実習指導教員の意識
　　　　渡邊隆信、ケムニッツ,H.、クラウゼ＝ホトップ,D.、ノイマン,K.

第12章 「良い」教師―「コンピテンスのある」教師
―― 教職の専門性に関するドイツならびに国際的な議論について

カール・ノイマン、渡邊　隆信

はじめに

　近年、より良い教育を行うことのできる教師を確保するために、アメリカをはじめ各国で、教員養成にスタンダード（到達すべき資質能力の基準）を設定する試みが広がっている。ドイツでは2004年に各州文部大臣会議（KMK）においてスタンダードが連邦レベルで設定されると同時に、州レベルでもスタンダードの開発が進められている。

　ドイツにおける教員養成スタンダードの開発と導入については、これまでテーハルト（Terhart 2006）やライバー（Reiber 2007）らによってその意義や課題が論じられてきた。日本でも小柳や原田 によって、各州文部大臣会議による教員養成スタンダードの紹介がなされてきた。しかし、その際、従来の教員養成における教師像との対比のうえで、教員養成スタンダードによって示されるコンピテンス重視の教師像を歴史的にどう位置づけるのかについては、十分に論じられてきたとは言いがたい。

　本章では、20世紀初頭から現在に至るドイツにおける教職の専門性に関する諸議論を分析することを通して、目指すべき教師像の展開を思想史的に解明することを目的とする。これにより、今日教員養成の主流となっているコンピテンス重視の教師像がどういった歴史的背景のもとで登場し広まっているのかを、より良く理解することができるであろう。またそのことは間接的に、「教職実践演習（仮称）」によって教職志望者の大学卒業時の到達目標が明確化されようとしている日本の状況に対しても、一定の示唆を提供してくれるであろう（中央教育審議会 2006 参照）。

　以下、考察の手順として、教師像の歴史的展開を大きく3つの段階に区分

して論じることにしたい。第一は、「教育的態度」という人格的特性を身につけることが中心課題とされた20世紀半ばまでの段階である。第二は、50年代以降の専門職教師の科学化の流れの中で、教師の行為をテクノロジーモデルで説明することが目指されたのち、「教育制度に関する構造計画」(1970年) によって、教師の実践的課題がプラグマティックに記述される段階である。そして第三は、2000年の「PISAショック」以降、教師の測定可能な品質基準として、教員養成スタンダードが国家政策のレベルで構築される段階である。

本章では、ドイツにおける理想的教師像の歴史的展開を追うことが主眼であるが、その過程で諸外国との比較や影響についても触れたい。とりわけ教員養成スタンダードの導入に関しては、ドイツに強い影響を与えたアメリカの議論についても論究する必要があろう。

第1節　「教育的態度」を身につけた教師人格
――長期にわたって歴史的影響を及ぼしてきた良い教師活動のための理想像

20世紀の半ばに職業社会学的な専門職概念が整理され、社会的地位、収入、特殊な実践領域のための鑑定といった古典的な専門職の基準が確定した。しかし、そのずっと以前から、学問的な養成、自律性、職業身分的な統制システム、職業的エートスといったものを根拠にしながら (Spencer 2002; Terhart 1990, 2001)、教師教育は「良い」教師に向けての職業的理想像にしたがっておこなわれてきた。その際、教師教育は第一に、教師人格の中核となる「教育的態度」という本質的な特性を重要視してきた。それはアングロサクソン的伝統ではとりわけ「ケアのできる教師」(Noddings 2002) という概念のもとで、今日までさかんに議論されてきた。

ドイツの19世紀と20世紀初頭の教員ゼミナールでの教員養成においては、「生まれながらの教育者」という理想像 (E.Spranger)、すなわち、「教育的な天賦の才」ないしは「人間形成的な魂のレリーフ」を与えられた人間像 (Schwänke 1988, S.34ff.) が出発点となっていた。そうした人間は、特殊なテ

クネー、「特異な、実践志向的で人間形成的な素質」(Kerschensteiner 1921, S.7)を発達させることによって、次のことが可能であると考えられた。すなわち、ある状況やある場面の「さまざまな方向に作用する傾向」を、そこに隠れた学習可能性を顧慮して、即座に解明し教育的に活用すること（Bollnow 1978, 159）が可能だと考えられた。学校と授業にかかわる知識や職人技を付与されることで、教育的な決断を下すための基盤として、教育と授業という困難な仕事のための「生活形式」ともいえる習慣化された「教育的態度」が、養成されるというのである（Weniger 1952, S.31ff.）。

したがって、最初に「良い教師」(特別にジェンダーに配慮した観点が出てくるのはようやく一世紀後のことである [Noddings 1990; Terhart 2001, S.61ff.; Biklen/Pollard 2002 参照])についての専門職論の規定がなされるようになったときには、第一に教師人格に注意が向けられており、教師の教育的質のための条件を徳のカタログのなかで理解することが試みられた。こうした状況において有名になり、しばしば引用されるのがF.A.W. ディースターヴェークの『ドイツ教員のための入門書』(1835/40) である。その第3版および第4版の前書きで彼は次のように述べている。「彼（教師：論者）に望んでしかるべきは、ゲルマン人の健康と堅強さ、レッシングの洞察力、ペスタロッチーの熱狂、ティリッヒの真実、ザルツマンの雄弁、ライプニッツの知識、ソクラテスの思慮、イエス・キリストの愛である。」こうしたディースターヴェークの特徴づけはアイロニーで書かれたのではない―今日の多くの読者はとっさにそう理解するかもしれないが。けれども、現代社会における学校と人間形成の変化、またそれにともない入り込んできた教職の負担（Buhren/Rolff 2002; Hillert/Schmitz 2004 参照）に目をやるならば、教師人格の問題はふたたび直接にアクチュアリティを獲得する。すなわち、職業的自律性を高める必要性と、「不確定性との関わり」(Bohnsack 2003)における自己の有効性の期待という意味において、アクチュアリティを獲得する。仮にディースターヴェークの引用が、もともとの意図に反して、アイロニカルな意味で読まれるとすれば、その引用は今日では必ず、教師教育のドイツ語文献で長期にわたって中心的な位置を占めてきた、教職の「困難化」(Oelkers/Neumann 1984,

S.233f.）というトピックに組み込まれるであろう。そうした教職の困難化としては、「職業的行為の統御不可能性、見通しがたさ、不確実性」（Combe/Kolbe 2004, S.833）、つまり「常態としての危機的状況が想定」（Helsper 2004）され、教育者一般の行為と教師個々の行為が「不可能な職業」として記述されることになる（Gidion 1981; Carlsburg/Heitger 2005）。

しかしながら、こうした意味づけは、半世紀にわたる専門職の歴史的発展と研究ののちに出現した（Tenorth 1989 参照）。それらは理想的な徳のカタログと教師の理想像とともに始まり、総じて成功の歴史というよりも専門的な教師活動の「不可能性」の証明の連続として記述されるべきものである。いずれにしても、教師論および専門職論をめぐる学問的でアカデミックな議論とならんで、職業の真の発展が全面に押し出されるならば、そうである。教師の活動が「難しい」仕事であることは確かである。学校に対する世間の様々な要求を目の前にして、周知の通りベルンフェルトはすでに1925年に、「シシュポス」を教育者の聖人と呼んだ。しかし、「100年以上にわたって、現代社会は次の点を信頼することができた。」すなわち、学校がそのもっとも重要な課題である読み書きや基礎的能力、また大学入学のための資格のような複雑な能力の獲得をしっかりと保障することができるという点を信頼することができたのである。

その際、注目すべきは、社会科学の用語では原理的に専門職化できない職業である教職の二律背反的な構造（Oevermann 1996; Terhart 2001, S.51ff.）に関して、厳密な意味で専門職論的な議論がなされたときに、精神科学的教育学の「教育者モデル」が次のような中心的な諸前提と一緒にいわば再発見されたことである。すなわち、教育者／教師と教え子／生徒の教育的関係は基本的に非道具的で非技術的な性質をもつ。人間形成の課題は生徒の自己形成の意味において未決定のままでなくてはならず、せいぜいのところ、大人の教育者による「代理の解釈」を許すだけである。教科と方法についての知識を身につけていると同時に、教師たちは他者を形成するために、人格者として成長し形成されねばならない。

カゼルマンは、例えば「理性重視型（logotrop）」の教師と「子ども重視型

(paidotrop)」の教師との区別を用いて、教師類型学を展開した。そこでは教師の「存在形式」が再構成され、同時に教職の中心的な課題領域が指示される。教職においては「ケア」と「コンピテンス」とが同様に考慮されねばならない (Noddings 1999)。言い換えるならば、「ここでエートスとコンピテンスが特殊な形式の諸課題に直面して、実践の統一へともたらされるが、その実践の統一は－課題に即して理論的に考えるならば－専門職的な実践として特徴づけられうるものである。」(Tenorth 2006, S.584)「そこでは、知識・技能の伝達機能の質は、教師人格の特徴に左右されるというよりもむしろ、あらかじめ理論的知識を獲得しているかどうかや、そうした知識が準備される職業的社会化の段階がうまくいったかどうかに左右される。」(Thiel 2007, S.85)

第2節 教師の課題：職歴の成長過程における目標としての反省的実践処理
―――「良い」教師活動についての研究と養成におけるプラグマティックな転換

　「教育的態度」によって、状況に応じてどの子どもないしは青少年に対してもその都度教育的に意味ある学習援助を準備するという、「良い」教師の伝統的で観念的な理想像が形成された。しかし、その過大な要求のために、またその効果が結局は検証不可能だということで、徐々に批判されていった。同様の批判を、批判的・解放的教育学ないしは教育科学もまた経験した。それらは、教師活動を社会の民主化という文脈における啓蒙と革新の行為として解釈したのである (Hänsel 1975)。

　それに代わって50年代以降は、専門職教師の科学化が強まるにつれて、ますます実証的な研究方法によって、教師活動の課題ないしは教職の構成要素を明確化することが模索された。

　一世紀以上にわたり重要な役目を果たしてきたカリキュラム研究に刺激されて、とりわけ60年代には突然、学習および授業研究の成果を直接教師行為のテクノロジーのための基盤に転換することが試みられた。それらは、教員養成における訓練の過程で、未来の教師に媒介されると考えられた。専門家としての教師は、いわば「学習エンジニア」として、分類学的に整理され

た学習目標を、適切な相互作用ストラテジーによって、目標に関連づけてコントロールし統御可能なかたちで、学級のなかに移し替えねばならないとされる。それによって、教師の仕事を全体として客観的で効果的なものにすることができるというのである（Mager1965; Freund/Gruber/Weidinger 1998）。しかし、テクノロジーモデルを無批判に適用できないことが判明してくると、そしてまた例えば90年代のイギリスのように、国家による「ナショナル・カリキュラム」や評価・訓練機関といった新しいコントロールの道具によっては、教育制度全体の変革が必ずしもうまくいかなくなると（Calderhead 2002, S.779ff.）、教師の職業課題をプラグマティックに記述するという側面が急に注目を浴びるようになった。こうした努力の模範例として、今日のドイツ連邦共和国においても指標としての役割を果たしているのは、「教師の職業像」である。それは連邦諸州の支配的な助言機関としてのドイツ教育審議会（1970, S.217ff.）によって、「教育制度に関する構造計画」のなかで同時に確定されたものであり、教師の専門職としての活動が、「教授（Lehren）」、「教育（Erziehen）」、「評価（Beurteilen）」、「相談（Beraten）」、「刷新（Innovieren）」の5つに分類される。それが指標としての役割を果たしたという理由は、そこで細分化された教師活動の職業プロフィールが、つい最近、各州文部大臣会議によって2004年に成立した、教員養成の教育諸科学の分野におけるスタンダードのための下敷きとして役立っているからである（Sekretariat der KMK 2005）。

　ドイツ教育審議会（1970）の構造計画のなかで区分された課題領域は、ほぼ当初の編成のまま、いわば内容基準として、現代の専門職をその課題の面から分析する場合にも、依拠することが可能である。コンピテンス論的に変形したかたちで、そこでの課題領域は学校が担うべき教育活動の基盤としての人間形成論的諸前提を特徴づけている。4つのコンピテンス領域が区分されており、それらに対して、教員養成の理論的、実践的関与のためにそれぞれ、2から3のコンピテンスと、さらにその下位にいくつかのスタンダーズが分類される。ライバー（Reiber 2007, S.168）はコンピテンス領域と、（理論的養成の成果としての）知識・能力と（教育実習や試補での実践的養成の成果と

しての）能力にさらに分けられるコンピテンスとを、図 12-1 のようにまとめようとしている。その際、明確に指摘されねばならないのは、こうしたスタンダーズがもっぱら教育学的な学修要素に関連づけられるけれども、専門科学的・教科教授学的な分野には関連づけられないという点である。

「教員養成：教育諸科学」のためのスタンダードモデルは、「構造計画」(1970) における教職の課題についての記述に準拠しながら、最新の議論の状況を映し出している。1970 年から 2000 年までの 30 年間は、状況をおおざっぱに要約するならば、教育政策と教育行政は、ドイツの全州ですべての教科のためにこまかく整理された（大綱）ガイドラインに基づいて、すなわちトップ・ダウン的に制御されるインプットモデルとしての、また教育制度における「良い活動」のための制御枠組みとしての、詳細な学習目標カタログに基づいて、構造計画の記述的な課題リストにいわば満足していた。こうした（自己）満足は、OECD によって実施される国際比較や例えば TIMSS 研究に関与することを、ためらいがちに引き受けるという事態のなかに見ることができる（Baumert u.a. 1997 参照）。

だが、ニュー・パブリック・マネージメント（NPM）の意味での、教育システムのアウトプット制御という世界的傾向に直面して、教育施設の品質マネージメントの問題が、80 年代以降、ますます強く前面に出てきた

```
コンピテンス領域：授業
・　授業の計画授業の計画と実施
・　生徒の動機づけ、学習刺激、学習支援と同伴
・　自己規定的な学習と作業
コンピテンス領域：教育
・　その都度の社会文化的な条件を考慮したうえでの個人的人格発達の支援
・　規範と価値の媒介ならびに自己決定による行為と判断の支援
・　学校と授業における葛藤の解決
コンピテンス領域：評価
・　学習前提と学習状況の診断、目標思考的な支援と相談
・　明瞭な判断基準に基づく成績把握
コンピテンス領域：刷新
・　責任ある行為
・　生涯学習
・　学校プロジェクトと計画への関与
```

図 12-1　KMK：スタンダード　教育諸科学（2004）

(Ishikawa 1985; Drummond 1992; Terhart u.a. 2000)。「良い学校」の特徴は何であり、それとのつながりで「良い教師」の特徴は何なのか（Hentig 1993; Weinert/Helmke 1996; Gonon u.a. 1998; Ditton 2000; Helmke 2003）。ドイツ連邦共和国では、伝統的な三分岐型の学校制度を総合制学校制度に切り替えるという問題、また教師教育の三段階のモデル（大学、試補、継続教育）の問題点があるがゆえに、学校制度の不可欠な改革についての議論は決してやむことはなかったのだが、こうした良い学校と教師についての問いかけは、これまでに潜在的には常に進行してきた学校制度改革の議論を新たに活気づけた（Oelkers 2006 参照）。また、ドイツに限らず国際的に確認しうる現象であるが、経済の側からも、学校教育制度の徹底的な改革を求める声がますます強まってきた（Liket 1996）。「良い」学校とそれに結びついて「良い」教師活動に関するH.フェントの幅広い構想をもった調査が、ここでは卓越した事例として挙げることができる（Fend 1982, 1986, 1996, 1998, 2000）。

第3節　教育制度におけるスタンダード
――教職の専門性に関する議論におけるコンピテンス論的転換

　しかしながら、持続的なパラダイム転換、とりわけ政策転換がもたらされたのは、ドイツではようやく、2000年の第一回PISA研究の公表（Baumert u.a. 1997, 2000; Prenzel u.a. 2006）と結びついた「ショック」によってであった。国際的な大規模アセスメントにおける生徒の予期せぬ悪い成績結果に対する反応として、教育制度改革のために行われている質の議論に追加して、教育スタンダードの編成という次元が加わることになった。教育スタンダードによって学校の授業活動の成果を、実証的にあとづけて記述することが可能になるとされ、つまりはさしあたり、分野ごとに特化されたコンピテンス、したがって教科関連的な知識と能力の付与というレベルで記述することが目指される。

　遅くともPISA研究の公表とともに、コンピテンス概念は広く注目されるようになり、教育科学においても範疇的な中心概念へと昇格した（Allemann-

Ghionda/Terhart 2006 参照)。しかしながらコンピテンス概念は、例えば、知識と能力の発達心理学的理論にみられるようなノーム・チョムスキーの変形生成文法において、言語理論や言語哲学の中心概念として、70 年代以来、知的・問題解決的行為のような言語使用における自己組織につながる素質を説明するための発見的な概念として、絶えず独自に検討されてきた (Short 1984)。またこのつながりで、専門職としての教師の活動に潜在する法則性、つまり「行動文法 (Handlungsgrammatik)」の分析が頻繁に行われてきた (Johnson 1984; Noddings 1999; Bauer 2005)。「良い教師」を特徴づけるためのコンピテンス概念を要求することは、次の理由からすでに考慮に値する。その概念は、教職の日常における「不確実な」状況を建設的に克服するための能力についての理論的体系的構成物として、専門的な教育的な行為知と行為能力のタイプと構造を全体として把握することを可能にするからである。こうした意味において、E. テーハルト (2000) はすでに各州文部大臣会議によって設置された改革委員会の最終報告『ドイツにおける教師教育の展望』のなかで、コンピテンスという概念を使用している。彼によればコンピテンスとは、「まぎれのない専門性と学問的専門分野の見地から目標と状況にふさわしい行為をもたらすような、知識の在庫、行為のルーティーン、反省形式が意のままになること」(Terhart 2000, S.54) を意味する。教師のコンピテンスの「中核領域」として、「教授－学習過程についての目的をもった計画、組織、形成、反省」(Terhart 2000, S.48) が挙げられる。

　「良い学校」と「良い授業」というテーマ領域については、一方で、質的パラダイムに方向づけられた実証的研究の成果が明らかに増加している (Richardson 2002 の包括的概要を参照)。また他方で、学校において学習指導よりも生徒指導やソーシャルワーク的活動がますます重視される「社会的教育学化 (Sozialpädagogisierung)」という傾向に批判的に対峙するという動きが見られる (Giesecke 1987; Terhart 2001, S.76ff.)。こうした二つの動きに依拠しながら、教師のコンピテンスの「中核領域」として、「教授－学習過程についての目的をもった計画、組織、形成、反省」が明示される (Terhart 2000, S.48)。つまり、「良い」授業が専門職としての教師活動の中核と見なされて

おり、その周りに相互作用の関係のなかでさまざまなコンピテンスの諸側面がまとめられるのである。

　専門職としてコンピテンスをもって行為しうるためには、教科内容的、方法的、人格的ないし自己のコンピテンスの諸領域からなる能力が、体系的に高いレベルで発達し、個々人の行為のコンピテンスへと統合されねばならない。

　教科内容的コンピテンスは、関連する学問ディシプリンの知識水準に基づいており、それゆえその恒常的な変化に従うことになる。その結果、恒常的な学問的継続教育は不可欠となる。方法的コンピテンスは、活動対象と活動過程、ならびに活動連関のリフレクションもしくは修正を分析するための能力を含んでいる。社会的コンピテンスは、それぞれのおかれた状況に応じて、個人個人で、また他者と協力しながら、定められた目標を責任をもって達成することのできる一群の能力を含んでいる。そこには葛藤解決能力、コミュニケーション能力、チーム能力が属しており、それらは建設的で目標に沿った行動が効果的に進みうることを担保すべきである。人格的コンピテンスとは、自ら責任をもって自律的に行為するために求められる能力、（価値的）立場、ないしは特性に関連している。個人の行為コンピテンスの構想と測定については、それを教師の職業上のコンピテンスの特徴づけのために文部大臣会議が基盤にしているように、広範な文献、とりわけ経営上の人格発達の領域においても広範な文献が存在する（Schmidt 1995; Erpendeck/Heyse 1999; Oser 2001; Weinert 2001; Erpenbeck/Rosenstiel 2003; Frey 2006）。

　スタンダードとはコンピテンス達成の度合いについての検査可能で、できれば測定可能な品質基準である。そうしたスタンダード構築の理論的および実践志向的なモデルは、ドイツ語圏ではつい最近になって、「良い」教師の養成についての学問的、教育政策的論議の前面に出てきた。そしてそれは、今日まで継続する非常に論争的な議論を巻き起こした（Oser 1997; Oser/Oelkers 2001; Klieme u.a. 2003; Klieme 2004; Gogolin 2005; Becker u.a. 2005; Reiber 2007; アメリカの視点から批判的なものとして Poetter/Goodney/Bird 2004; Barone 2007）。一方で、支持者たちは、スタンダードに依拠することで、次のよう

な抜本的な可能性、つまり、教師教育の不明瞭な構造のなかから、望ましい任意の内容と形式を取り出す可能性を見ている。というのも、スタンダードは「一定の質が達成されねばならないなら、決して欠けてはならないもの」(Oelkers 2003, S.55) を確定するからである。こうした確定は急を要するように思われる。というのも、あらゆる段階での教師教育の実践、とりわけ大学において、専門職としての行為コンピテンスの形成の積み重ねについては言うまでもなく、職業に関連した内容の選択が、全体としてうまく仲介されないからである。そうした事態は、すでに 70 年代に、国際的にはほとんど受容されていない「若年教師の実践ショック」に関するドイツの調査 (Müller-Fohrbrodt/Cloetta/Dann 1978; Korthagen/ Kessels 1999 参照) において、非常にはっきりと示された (Terhart 2001, S.20ff. もまた参照)。他方で、スタンダードという考え方の批判者たちは、次のように異議を唱える。すなわち、教育制度一般、とりわけ教師教育にスタンダードを持ち込むことで、「個々のコンピテンスに解体され、専門分野に特化して測定されうるようなもの」へと、教育が限定される。そして、「その結果、このように受取人を構成するなかで、人間が社会的に有用で測定可能なものに限定されてしまう」というのである (Tenorth 2004, S.658)。

　教育制度の「スタンダードによる修理 (Instandardsetzung)」に関する賛成・反対の議論は (Schlömerkemper 2004、彼はここでよく似たドイツ語の「修理 (Instandsetzung)」という概念と言葉遊びをしている)、まだ何年にもわたっておこなわれるに違いない。そのことは、80 年代以降のアメリカとまったく同様に (von Prondczynsky 2001; Ravitch 1995; Horn 2004)、スタンダードの選択、認定、検査方式のための基準が、これまで未解明の問題をたくさん投げかけるからである (Tenorth 2005)。「中心的な問題は、スタンダード、学校改善、学校評価、弁明との結びつきにあり、それはドイツにとってはまだまだ未解明な状況である」(Klieme 2004, S.633)。

　しかしながら、いずれにしてもドイツでの議論では、「良い」教師活動の基準について問う場合に、国際的動向の影響を強く受ける傾向にある。その際、このように自国以外に目をやることによって示されるのは、国際比較

においても統一性よりも多様性が確認されうるという点である。80年代以降のこのテーマについての変化に富んだ有益な論議に関しては、他のヨーロッパ諸国、例えばイギリスではずっと早く受容がなされていたのに対して、ドイツではそれに気づくのがいわば遅れていたわけであるが、いまや明らかな影響を受けている。ここではただ、おそらくもっとも影響力のあるスタンダードモデルを指摘しておきたい。それはアメリカでNBPTS（National Board for the Professional Teaching Standards）によって開発され、INTASC（Interstate New Teacher Assesssment and Support Consortium）によってさまざまなヴァリエーションで認証をうけているスタンダードモデルである（Darling-Hammond 2002, p.751以降、特にp.763以降）。

中核的スタンダードとしては、以下の5つが挙げられる。
 (1) 教師は生徒個々人の学習過程を最善のかたちで促進することを義務づけられている。
 (2) 教師ははっきりした教科コンピテンスと教科教授学的なコンピテンスを備えている。
 (3) 教師は学業成績の評価・促進をおこなうための明確な方法的コンピテンスと具体的な技能をもっている。
 (4) 教師は反省的実践家であり、経験と研究を通して定期的に自己診断しながら学びつづけることを怠らない。
 (5) 教師は学習する共同体の成員であり、彼らは両親や地域の成員と連携し、自己の学校の発展に積極的に尽力する。

これらの周辺に集められる部分スタンダードとコンピテンスが、「良い」ないしは「コンピテンスのある」教師を特徴づけるのに適しているということは、すぐさま理解されるであろう。スタンダードの開発において自ら指導的に関与したL.S.シュルマン（Shulman 2006）は、そのモデルを一般に妥当する専門職モデルに組み込もうと試みた。

アメリカで開発されたこうしたスタンダードモデルの専門職論的、教育学的、教育政策的目標設定は、一見したところそれ自体納得のいくものである。K.ウィルバース（Wilbers 2006, S.5）はそれについて**図12-2**のような見取

り図を展開している。

　「良い」ないしは「コンピテンスのある」教師の専門職としての活動から導き出されるスタンダードの枠組みは、関係する諸機関とその監督 / ガヴァナンスに対して拘束力を持つスタンダードと結びつきながら、教員養成プログラム / 学修課程に適用される。それによって、さしあたり理想的なモデルでしかないのだが、学校でのより効果的でより能率的な学習と、同時にまたより良い学習成果を達成するような、「良い」教師の養成に行き着くことが、現実に約束される。確かなのは、こうしたモデルが、支配的な教育政策家たちの基本的な考え方に合致するという点である（彼らはしばしば、自国の生徒たちが次の PISA ランキングで上位を占めるという願望にもっぱら支配されている）。まさにこの点で、モデルの個々の要素に多くの疑問符もまた付されることになる。すなわち、適用されるスタンダードを誰が、どのように、どういった正当性をもって、策定するのか。スタンダードが順守されているかどうかを、誰がどのように検査するのか。そのことはとりわけ、諸機関（つまりスタン

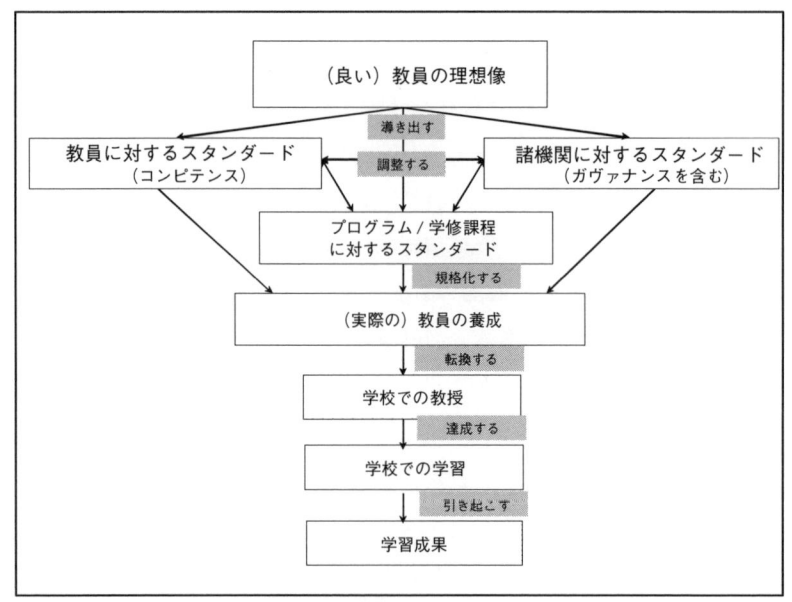

図 12-2　教員の養成におけるスタンダード

ダーズを学ぶ機会のことであり、そこでは諸機関の設備のための財政的リソースという決定的な問題が重要である）のスタンダードにも当てはまる。個々の要素間の作用の因果関係は本当に、この図式が示唆するように一直線にいくものなのか。

　多くの異議によって特徴づけられる教育政策の作用領域だけをとってみても、これに関して『教育研究事典』(Richardson 2002, p.751 以降) の最新版において一つの章が費やされている。そのなかでダーリング＝ハモンド（同上書、p.761 以降）は、とりわけ必要となる認証・評価の機器・機関の構築という分野での展開について冷静な総決算をおこなっている。最新の寄稿論文が要約しているところによれば、「学生たちは共通のスタンダードを義務づけられ、それを身につけなければますます深刻な不利益を経験するようになっている。それにもかかわらず、（アメリカの：論者）ほとんどの州では、学習のための鍵となる教育リソースへの財源とアクセスが平等に保障されていない」(Darling-Hammond 2007, p.318)。また、テスト結果を過剰評価する「ハイパー・テスト意識 (hyper-test conscionsness)」(Baker 2007, p.310) というネガティブな結果が、教師活動と教員養成の方向づけという文脈においても、徹底的に論究される。「組織学習の理論と学校改善研究の成果から出発して、専門家たちが一致しているのは、スタンダードが学校と授業を変え、学習結果を改善しうるのは次の場合に限られる、という点である。すなわち、(a) 教師が不可欠のコンピテンスと思考様式をもっているか、あるいはそれらを手に入れることができる場合、(b) 学校が外部の助言に支えられながら、自己自身の実践を評価し、さらに発展させ始めている場合、(c) 実施されるテストの仕方が要求の多い学習目標を実際に表現している場合、(d) 自己の成果に満足していない学校と教員と生徒が、適切な援助を受ける場合」(Klieme 2004, S.631)。これらのことを、とりわけフィンランドの教育制度はうまくおこなっているように思われ (Välijärvi 2007)、それは「スタンダード化しないスタンダード」(Darling-Hammond 1997) によるコントロールという理想に、広く合致している。

　アメリカにおける教職の専門職化過程での異議は、別のかたちでツァイヒ

ナー（2006）によっても描写されている。学校と教員養成の改革に関する国際的な経験についての概観的論文のなかで、カルダーヘッド（2002）は深刻な結論に至っている。「教育システムにおいてよく考えられ体系的に計画された変化は、むしろ数少ないように思われる。・・・実際の改革はしばしば調整の不十分な中途半端な代物である。カリキュラム、学校マネージメント、評価、教師の養成・研修はしばしばお互いに独立して進行する。したがって、教育システムのなかで、そこで働く者たちにとってストレスが引き起こされるような葛藤が生じたとしても、何ら驚くべきことではない」（Calderhead 2002, p.796）。

こうした背景のもとで、すべての関係者、とりわけ専門家の鑑定を受けた教師たちを改革の対話に参加させること、そしてその都度歴史的に展開してきた養成システムの相違に気を配ることが、さしせまって望まれるであろう。それにより、長い時間をかけて、スタンダードに定位した養成という意味での真の改革につながると思われる。

この意味で、テーハルト（2002）はドイツにおける教師教育システムについて、スタンダードモデルを基本的に採用するような一つの考え方を発展させた。しかし、そこでは三つの段階からなる教師教育の構造は維持された。

テーハルトは、第一と第二段階の教員養成のための中核的カリキュラムの形式での内容スタンダードと、コンピテンスの次元での分類（知ること、反省すること、コミュニケーションすること、評価すること、できること）とを区別している。テーハルトによれば、コンピテンスのある教師がどのように生まれるかは職歴全体に関わることである（Fuller/Brown 1975; Terhart u.a. 1994; Terhart 2001, S.20ff.）。したがって、大学で第一段階の教員養成を終えたとしても、職業コンピテンスをもった教師がすぐに出てくるわけではない。「良い」教師の品質は、相前後して組まれているコンピテンス発達の三つの段階を経て初めて達成される（Terhart 2002, 2006）。「テーハルトのモデルには二つの利点を見ることができる。・・・第一に、そのモデルが、すべての州でいくつかの点で異なっている教員養成のカリキュラム上の構成要素（すなわち授業科目、教科教授学、教育学/教育科学、教育実習、学校・授業改善）に直結

するからである。また第二に、教師としての職歴を見通してコンピテンスの発達を展望しているからである」。このモデルにしたがえば、能力（行為における知識）は大学での第一段階の養成のテーマではなく、第二の養成段階ではじめて重要な発達目標となる」(Baumert/Kunter 2006, S.479)。こうしたスタンダードモデルにおいては、「コンピテンスのある」教師に特別な専門知と行為能力を類型化し定式化するために、きわめて広範な理論的、実証的研究が暗黙のうちに統合されることになる。その意味で、テーハルトの以下の指摘は重要である。「教師はほんの一瞬の間に、絶えず流動的な社会や動機や認知にかかわる出来事に対して、解決策を生み出さなければならない。このような出来事は、異なった前提をもつ生徒の集団においてそのつど独自のダイナミズムを有している。そうしたダイナミズムから生じる要求に応えるためには、問題や状況に関連づけられた行為モデルの、大規模で細分化したレパートリーが必要である。このような行為のレパートリーから直接的に一定の活動様式を取り出すことができる（場合によっては、状況に応じて修正することもできる）のである。そのつどの状況にふさわしい行為のレパートリーはルーティーンや経験に基づいており、台本や振り付けを含んでいる。教授上の問題もしくは学校の問題を解決するための基盤として、またそうした問題の質を評価するための基盤して役立つのが、科学的に基礎づけられた知識である。ルーティーンの構築と修正は、職業的行為において展開されなければならない。そのために教師は問題の解決策を生み出し、テストし、反省し、体に刻み込んでいかなければならないのである。」(Terhart 2000, S.55f.)

おわりに

　以上、本章では、20世紀初頭から現在に至るドイツにおける教職の専門性に関する諸議論を分析することを通して、理想的教師像の歴史的展開を思想史的に明らかにしてきた。

　ドイツでは20世紀半ばまで、「良い」教師の基準は、さまざまな徳からなる「教育的態度」を身につけた教師人格であった。しかし、そうした包括

的な教師人格がいかなる教育効果をもたらすかは検証不可能であるという問題点があった。50年代以降、社会科学分野で専門職論が展開し教育専門職の科学化が進行するなかで、教師の実践的課題を具体的に項目化する作業がおこなわれた。1970年の「教育制度に関する構造改革」はこうした流れのなかで発表されたものであり、そこで明示された5つの課題領域（教授、教育、評価、相談、刷新）はその後のコンピテンス重視の教師像にも影響を与える重要なものであった。しかし、ドイツにおいてコンピテンスの獲得が「良い」教師の基準として本格的に要請されるのは、2000年の「PISAショック」以降である。そこでは、学校の品質と生徒の学力に影響を与える最重要の要因として、教師の養成と研修に国家的な関心が寄せられた。そして、質の高い教員養成と研修を確保するために、教員養成スタンダードが開発され、専門的な知識と技能を検証可能なかたちで教師に習得させることが目指されているのである。こうしたコンピテンス重視の教員養成スタンダードが、一方で、学校でのより効果的な学習とより良い学習成果を達成するような、良い教師の養成につながるということが期待される。他方で、多様な能力と人格特性の統合体としての教師の存在が、個々のコンピテンスに解体され、測定可能な能力のみが偏重されるのではないかといった懸念が出されている。コンピテンス重視の教師像は今日きわめて支配的な教師像であるが、同時に、スタンダード、学校改善、評価、政策決定、説明責任のあいだの関係について、いまだ多くの問いを開いたままにしていると言えよう。

　なお本章では紙幅の制限があるため、「反省的実践家（reflective practitioners）」（Schön 1983, 1987）としての教師に典型的な行為知の特色に関する広範な歴史的・実証的研究や、経験と反省による「行為における知識（knowledge in action）」と「行為についての知識（knowledge on action）」の協働において現れる教師の「主観的理論（subjektive Theorien）」（Bromme 2004; Neuweg 2005; Neumann 2007）に、詳しく立ち入ることはできなかった。すでに述べたとおり、熟達した行為知の認識論について、大学での理論と実践と教育実習の学修について、研究的学習について、アクションリサーチとしての教師研究について、また教師教育の三つの時期で提供される教育内容を見通しての大学教授学的

変化について、国際的な研究状況は非常に多岐にわたるため、それらは個別の研究論文を必要とするであろう（Fried 2004; Allemenn-Ghionda/Terhart 2006）。今後の課題としたい。

引用参考文献

Allemann-Ghionda, C./ Terhart, E.（Hrsg.）: Kompetenzen und Kompetenzentwicklung von Lehrerinnen und Lehrern : Ausbildung und Beruf. Zeitschrift für Pädagogik, 51. Beiheft. Weinheim/ Basel 2006.

Baker, E. L. : The End（s）of Testing. In : Educational Researcher 36（2007）, pp. 309-317.

Barone, T. E. : The Mission and Prospects of School Education in the 21st Century : A View from the United States. In : The Joint Graduate School（Ph.D. Program）in Science of School Education（Ed.）2007, pp. 156-160.

Bauer, K. -O. : Pädagogische Basiskompetenzen. Theorie und Training. Weinheim /München 2005.

Baumert, J. : Deutschland im internationalen Bildungsvergleich. In: Kilius, N./Kluge,J./ Reisch,L.（Hrsg.）: Die Zukunft der Bildung. Frankfurt 2002, S. 100-150.

Baumert, J. / Kunter, M. : Stichwort : Professionelle Kompetenz von Lehrkräften. In : Zeitschrift für Erziehungswissenschaft 9（2006）, S. 469-520.

Baumert, J.u.a.（Hrsg.）: TIMSS – Mathematisch - naturwissenschaftlicher Unterricht im inter- nationalen Bereich. Deskriptive Befunde. Opladen 1997.

Baumert, J. u.a.（Hrsg.）: PISA 2000. Basiskompetenzen von Schülerinnen und Schülern im internationalen Vergleich. Opladen 2000.

Becker, G. u.a.（Hrsg.）: Standards. Unterrichten zwischen Kompetenzen, zentralen Prüfungen und Vergleichsarbeiten. Friedrich Jahresheft XXIII. Seelze 2005.

Biklen, S. K./ Pollard, D. : Feminist Perspectives on Gender in Classrooms. In : Richardson, V.（Ed.）2002, pp. 723-748.

Bohnsack, F. : Persönlichkeitsbildung von Lehrerinnen und Lehrern. In : Blömeke, S. u.a.（Hrsg.）: Handbuch Lehrerbildung. Bad Heilbrunn 2003, S. 152-164.

Bollnow, O. F. : Theorie und Praxis der Lehrerbildung. In : 15. Beiheft der Zeitschrift für Pädagogik, Weinheim 1978, S.155-164.

Bromme, R. : Das implizite Wissen des Experten. In : Koch – Priewe, B./ Kolbe, F. – U./ Wildt, J.（Hrsg.）: Grundlagenforschung und mikrodidaktische Reformansätze zur Lehrerbildung. Bad Heilbrunn 2004, S. 22-48.

Buhren, C. G./ Rolff, H.- G. : Personalentwicklung in Schulen. Weinheim/ Basel 2002.

Calderhead, J.: International Experiences of Teaching Reform. In: Richardson, V.（Ed.）: 2002, pp. 777-800.

Carlsburg, G.-B.v./ Heitger, M.（Hrsg.）: Der Lehrer - ein（un）unmöglicher Beruf. Frankfurt 2005.

Combe, A./ Helsper, W.（Hrsg.）: Pädagogische Professionalität. Frankfurt 1996.

Combe, A./ Kolbe, F.-U. : Lehrerprofessionalität : Wissen, Können, Handeln. In : Helsper, W./

Böhme, J. (Hrsg.) : Handbuch der Schulforschung. Wiesbaden 2004, S. 833-851.

Darling-Hammond, L. : The Right to Learn. A Blueprint for Creating Schools that Work. San Francisco 1997.

Darling-Hammond, L. : Standard Setting in Teaching : Changes in Licensing, Certification and Assessment. In : Richardson, V. (Ed.) 2002, pp. 751-776.

Darling-Hammond, L. : The Flat Earth and Education : How America's Commitment to Equity will Determine Our Future. In : Educational Researcher 36 (2007), pp. 318-333.

Deutscher Bildungsrat : Strukturplan für das Bildungswesen. Stuttgart 1970 (4. Auflage 1972)

Ditton, H.: Qualitätskontrolle und Qualitätssicherung in Schule und Unterricht. In: Zeitschrift für Pädagogik, 41. Beiheft. Weinheim / Basel 2000, S. 73-92.

Drummond, H. : The Quality Movement. London 1992.

Erpenbeck, J./ Heyse, U. : Die Kompetenzbiographie. Münster 1999.

Erpenbeck, J./ Rosenstiel, L.v. (Hrsg.) : Handbuch Kompetenzmessung. Erkennen, Verstehen und Bewerten von Kompetenzen in der betrieblichen, pädagogischen und psychologischen Praxis. Stuttgart 2003.

Fend, H.: Gesamtschule im Vergleich. Weinheim 1982.

Fend, H.: "Gute Schulen - schlechte Schulen". Die einzelne Schule als pädagogische Handlungs- einheit. In: Die Deutsche Schule 78 (1986) , S. 275-293.

Fend, H.: Schulkultur und Schulqualität. In: Zeitschrift für Pädagogik, 34. Beiheft. Weinheim 1996, S. 85-97.

Fend, H.: Qualität im Bildungswesen. Weinheim/ Basel 1998.

Fend, H.: Qualität und Qualitätssicherung im Bildungswesen. Wohlfahrtsstaatliche und Marktmodelle. In: Zeitschrift für Pädagogik, 41. Beiheft. Weinheim 2000, S. 55-72.

Freund, G./ Gruber, H./Weidinger, W. (Hrsg.) : Guter Unterricht - Was ist das? Aspekte von Unterrichts- qualität. Wien 1998.

Frey, A. : Methoden und Instrumente zur Diagnose beruflicher Kompetenzen von Lehrkräften - eine erste Standortbestimmung zu bereits publizierten Instrumenten. In : Zeitschrift für Pädagogik, 51.Beiheft. Weinheim 2006, S. 30-46.

Fried, L : Polyvalenz und Professionalität. In : Blömeke, S./ Reinhold, P./ Tulodziecki, G./ Wildt, J. (Hrsg.) : Handbuch Lehrerbildung. Bad Heilbrunn 2004, S. 232-241.

Fuller, F./ Brown, O.H. : Becoming a Teacher. In : Ryan, K. (Ed.) : Teacher Education. Chicago 1975, pp. 25-52.

Gidion, J. : Lehrer. Anmerkungen zu einem unmöglichen Beruf. In : Neue Sammlung 21 (1981), S. 530-542.

Giesecke, H. : Pädagogik als Beruf. Grundformen pädagogischen Handelns. Weinheim 1987 (4. Auflage 1993).

Gogolin, I. u.a. (Hrsg.) : Standards und Standardisierung in der Erziehungswissenschaft. Zeitschrift für Erziehungswissenschaft, 8. Beiheft. Wiesbaden 2005.

Gonon, P. u.a.: Qualitätssysteme auf dem Prüfstand. Die neue Qualitätsdiskussion in Schule und Bildung. Aarau 1998.

Griffin, G. A. (Ed.) : The Education of Teachers. Chicago 1999.

Hänsel, D. : Die Anpassung des Lehrers. Weinheim 1975.
Helmke, A. : Unterrichtsqualität - Erfassen, Bewerten, Verbessern. Seelze 2003.
Helsper, W. : Antinomien, Widersprüche, Paradoxien. Lehrerarbeit - ein unmögliches Geschäft? In : Kolbe, F. - U./ Koch-Priewe, B./ Wildt, J. (Hrsg.) : Grundlagenforschung und mikrodidaktische Reformansätze zur Lehrerbildung. Bad Heilbrunn 2004, S. 49-98.
Hentig, H.v. : Die Schule neu denken. München 1993.
Hillert, A./ Schmitz, E. (Hrsg.) : Psychosomatische Erkrankungen bei Lehrerinnen und Lehrern. Stuttgart 2004.
Hilligus, A. H. / Rinkens, H.- D. (Hrsg.) : Standards und Kompetenzen – neue Qualität in der Lehrerbildung ? Neue Ansätze und Erfahrungen in nationaler und internationaler Perspektive. Münster 2006.
Horn, R. A. Jr. : Standards. New York 2004.
Ishikawa, K.: What is Total Quality Control? The Japanese Way. Englewood Cliffs 1985.
Johnson, H. C. : Teacher Competence : An Historical Analysis. In : Short, E. (Ed.) : Competence. Lanham 1984, pp. 41-69.
Kerschensteiner, G. : Die Seele der Erziehers und das Problem der Lehrerbildung, München 1921.
Klieme, E. : Begründung, Implementation und Wirkungen von Bildungsstandards : Aktuelle Diskussionslinien und empirische Befunde. In : Zeitschrift für Pädagogik 50 (2004), S. 625-634.
Klieme, E. u.a. (Hrsg.) : Zur Entwicklung nationaler Bildungsstandards - Eine Expertise. Frankfurt 2003.
Korthagen, F. A. / Kessels, J. P. A. M. : Linking Theory and Practice : Changing the Pedagogy of Teacher Education. In : Educational Researcher 28 (1999), pp. 4-17.
Liket, T. : Generalbericht. In : Bund-Länder-Kommission für Bildungsplanung und Forschungsförderung (Hrsg.) : Lernen in einer dynamischen und offenen Gesellschachaft-die Rolle der Schule. OECD/DERI - Seminar Dresden. Bonn 1996.
Mager, R. F.: Lernziele und programmierter Unterricht. Weinheim / Basel / Berlin 1965.
Müller - Fohrbrodt, G./ Cloetta, B./ Dann, H. D. : Der Praxisschock bei jungen Lehrern. Stuttgart 1978.
Neumann, K. : The Mission and Prospect of School Education in the 21st Century : Teacher Education, Theory and Practice, and National Curriculum Standards. In : The Joint Graduate School (Ph.D. Program) in Science of School Education (Ed.) 2007, pp. 137-141.
Neuweg, G. H. : Emergenzbedingungen pädagogischer Könnerschaft. In : Heid, H./ Harteis, C. (Hrsg.) : Verwertbarkeit. Ein Qualitätskriterium (erziehungs-) wissenschaftlichen Wissens? Wiesbaden 2005, S. 205-228.
Noddings, N. : Feminist Critiques of the Professions. In : Review of Research in Education 16 (1990), pp. 393-424.
Noddings, N. : Caring and Competence. In : Griffin, G.A. (Ed.) : The Education of Teachers. Chicago 1999, pp. 205-220.
Noddings, N. : The Caring Teacher. In : Richardson, V. (Ed.) 2002, pp. 99-105.

Oelkers, J. : Standards in der Lehrerbildung. Eine dringliche Aufgabe, die der Präzisierung bedarf. In : Die Deutsche Schule, 7. Beiheft. Weinheim 2003, S. 54-70.

Oelkers, J. : Gesammtschule in Deutschland. Eine historische Analyse und ein Ausweg aus dem Dilemma. Weinheim/Basel 2006.

Oelkers, J./ Neumann, D. : "Verwissenschaftlichung" als Mythos : Legitimationsprobleme der Lehrerbildung in historischer Sicht. In : Zeitschrift für Pädagogik 30 (1984), S. 229-252.

Oevermann, U. : Theoretische Skizze einer revidierten Theorie professionalisierten Handelns. In : Combe, A./ Helsper, W. (Hrsg.) : Pädagogische Professionalität. Frankfurt 1996, S. 70-82.

Oser, F. : Standards in der Lehrerbildung Teil 1 und 2. In : Beiträge zur Lehrerbildung 15 (1997), S. 26-37 ; 201-228.

Oser, F. : Standards : Kompetenzen von Lehrpersonen. In: Oser, F./ Oelkers, J. (Hrsg.) : Die Wirksamkeit der Lehrerbildungssysteme. Zürich 2001, S. 215-342.

Oser, F. / Oelkers, J. (Hrsg.) : Die Wirksamkeit der Lehrerbildungssysteme. Von der Allrounderbildung zur Ausbildung professioneller Standards. Chur / Zürich 2001.

Poetter, T. S. / Goodney, T. L. / Bird, J. L. (Ed.) : Critical Perspectives on the Curriculum of Teacher Education. Dallas / Lanham 2004.

Prenzel, M. u.a. (Hrsg.) : PISA 2003. Der Bildungsstand der Jugendlichen in Deutschland. Ergebnisse des zweiten internationalen Vergleichs. Münster 2006.

Prondczynsky, A.v. : Evaluation der Lehrerausbildung in den USA. Geschichte, Methoden, Befunde. In: Keiner, E. (Hrsg.) : Evaluation (in) der Erziehungswissenschaft. Weinheim/ Basel, 2001, S. 91-140.

Ravitch, D. : National Standards in American Education. A Citizen's Guide. Washington, DC 1995.

Reiber, K.: Die Neuvermessung der Lehrerbildung. Konsequente Kompetenzorientierung durch Standards? In: Die Deutsche Schule 99 (2007), S. 164-174.

Richardson, V. (Ed.) : Handbook of Research on Teaching. Fourth Edition. Washington, DC 2002.

Schlömerkemper, J. (Hrsg.) : Bildung und Standards. Zur Kritik der "Instandardsetzung" des deutschen Bildungswesens. Die Deutsche Schule, 8. Beiheft. Weinheim 2004.

Schmidt, J. U.: Psychologische Messverfahren für soziale Kompetenzen. In : Seyfried, B. (Hrsg.) : Stolperstein Sozialkompetenz : Was macht es so schwierig, sie zu erfassen, zu fördern und zu beurteilen. Bielefeld 1995, S. 117-135.

Schön, D. : The Reflective Practitioner : How Professionals think in Action. New York 1983

Schön, D. : Educating the Reflective Practitioner : Toward a New Design for Teaching and Learning in the Professions. San Francisco 1987.

Schwänke, U. : Der Beruf des Lehrers. Professio nalisierung und Autonomie im historischen Prozess. Weinheim 1988.

Sekretariat der ständigen Konferenz der Kultusminister der Länder in der Bundesrepublik Deutschland (Hrsg.) : Standards für die Lehrerbildung : Bildungswissenschaften. In : Zeitschrift für Pädagogik 51 (2005), S. 280-290.

Short, E. (Ed.) : Competence. Lanham 1984.

Shulman, L. S. : Theory, Practice, and the Education of Professionals. In : The Elementary School Journal 98 (1998), pp. 511-526.

Shulman, L. S. : The Wisdom of Practice. Essays on Teaching, Learning, and Learning to Teach. San Francisco 2006.

Spencer, D. A. : Teacher's Work in Historical and Social Context. In : Richardson, V. (Ed.) 2002, pp. 803-825.

Tenorth, H. -E.: Professionstheorie für die Pädagogik? In: Zeitschrift für Pädagogik 35 (1989), S. 809-824.

Tenorth, H. - E. : Bildungstandards und Kerncurriculum. In : Zeitschrift für Pädagogik 50 (2004), S. 649-661.

Tenorth, H.-E. : Auch eine Konvention bedarf der Rechtfertigung. Legitimationsprobleme bei Bildungsstandards. In : Becker, u.a. (Hrsg.) 2005, S. 30-31.

Tenorth, H.-E.: Professionalität im Lehrerberuf. Ratlosigkeit der Theorie, gelingende Praxis. In : Zeitschrift für Erziehungswissenschaft 9 (2006), S. 580-597.

Terhart, E. : Lehrerberuf und Professionalität. In: Dewe, B. u.a. (Hrsg.) : Erziehen als Profession. Zur Logik professionellen Handelns in pädagogischen Feldern. Wiesbaden 1990, S. 103-131.

Terhart, E. (Hrsg.) : Perspektiven der Lehrerbildung in Deutschland. Abschlussbericht der von der Kultusministerkonferenz eingesetzten Kommission. Weinheim / Basel 2000.

Terhart, E. : Lehrerberuf und Lehrerbildung. Forschungsbefunde, Problemanalysen, Reformkonzepte. Weinheim/ Basel 2001, S. 13-114.

Terhart, E. : Standards für die Lehrerbildung. Eine Expertise für die Kultusministerkonferenz. ZKL – Texte 24. Münster 2002.

Terhart, E. : Standards und Kompetenzen in der Lehrerbildung. In : Hilligus, A. H./ Rinkens, H.-D. (Hrsg.) : Standards und Kompetenzen - neue Qualität in der Lehrerbildung? Münster 2006, S. 29-42.

Terhart, E. u.a. : Berufsbiographien von Lehrern und Lehrerinnen. Frankfurt 1994.

Terhart, E. u.a. (Hrsg.) : Qualität und Qualitätssicherung im Bildungsbereich. Zeitschrift für Pädagogik, 41. Beiheft. Weinheim / Basel 2000.

The Joint Graduate School (Ph.D. Program) in Science of School Education (Ed.) : Zwischen- bericht Projekt E : Kyoiku-jissen-gaku no Riron-kochiku oyobi Moderu-Kenkyu. Hyogo 2007.

Thiel, F. : Profession als Lebensform. Entwürfe des neuen Lehrers nach 1900. In: Zeitschrift für Pädagogik 53 (2007), S.74-91.

Välijärvi, J. : The Mission and Prospects of School Education in the 21st Century : Quality and equity - conflicting principles of education system? - The Finnish case. In : The Joint Graduate School (Ph.D. Program) in Science of School Education (Ed.) 2007, pp. 146-150.

Weinert, F. E./ Helmke, A.: Der gute Lehrer : Person, Funktion oder Fiktion? In : Zeitschrift für Pädagogik, 34. Beiheft. Weinheim / Basel 1996, S. 223-233.

Weinert, F. E. : Concept of Competence : A Conceptual Clarification. In : Rychen, D. S./ Salganik, L. H. (Hrsg.) : Defining and Selecting Key Competencies. Seattle 2001, S. 45-

65.
Weniger, E. : Die Eigenständigkeit der Erziehung in Theorie und Praxis. Probleme der akademischen Lehrerbildung. Weinheim 1952.
Wilbers, K. : Standards für die Bildung von Lehrkräften. Bielefeld 2006 (sowi – online e. V.).
Zeichner, K. : Konzepte von Lehrerexpertise und Lehrerausbildung in den Vereinigten Staaten. In : Zeitschrift für Pädagogik, 51. Beiheft. Weinheim 2006, S. 97-113.
小柳和喜雄「ドイツにおける教師の情報活用能力を育成するカリキュラムの枠組みに関する研究－ eL3 プロジェクトを中心に」『奈良教育大学紀要』第Ⅴ部門、第52巻、第1号、2006年、205～219頁。
原田信之他「ドイツにおける教員養成スタンダード－学部教育・現職教育における教職専門資質の基準－」『九州情報大学研究論集』第8巻、第1号、2006年、51～68頁。
中央教育審議会「今後の教員養成・免許制度に在り方について（答申）」2006年（http://www.mext.go.jp/b_menu/shingi/chukyo/chukyo0/toushin/06071910.htm）。

※注記
　本章は、兵庫教育大学大学院連合学校教育学研究科『教育実践学論集』(第10号、2009年)に掲載された拙論「『良い』教師－『資質・能力（コンピテンス）』のある教師－教職の専門性に関するドイツならびに国際的な議論について－」に加筆修正したものである。

第13章　教員養成スタンダード導入の国際的動向

別惣　淳二

はじめに

　今日の社会的要請として、優れた資質能力を有した質の高い教員を養成することが教師教育機関に求められている。それは、各国の教育の質と子どもたちの学力向上が、直接子どもたちに教育を施す教員の資質能力の向上に大きく左右されると考えられているからである。そのため、どのような質を有した教員を養成するのかという教員養成の問題は、どこの国においても教育改革の中心的課題となっている。特に、近年の世界的な動きとして、「教員養成課程修了者ためのスタンダード」(以下、「教員養成スタンダード」と略記)の策定の必要性が示され、その取り組みが活発化している。教員養成スタンダードとは、「教員養成課程修了者の資質や能力を評価あるいは認定するための水準や規範を示したもの」[1]を意味する。

　教員養成や教員のスタンダードを中心に据えた各国の教師教育改革では、共通して「教員は何を知っていて、何ができなければならないのか」という教員として必要な資質能力の基準の確立とともに、その成果を問うアセスメントが構築されている[2]。

　例えば、アメリカ合衆国（以下、アメリカと略記）では、1983年の『危機に立つ国家』以降に教育における「卓越性」が、そして1986年の『備えある国家』以降に「教職の専門職性」が追求される中で、子どもたちの学力向上のための新たなスタンダードに基づく教育改革と同時に、NBPTS (National Board of Professional Teaching Standards)、INTASC (Interstate New Teacher Assessment and Support Consortium)、NCATE (National Council for Accreditation of Teacher Education) といった3つ専門家集団によって教員及

び教師教育カリキュラムのための基準が策定され、各州のそれらの評価と改善に生かされている。

また、イングランド（以下、イギリスと略記）では、深刻な教員不足と教員の質の確保のために1994年に設立されたTTA（Teacher Training Agency）が2002年に「教員資格——教員資格のための専門職能基準と教員養成の要件（Qualifying to Teach - Professional Standards for Qualified Teacher Status and Requirements for Initial Teacher Training）」を定め、教員資格を得るための専門的職能基準を明らかにした。その後、TTAはTDA（Training and Development Agency for School）に名称変更し、2007年に「教職スタンダード－教員資格－（Professional Standards for Teachers: Qualified Teacher Status）」を発表している。

ドイツでも、2004年12月に各州文部大臣会議（Kultusministerkonferenz der Länder in der Bundesrepublik Deutschland）が「教師教育のためのスタンダード（Standards für die Lehrerbildung: Bildungswissenschafen）」を制定し、教員に求められる力量や、教員養成に何が必要かを具体的なコンピテンスとして示している。

他方、日本でも、2010年度入学生より教員養成カリキュラムに「教職実践演習」が必修科目として新設されることとなり、中央教育審議会答申（2006年7月）「今後の教員養成・免許制度の在り方について」において示された「到達目標及び到達目標の確認指標例」に基づいて、大学で教員として身につけておくべき資質能力が確実に身についているかどうかを確認することとなった。

このように、各国で教員養成や教員についての様々なスタンダードが、連邦・中央政府レベル、各州レベル、個々の大学レベルで設定され、実施されているが、そうした各国の教員養成スタンダードがなぜ設定されるようになったのか、各国の教員養成スタンダードの内容やその特徴などを探ることは、教員養成スタンダード導入について検討する上で重要であると考えられる。

そこで、本章では、アメリカ、イギリス、ドイツ、日本の教員養成スタンダードを取りあげ、その導入の背景や目的、スタンダードの内容とその特徴

などを明らかにし、各国の教員養成スタンダードの差異について検討する。

第1節　アメリカにおける教員養成スタンダードの動向

1．スタンダード導入の背景と目的

　アメリカでは子どもたちへの教育の質の向上と彼らの学力向上をめざして、スタンダードに基づく教育改革が進められている。その出発点となったのは、1983年に出された『危機に立つ国家』に端を発する「第一の改革」である。この改革では、学力低下がアメリカの国家的競争力の低下を招いているとして、教育における「卓越性」が目指された。つまり、学校教育の改革が国家の存亡に関わる最重要課題と考えられた。

　しかしながら、当時の学校教育の質の低下は、教員の資質能力をめぐる問題状況と深く関わっており、多くの根深い問題が存在していた[3]。一つめの問題状況は、アメリカの教員給与が低かったことである。1972年から1980年までの間、教員給与は減少していた。二つめの問題状況は、教員給与の低さも関係して、その期間、大学の教員養成課程へ入学する学生数も激減し、そのことが当時の教員不足につながっていた。三つめの問題状況は、そうした教職の待遇面の悪さと教員不足から、最も学力が低い学生が教職に就くという状況を生み出していた。この問題に対して、80年代に各州がとった改善方針は、教員給与の増加、免除可能な奨学金制度などの刺激策を通して、教員の供給課題を克服する努力と、大学の教員養成課程に入る前と課程修了後で、あるいは教員免許を授与される段階で能力試験を実施することによって教員免許交付の基準強化を図ることであった。

　また、1986年に出されたカーネギー報告『備えある国家』及びホームズ・グループ（The Holmes Group）の『明日の教師』による「第2の改革」では、先の子どもたちの「学力の向上や卓越性の追求」に呼応した「教職の専門職性の確立」という課題に対して、専門職としてふさわしい教員の資格基準・制度と待遇の確立が目指された。

　しかし、当時のアメリカには教職の専門職性の確立を阻む要因も存在して

いた[4]。その困難性の理由の一つは、それまで、教授活動についての広く共有された研究的根拠となる基盤が十分になかったこと、もう一つの理由は、他の専門職とは対照的に、教職は専門職性の基準を明確にして、それを行使することを専門家集団に委ねることなく、政府機関や州の教育委員会に支配され、規定されてきたことである。それに伴い、各州によって教職に就く教員の質に差異が生じていた。

差異が生じた要因の一つは、州によって教員免許交付の基準が異なる点である。免許交付基準の高い州は、大学において教授と学習に関する科目と15週以上の教育実習を含む徹底的な教職教養に加えて、大学で教科の主専攻科目の履修が求められるが、逆に免許交付基準の低い州では、大学において教職課程のいくつかの科目と2、3週間の教育実習のみの履修となり、教える教科・領域の科目についての履修は要求されない。また、教員の雇用についても、いくつかの州は教員免許がない者は雇わないのに対して、他の州は、州の基準を満たしていない教職志望者でも雇用していた。さらに、1980年代から1990年代初期にかけて46州の教員免許試験の内容も異なっていた。いくつかの州は教科内容の知識、教職の知識と教授技術の試験を行い、それらの評価を行うために比較的高い基準を用いるのに対して、その他の州は教職の知識やパフォーマンスについて試験を行わず、基本的な技術、または一般教養の試験のみを必要とした。

二つめの要因は、教師教育プログラムの認定基準が州によって異なっている点である。他の専門職とは異なり、教職の場合は教育学部に対して専門家による統一された認定基準が存在するわけではなかった。そのため、州によってプログラムの認定の手続きや基準がかなり異なっており、公平性を欠いていた。また、教員不足対策として1985年以降多くの州で導入された「教職資格特別プログラム（alternative certification program）」[5]についても認定基準が州によって異なり、教職志望者に課せられる内容が異なっている。

三つめの要因は、上述の認定基準と関連して、教師教育カリキュラムの内容が大学教授によって異なる点である。専門カリキュラムが大学毎で共通化されていて、実質的な一貫性を持つ他の専門職とは異なり、教師教育カリ

キュラムでは各授業科目の内容が大学教授によって異なる。

　以上のように、免許交付、教員採用、免許交付試験、教員養成プログラムの各基準が州によって異なっており、基準を満たさない教員が雇用されている州があることも事実である。このことが影響して、州によって子どもたちの学習の質に深刻な不公平と格差を生み出している。最近の研究では、子どもの学業成績が教師の資格によって影響を受けているだけでなく、基準を充たさない質の低い教員が、裕福な子どもよりも、マイノリティーで低所得層の子どもたちが通う学校に割り当てられているという報告がある。また、いくつかの調査では、黒人と白人の子どもの学業成績の違いの多くは、割り当てられた教員の資格と専門的知識・技能の違いによる影響が大きいことが明らかになっている[6]。

　このような問題状況を打破するために、州ごとに異なる教員養成プログラム、教員免許交付、教員養成カリキュラムなどの基準を統一化し、基準を満たす質の高い教員の養成と確保が必要であったといえる。

2.「上級教員資格」「初級教員免許」「アクレディテーション」のスタンダード

　「第2の改革」として1986年のカーネギー報告書『備えある国家－21世紀の教師』での提言を受けて1987年にNBPTSが設立された。NBPTSの目的は、①熟達した教員が何を知っていて、何ができるべきかについての高度かつ厳格なスタンダードを設定すること、②熟達した教員を評価し、認証するための全国的な自主的制度を開発し、運営すること、③子どもの学習を向上させることを目的として関連した教育改革を発展させることであった[7]。この委員会は、州が法律で定め、教職に就くための最低基準として発行している「教員免許」とは別に、連邦政府や州政府から独立した専門家集団として5つの核となる「高度な専門的命題」(①教員は、生徒と彼らの学習に関与する、②教員は自分たちが教える教科と生徒にその教科を教える方法を知っている、③教員は、生徒の学習を管理し、監視する責任を負う、④教員は、体系的に自らの実践家について考え、経験から学ぶ、⑤教員は、学習共同体の一員である）に基づいて、優れた教員に「上級教員資格（Advanced Teacher Certification）」を与え

る全米の制度委員会として確立されている。NBPTSのスタンダードとアセスメントは、初等教育一般（Early Childhood Generalist: 3-8歳）、中等教育数学（7-12歳）、社会科/歴史（青年期）というように対象年齢及び内容領域によって分けられており、34の資格分野で構成されている。全米教職基準委員会によって資格証明された教員は年々増加し、2004年までに全米で40,210名に達している[8]。

また、1987年には、各州の教育長会議がINTASCを発起した[9]。今では30以上の州と専門家集団の協会である。INTASCの目的は、教員免許取得に係るスタンダードを再検討し、教員の成果（performance）を評価したり教員の職能発達を促したりすることに関心をもつ州どうしが連携を強化することであった。INTASCは、NBPTSの上級教員資格のスタンダードに基づき、それと矛盾しないように初級教員免許（initial teacher licensure）のための成果に基づくスタンダードを開発した。そのスタンダードは、入職する新任教員が高度に洗練された実践を可能にする専門的知識・技能を発達させ、責任をもって実践するために何を知っていて、何ができなければならないのかを明確に表現されている。新任教員と上級教員との実践の違いは、必要とされる知識の種類というより、知識を実践に適用する際にどの程度洗練されているかである。そして、NBPTSの場合と同様に、INTASCのスタンダードは、現行の教員養成制度に基づくというより、子どもが効果的に学習するために教員に何が必要かという考えに基づいている。

INTASCは、すべての教員が身につけるべき共通のコアとなるスタンダードを以下の10の原則で表している（巻末の**資料5**参照）。

スタンダードの草稿を提示した1992年以降、30州以上が教員免許の改革のためにINTASCのコア・スタンダードを適合させ、採用している。

また、1986年には、教師教育を行っている100程度の研究大学のコンソーシアムであるホームズ・グループが、教師教育の質と大学での教師教育と公立学校の現実との結合に取り組むために設立された。ホームズ・グループがその勧告『明日の教師』のなかで強調したことは、NCATEのような任意団体の設立によって、教師教育プログラムのための高度な全米の資格認定基準

を新たに作り出すことであった。そのため、1987年のNCATEの基準改訂では、教師教育プログラムが教授と学習についての知識に基づくことを確実にすることを狙った。1994年の改訂では、INTASCスタンダードを取り入れ、教員免許交付と教師教育プログラムのアクレディテーションとの一体化を図っている。さらに、1997年からは、NCATE2000と称して、教師教育プログラムの認証の決定に際して卒業生の実際の成果実績を考慮に入れるために、成果実績に基づくシステムづくりが進められている[10]。

以上のように、1987年以降、「上級教員資格」「教員免許」「アクレディテーション」のためのスタンダードが一斉に開発された。それによって、1990年代半ばまでにNBPTS、INTASC、NCATEの各スタンダードは専門的な教授実践と教員養成についての明確な定義として全米レベルで受け入れられるようになり、かなりのコンセンサスが得られるようになった[11]。NCTAF (National Commission on Teaching and America's Future) は、このコンセンサスを「教員の質の3本柱 (the three-legged stool of teacher quality)」と言及しており、アメリカにおいて教育の変革と研究を進める上でこれらのスタンダードは一定の基準をなしていくと考えられている。

3．INTASCスタンダードの特徴

アメリカの教員養成スタンダードにあたるINTASCスタンダードの特徴の一つは、これまでのような州による政治的、官僚的な規制の下で管理されてきた教職の専門職性とは異なり、それらの影響を受けない自発的な専門家団体によって教職の専門的職能基準が明確にされたことである。

INTASCスタンダードの第二の特徴は、成果としてのパフォーマンスに基づいているということである。スタンダードは、教員免許交付のためにどのような科目を履修しなければならないかではなく、教員が何を知っていて、何ができなければならないのかを表現している。したがって、INTASCスタンダードの導入によって、認可された教師教育プログラムが教職の「入口 (input)」という入学者の有りようと履修内容を規定するという従来の考えから、教師教育プログラムによる教職志望学生の「結果 (outcome)」を評

価するという考えへと転換した。このスタンダードによる評価を通して、あらゆる州の教員や教員養成の質を保証し、教員免許状の州間互換性を可能にし、社会に対して説明責任が果たせるようになると考えられるようになった。その一方で、教員不足という慢性的な問題状況にあるアメリカでは、大学等の高等教育機関で教員養成を受けるという伝統的ルートに加えて、「教職資格特別プログラム」という形で大学での教師教育プログラムを受けていない教員志望者に対して州教育局・学区教育委員会と大学が連携して教職専門科目を提供して教員免許を取得させる代替的ルートがあり、現在では全州に存在する。今後このスタンダードによって、さらに代替的ルートを促進させる可能性もある。

INTASC スタンダードの第三の特徴は、NBPTS スタンダードをベースに考えられており、教授活動で役立つ知識基礎（Knowledge Base）の研究・開発からスタンダードの内容を創り出していることである。

NBPTS の命題では、教員が授業において決定する際、どれほど多くの種類の知識（内容、教授学、カリキュラム目標、生徒に関する知識）を引き出すのかを記述している。命題は、文脈を取り入れた豊かな事例の記述となっており、特定の状況下で知識を決定に移していく教員の能力を描写している。また、そうした記述は、NBPTS のアセスメントにおいて、教員として何をすべきかということだけでなく、実践で教授、学習、学習者についての知識を使う時に、教員としてどのようなやり方で論理的に考え、決定しているのかを説明する手段として機能する。

これらのことは、INTASC スタンダードにおいても同様である。各原則は、教員の知識と態度による決定と、その結果として起こるパフォーマンスによって表現されている。そして、各原則には、教員の教授行動やパフォーマンスが多くの種類の知識と、その知識を使ってすべての生徒の学習を支え、成功へと導くために他者と協働する態度に頼ることが記述されている。1970 年代にも「コンピテンシーに基づいた教師教育（Competency-Based Teacher Education）」が盛んに行われたが、それと決定的に異なる点は、分断化された教員のパフォーマンスの側面のみを強調するのではなく、知識と

パフォーマンスを結びつける形でスタンダードを定義づけている点にあるといえよう[12]。

第2節　イギリスにおける教員養成スタンダードの動向

1. 国家的統制による教員養成の変遷——高等教育機関ベースから学校ベースへ

　イギリスでは1944年のマクネイア報告以降、教師は3年間に延長された教員養成を受けて教員資格（QTS: Qualified Teacher Status）を授与されることになり、地方教育当局と教員養成カレッジや教育学部の連合体としての地域教員養成組織（ATO: Area Training Organization）が教員養成や現職教育に当たるようになった。これにより、1980年代まで教員養成カレッジなどの高等教育機関による教員養成が続いていた[13]。しかしながら、当時の高等教育機関での教員養成は、初等学校教員になるために教員養成カレッジを卒業しても学位を持たない者が多く、中等学校教員になるために学位を持って入学する1年制のPGCE（Post Guraduate Certificate in Education）の教育についても質が低いという批判があった[14]。

　1980年代の教員養成改革は、そうした教員養成の質の問題に対して教員資格を確立すること、つまり、「すべての教師が学士水準以上の教育を受け、かつ教職に固有の専門的知識・技術を身につけること」[15]が目指された。そのため、中央政府からの教員養成に対する統制が強化された。

　まず、84年の通達によって高等教育機関の教員養成への関与の度合いの見直しと教員養成カリキュラムの統制が始まる。具体的には2つの方策が示された。一つは、教員養成を全面的に高等教育機関に頼るのではなく、学校の経験豊かな教員にも一定の権限を与えて、学生の評価にも一定の影響力を持たせることと、もう一つは教師教育認定委員会（Council for the Accreditation of Teacher Education、以下CATE）を設置し、高等教育機関の教員養成課程の課程認定を実施することである。これは事実上の全国的な教員養成の水準を維持するための課程認定制度の導入であった[16]。

　その後の課程認定基準の改訂が何度も行われた。89年の通達による改訂

では、教員養成機関と学校との協力関係を構築することが求められ、養成機関は、①養成教育の計画と評価、②学生の選抜、③学生の実践活動の指導監督及び評価、④講義、セミナーその他の教育活動に学校現場の教員を招くことが必要とされ、また教員養成担当教員も5年のうち1学期以上は学校での教育経験を持つことが規定された[17]。92年の通達による改訂では、教師教育認定委員会を廃止し、教員養成を行う高等教育機関と学校の関係を協力関係ではなく、完全なパートナーとして位置づけた。また、教員資格を得るために課程修了時に学生が身につけておくべき教授能力の基準を示し、教員養成機関は学生にそれらの能力の獲得を保障しなければならないとした。93年の通達による改訂では、「学校における教員養成 (School-Centred Initial Teacher Training、以下SCITT)」が始まり、それ以外の教員養成機関での実習期間も延長された[18]。

このように、80年代から90年代初めの教師教育改革は、高等教育機関での教員養成を課程認定制度によって統制し、学校における実践経験を重視する方向で進められた。いわば、「高等教育機関ベース」の養成から「学校ベース」の養成への転換であった。その象徴とも言うべき制度がSCITTであった。当時の教員の質的低下問題に対する批判の矛先は大学の教師教育担当者に向けられ、「大学における教師教育」無用論が提案されるまでになっていた[19]。

2. 養成ルートの多様化

しかし、80年代から90年代初めの教員養成制度改革は、イギリスで慢性化していた教員不足問題とも関係していた[20]。そのため、この問題状況の対応策として、養成ルートの多様化が図られたという見方も否定できない。

イギリスの現在の養成ルートは、ほぼ90年代に形作られたものである。既に、高等教育機関における養成ルートとして、①学部教育（3年制又は4年制）の初等教員養成コースで教育学士を取得した者が訓練を受けて教員資格を得るルートと、②教育以外の学士号を得て卒業後に卒後教員養成課程 (PGCE) に入って1、2年の訓練を受けて教員資格を得るルートが設定され

ていた。

　これらの伝統的な養成ルートに加えて、1990年には、「ライセンス教員 (licensed teacher)」のルートが設定された。これは、24歳以上で数学と英語でGCSE（中等教育終了一般資格）のグレードCに合格し、イギリスの全日制高等教育を2年以上修了している者で、教育委員会等からしかるべき推薦を受けた者であれば、大臣からライセンスが授与される。このライセンス教員が学校に配置され、2年間訓練を受けながら教員として勤務し、十分な成績で修了すれば有資格教員になれるというルートである[21]。

　また、1993年から中等教員養成について、1994年からは初等教員養成についてSCITTというルートが設定された。これは、高等教育機関卒業者や2年以上在籍した者に対して、単独又は複数の公私立学校から構成される連合体（コンソーシアム）が教員養成コースを提供し、1年間で教員資格を得ることができるというルートである。このルートの最大の特徴は、高等教育機関での教員養成において実習を行う場としての「パートナー」であった学校が教員養成の管理運営主体となり、学校現場で教員が教員養成を行うという新たなシステムをとった点にある。その利点として考えられていることは、学校が教員養成において指導的な役割を果たし、内容的に新任教員の導入教育（初任者研修）やその後の現職教育に活かせるような一貫したコース運営が可能になるということである[22]。

　このように、90年代の養成ルートの多様化によって、多様な背景を持った教員が養成され、様々な教育観や価値観が教員集団の中に生まれる可能性もあるが、その一方で教員の能力水準の維持に困難性を招くことも考えられる。そのために、教員資格授与に際して一定の水準を保つための方策が必要となる[23]。この課題について、イギリスでは、「競争的環境下での財政支援」を強調する中央政府の強力なイニシアチブの下に、スタンダードの設定と質の評価を基軸とした教員養成の品質管理の強化によって進められている。

3．教員養成の品質管理における教職スタンダード

　SCITTの制度化とともに、1994年にCATEに代わってより権限の強い

TTAが設置された[24]。TTAは、CATEから課程認定の機能を引き継いだことに加え、財政面、学生確保策や教員の現職教育などの教員に関係した事柄を一括して扱う機関である。このTTAが中心になってイギリスにおける教員養成の品質管理を行っている。その主な内容は、以下の通りである。

　一つは、課程認定と認定基準による管理である。1992年に創設された教育水準局（Office for Standards in Education）が高等教育機関を訪問し、教員養成の質を外部査察（inspection）し、その結果を報告書として公表している。近年、この教育水準局の査察による教員養成の内容管理がより一層厳しさを増している。というのは、TTAと教育水準局が強力なパートナーとなって、共同で査察のためのマニュアルを作り、教員養成機関の質を評価しているからである。TTAは教育水準局の報告書をもとに質が低い教員養成機関については、課程認定を取り消すという厳しい措置をとっている。

　二つめは、教員養成の財政面の管理である。SCITT等の学校ベースの教員養成機関へ直接予算を配分するなど、TTAは教員養成の財政面を一元的に掌握している。TTAは、教育水準局による教員養成機関の査察結果を受けて当該機関が受け入れられる学生定員の配分の決定を行っている。予算配分は学生定員をベースに行われるため、教育水準局の教員養成の評価がそのまま当該機関の予算配分に影響することになる。この評価による予算配分システムが教員養成の質の向上につながると考えられている。

　三つめは、教員養成のナショナルカリキュラムと、教員養成課程の必要要件と教員資格授与基準の策定である。TTAは1997年から1998年の間に教員養成のナショナル・カリキュラムと同時に、教員資格授与のためのスタンダードや教員養成課程の必要要件を作成している。教員養成のナショナルカリキュラムについては2000年5月から実施されており、各教員養成機関は①英語・数学・理科を理解し、知識と技術を有し、②指導法としてICTの知識・技術を持ちつつ、その指導法に熟知し、③「A知識と理解」「B授業計画・学習指導・学級経営」「C観察・評価・記録・報告・責任」「Dその他の専門的必要事項」の4つのカテゴリーの修得が課されることとなった[25]。その後、これを基礎にして『教員資格授与のためのスタンダード（Qualifying to teach: Professional standards for qualified teacher status and requirements for initial teacher trainig)』が作成され、2002年9月から施行されている。この有資格教員のためのスタンダードは、「教職専門の価値と実践（期待される態度や責任）」、「知識と理解（教科指導に自信と信頼をもち、児童の発達の理解を深める）」、「指導（計画・観察・評価・指導・学級経営の技術）」の3つのカテゴリーから構成されている。そして、教員養成課程の必要要件は、「養成学生の入学要件」「養成とアセスメント」「教員養成のパートナーシップでのマネジメント」「質保証」の4領域によって規定されている。

　また、TTAは2005年からTDAへと改称し、教員養成だけでなく、学校教員のすべての職階まで対象範囲を広げて機能する組織へと変わった。そのため、上記の『教員資格授与のためのスタンダード』は改訂され、2007年より、『教職スタンダード（Professional Standards for Teacher）』が施行されている[26]。これは、教職のキャリア・ステージごとの資格認定基準（教員資格QTS、基本給料表教員Core、上級給料表教員Post-Threshold Teachers、優秀教員Excellent Teacher、上級教員ASTs）を示したものとなっている。巻末の資料6は、教職の最初の職階段階である「教員資格QTS」のスタンダードである。

　TTA（現在はTDA）は、教員養成のナショナルカリキュラムや教員資格授与のためのスタンダードを設定し、教員養成機関や養成課程を経た学生がその基準にどの程度適合しているのかを厳格に評価するシステムを構築している。それは、多様化した養成ルートに対して厳格な品質管理を行えば、各養成機関同士に競争が起こり、その競争が教員養成の質を高め、その結果優れた教員が生まれるという新自由主義の考えに基づいていると考えられているが[27]、教員不足解消に向けて養成ルートを多様化し、同時に、全国的に統一性のある形で教員や教員養成の質を保証していくためには、政府機関の統制の下にスタンダードによる厳しい管理と評価を繰り返し行うことが必然的に求められたとも考えられる。

4．教員資格（QTS）スタンダードの特徴

　イギリスの教員資格を取得するためには、大学等の高等教育機関での卒業時に新規資格付与教員（Newly Qualified Teacher）となり、1年間の公立学校での初任者研修を経て、研修修了時に合格しなければならない。しかし、初任者研修を開始するには認証を受けた教員養成機関から教員資格（QTS）スタンダードをすべて満たしていると評価される必要があるため[28]、教員資格（QTS）スタンダードが大学等の高等教育機関での教員養成スタンダードと捉えて、その特徴を示したい。

　教員資格スタンダードの特徴の一つは、教員資格スタンダードが教員免許授与のための専門的職能基準であり、ナショナル・スタンダードとしての性質を有しているということである。つまり、教員養成に関わる高等教育機関や教員養成連合体が任意に設定できる独自基準ではなく、イギリス政府機関による教員免許授与に直結する基準である。しかも、いかなる養成ルートを経た教員資格志願者も、正規の教員資格を得るためには必ずこの基準を満たさなければならない。

　第二の特徴は、内容的に、①専門家としての特性、②専門家としての知識・理解、③専門家としてのスキルの3つの領域から構成されていることである。特に、実践力として高い基準のスキルの獲得が要求される。同時に、高等教育機関で重視される知性の形成（根拠に基づいた知識の蓄積や注意深い分析）は、学生が学校現場でスキルを練習する際に、実践経験に結びつけなければならない。そのために、養成段階では、大学と学校のパートナーシップの下に「理論」と「実践」の結合が目指される。そこには反省的実践家（Reflective Practitioner）としての教員の養成という底流がある[29]。

　第三の特徴は、教職のキャリアステージごとに資格認定基準が設定されており、教員資格（QTS）はその最初に到達しなければならない基準として位置づけられていることである。それは、特定の教科や学校段階などに関係なくすべての教員が身につけておかなければならない専門的職能基準であると同時に、その後の継続的職能成長（Continuing Professional Development）へとつながる土台としての役割を担っている。その意味において、教員資格ス

タンダードは、教員の継続的職能成長に寄与するための最低限の課題を設定しているといえる。

第3節　ドイツにおける教員養成スタンダードの動向

1．90年代の教員養成改革と国際学力調査による影響

　1990年の東ドイツと西ドイツの統合以降、ドイツは経済のグローバル化や国際競争の激化、ヨーロッパ統合の動き、通貨統合、労働市場の国際化などの社会状況の変化が教育制度に与えた影響は大きく、それは教師教育制度の改革という形で表れるようになった。

　1990年末から2000年初めにかけて、矢継ぎ早に教師教育制度や内容の改革に向けた提言が多くなされた。まず、各州文部大臣会議が教員養成制度全般について検討するためにテーハルト（Terhart, E）を座長とする専門家委員会を設置し、その委員会が1999年9月に報告書「ドイツにおける教員養成の将来展望」を提出した。そして、この報告書に記された理想の教師像に基づいて各州文部大臣会議と教員組合が「今日の教員の課題－学習活動の専門家－」という声明を発表した。また、2001年11月には学術協議会が「教員養成の将来の構造のための提言」を提出した。テーハルト委員会報告では、教員養成の問題点として、教科専門領域が高水準で学校教育の内容と乖離があること、教育学及び教授学関連の教育が不十分であること、試補期間の教育に携わる講師の質に問題があることなどが挙げられている[30]。また、学術協議会提言では、教育科学は教員養成の位置づけは高いが、教員養成の役割から分離していること、教育科学及び教科教授学の研究は両・質ともに不十分であり、教育科学、教科教授学及び専門科学の各学習が統合していないこと、大学での養成教育と試補期間の教育とが分離していることなどが指摘されている[31]。

　これらの問題点に対する改善策としてテーハルト委員会報告と学術協議会提言は、大学における教員養成課程に連続する学士及び修士課程を導入すること、教職学習における教育科学、専門科学及び教科教授学のコア・カリ

キュラムの開発に着手すること、教科教授学、教員養成研究の強化のために大学内に教師教育及び学校教育研究のセンターの設置、試補段階の指導担当者の質の向上、大学の教員養成と試補期間の教育との連携、といった提案を行っている。また、これら以外にも、現状として現職教員の継続教育の不十分さが指摘されており、採用後の継続教育の充実が課題として示されている。それに伴って、教師教育の３段階、すなわち大学での養成期間、試補期間、そして採用後の継続教育期間を通じて絶えず教員としての職能向上を図ることが強調されている。

　これらの教員養成改革の報告書や提言と並行する形でドイツの教員養成改革に大きな影響を及ぼしたのが、「PISAショック」という言葉に代表されるように、1995年に実施された国際到達度評価学会（IEA）による「国際数学・理科教育動向調査（TIMSS）」と2000年に実施されたOECDによる「学習到達度調査（PISA）」の結果が芳しくなかったことである。具体的には、1995年のTIMSSの結果は、13歳の生徒の場合、参加した41ヶ国中、数学が23位、科学が19位であった。また、2000年のPISAの結果については、参加した31ヶ国中、「総合読解力」が21位、「数学的リテラシー」と「科学的リテラシー」が20位と平均を下回る結果となった。しかも、ドイツの場合、成績の分散が大きく、各家庭の社会階層がそのまま学力差となって表れたことが教育界や国民全体に大きな衝撃を与えた。

　そうしたTIMSSとPISAの学力調査の結果を受けて、ドイツが最初に取り組んだことは、子どもの学力向上のために、学校に関する国レベルの教育スタンダードを開発することであった[32]。学校の教育スタンダードによって、子どもたちが各教科や学年によって何を最低限修得しなければならないのかが定められている。しかし、当然のことながら、2000年のPISAの低学力をめぐる議論の中で、ドイツの危機的状況を招いた責任は教員にあると考えられ、その批判は教員の専門的職能の不足に向けられた。そうした教員のコンピテンスの不足という観点から、教員養成の問題点や教員養成の不備に注目が集まるようになった。そうした経緯から、以後の教員養成改革では教員の専門性の向上や教員の実践的な職能発達に向けた方策が強く求められたの

である。

2．各州文部大臣会議による教員養成スタンダードの策定と導入

　TIMSS や PISA の結果を受けて、各州文部大臣会議（KMK）は、2004年12月に「教員養成スタンダード」を決議し、公表した[33]。この教員養成スタンダードは、各州文部科学大臣会議のワーキンググループによって作成された。このワーキンググループには、教育学者、各教科の専門家、教科に関する団体、学会、協会、教員組合が参加した。このワーキンググループによって策定されたスタンダードは、教員養成における教育諸科学の領域（教育科学、一般教授学、教育心理学、教育社会学）のスタンダードである[34]。このスタンダードでは、教員養成における教育諸科学の領域について身につけなければならない専門的職能を4領域に分けており、教員養成での学習成果を評価する際の指標が掲載されている（具体的な内容については、第1部第1章、第2節「ドイツにおける教員養成制度の展開」に掲載されているので、そちらを参照されたい）。

　ドイツでは州ごとに教員養成制度が異なっているが、この教育諸科学のスタンダードは、全州の教員養成制度に適用されている。このスタンダードは、学校種（例えば、基礎学校、基幹学校、実科学校、ギムナジウム）、あるいは教科や学校形態などに関係なく、すべての教員が身につけておかなければならないコンピテンスによって構成されている。そのスタンダードでは、何らかの指標と照らし合わせて教員や教員養成の質を評価し、検証できるような専門的スタンダードの定式化に重点が置かれており、スタンダードで定められている内容は可能な限り学部段階の教育で身につけるべきものと考えられている。そのため、このスタンダードは教員が獲得すべき最低限の課題が設定されている[35]。

　そのほか、この教育諸科学のスタンダードの作成においては、上述のテーハルト委員会報告と学術協議会提言において示されたドイツにおける教員養成の問題点について様々な対処がなされている。その一つは、教育科学が教員養成という文脈から分離しており、十分に機能していないという点であり、

特に教員養成における教育科学の授業が適当に編成されており、教授陣の専門性や好みによって授業内容が異なるといった批判が多かった。スタンダードの導入によって、どのようなコンピテンスがどの程度まで到達しなければならないのかが明示され、系統立てられるようになった。

また、テーハルト委員会報告では教員養成制度の評価のための基礎資料がなく、教員養成の現状についての科学的な評価や分析が不足していたことが指摘されており、教育諸科学のスタンダードは、そうした教員養成の評価が可能になるように作成された。したがって、教育諸科学のスタンダードは、大学での養成教育と試補期間の教育において獲得すべき職能基準であると同時に、教員養成を絶えず評価するための基準でもある。

この教育諸科学のスタンダードの策定から4年後の2008年10月には、教員養成課程における20教科のスタンダードとして「教科プロフィール」が策定され、教員養成スタンダードは完成した。この「教科プロフィール」では、大学卒業時までに身につけるべき知識や技能とは何か、また、教科専門や教科教授学のカリキュラムがどのような内容を包含していなければならないのかを詳細に記述されている[36]。現在、ドイツの教員養成は、旧来の教員養成制度から新しく学士課程と修士課程が連続する一貫した教員養成制度へと移行していることに伴い、教員養成に携わる大学は、学士－修士一貫カリキュラムに教員養成スタンダードを導入することが求められている。

3. 教員養成スタンダードの特徴

ドイツの各州文部大臣会議が決議した「教員養成スタンダード：教育諸科学」の特徴としては以下のようなことが挙げられる。一つめの特徴は、教員養成スタンダードがドイツの全州の教員養成制度に導入されており、そのスタンダードは教育学者、各教科の専門家、教科に関する団体、学会、協会、教員組合によって組織されたワーキンググループによって作成されているということである。

二つめの特徴は、このスタンダードは、教育科学における4つのコンピテンスの領域（①授業：教員は教授と学習の専門家である、②教育：教員はその教育

的課題を遂行する、③評価：教員は、その判断すべき課題を公正に、責任を持って遂行する、④刷新：教員は、自身のコンピテンスを絶えず伸ばしていく）が、11のコンピテンスから構成されており、各コンピテンスは「理論的な養成部分に関するスタンダード」と「実践的な養成部分に関するスタンダード」で示されていることである。特に、「①授業」と「②教育」のスタンダードでは、子どもの学習や教育の在り方が考慮されている。

三つめの特徴は、教員養成スタンダードでは大学における養成教育と学校現場での実践的な実習を結びつけたり、大学の養成と試補期間の教育（現在は制度化されていないが、将来的には継続教育も含めて）とを結びつけたりすることが求められている点である。

第4節　日本における教員養成スタンダードの動向

1. 教員の資質能力の向上施策と教員養成スタンダードの必要性

日本において、教員に求められる資質能力に関しては、1972（昭和47）年7月の教育職員養成審議会「教員養成の改善方策（建議）」において、「教職は教育者としての使命感と深い教育的愛情を基盤として、広い一般的教養、教科に関する専門的学力、広い一般的教養、教科に関する専門的学力、教育理念・方法および人間の成長や発達についての深い理解、すぐれた教育技術などが総合されていることが要請される高度の専門的職業である」[37]と明記されたことから始まる。

その後、1986（昭和61）年4月の臨時教育審議会「教育改革に関する第二次答申」において「実践的指導力」という概念が用いられるようになる。同答申では、教育現場での非行、校内暴力、いじめ、体罰など、いわゆる教育荒廃の問題が表面化してきたのを契機として、教員の資質向上に対する国民の期待が高まったことから、「教員には、児童、生徒に対する教育愛、高度の専門的知識、実践的指導技術が不可欠である」との認識を示し、大学での養成教育では、「幅広い人間性、教科・教職に必要とされる基礎的・理論的内容と採用後必要とされる実践的指導力の基礎の修得に重点を置き、採用

後の研修においては、それらの上に立ってさらに実践的指導力」[38]と使命感を養うとともに幅広い知見を得させるために、採用後の1年間の初任者研修制度を導入するという方向性を打ち出した。

同答申内容は、1987（昭和62）年12月の教育職員養成審議会「教員の資質能力の向上施策等について」によって具体化され、その内容は1988（昭和63）年の初任者研修制度の法制化と、同年の教育職員免許法改正による、3種類の普通免許状の創設と、教科に関する科目と教職に関する科目の最低履修単位数の大幅な引き上げというかたちで結実した。この「実践的指導力」の向上を狙いとした教育職員免許法の最低履修単位数の大幅な増加は、当時の新採教員の実践力不足という問題が根底にあったものと考えられる。

その後、1997（平成9）年7月の教育職員養成審議会第一次答申では、画一的な教員像を求めず、得意分野を持つ個性豊かな教員を養成する方向性を示した。そこでは、養成段階で修得すべき水準として「最小限必要な資質能力」が定義されるとともに、教員養成カリキュラムの弾力化を図るために、「教科又は教職に関する科目」の区分を設け、選択履修方式の導入が提言された。さらに、実践的指導力を強化するために、「教職に関する科目」の充実が図られた。この答申内容にそって、1998（平成10）年に教育職員免許法が改正され、一種・二種免許状取得に必要な「教職に関する科目」の単位数は増加する一方で、「教科に関する科目」の単位数は逆に減り、新たに「教科又は教職に関する科目」が設けられた。

この教育職員免許法の改定を契機に、小学校教諭一種免許状の課程認定を受けた大学・学部として、従来の国立の教員養成系大学・学部に加えて、私立大学・学部を含めた一般大学・学部の新規参入が著しくなった。教育職員免許法改正後の2000（平成12）年4月現在で93あった小学校教諭一種免許状の課程認定大学・学部の数は2007（平成19）年4月現在で149に増え、小学校教員養成の市場は益々拡大傾向にある。また、全国の小学校教員の新規採用者数に注目すれば、2005（平成17）年度までは一般大学・学部よりも国立の教員養成系大学・学部出身者の方が多く採用されていたが、2006（平成18）年度以降その数は逆転し、一般大学・学部出身者の方が多く採用

第13章 教員養成スタンダード導入の国際的動向 235

されている。
　このように、1998（平成10）年の免許法改正によって教員養成カリキュラムの選択履修方式を採用し、弾力化を図った結果、教員養成の規制緩和が生じた形となり、特色ある多様な教員養成が拡大する中で、教員として身につけるべき資質能力に関して問題を生じさせている。一つの問題は、教員免許状を取得するためには、教育職員免許法で定められた科目を履修すればよいが、各大学で開設されている科目の授業内容や質は各大学で自由度が大きいため、異なっている点である。もう一つの問題は、課程認定を受けているとはいえ、教育職員免許法で定められた最低限の単位数を履修させている大学・学部と教育職員免許法の規定よりも遙かに超える単位数を履修させている大学・学部とでは同じ教員免許状でも身につけている資質能力は異なるという点である。こうした多様な教員養成は、開放制の原則によって保障されているが、養成され、教員免許状を授与される教員の質保証という面は保障されていない。したがって、教員養成にスタンダードを設定することは、日本の教員養成全体の質保証を図るという意味において重要である。
　また、日本では1998（平成10）年に改訂された学習指導要領が導入された後に実施されたPISA2000調査や2001（平成13）年に実施された小中学校教育課程実施状況調査において、児童生徒の学力低下が明らかになり、教育界を震撼させた。また、2003（平成15）年のIEAの国際数学・理科教育動向調査（TIMSS）では、点数は国際的に見て上位だが、「数学や理科の勉強に楽しさを感じていない」、あるいは「得意教科と感じていない」児童生徒が多い実態も明らかになった。
　これらの国際学力調査や国内学力調査の結果を受けて、2005（平成17）年10月の中央教育審議会「新しい時代の義務教育を創造する（答申）」では、「国際的な競争力を持つ活力ある国家」を目指し、「国家戦略として世界最高水準の義務教育の実現に取り組むこと」と述べており、「すべての国民に地域格差なく一定水準以上の教育を保障する」[39]ことを強調している。その一方で、同答申は「国際的に質の高い教育を実現するためには質の高い教師が養成されるよう、大学における教員養成の質の維持・向上を図る必要があ

る」と言及し、「教員免許状についても、教師としての資質能力を確実に保障するものとなるようにする必要がある」[40] と強調している。その基準となる優れた教師の条件として、①教職に対する強い情熱、②教育の専門家としての確かな力量、③総合的な人間力の3点を挙げている。このことから、子どもたちの一定水準以上の教育を保障するためにも、大学での養成教育では、これらの資質能力を確実に身につけた教員を育成することが必要になってきているといえる。

2.「教職実践演習」による教員養成の質保証

　上記の教員養成の課題から、2006（平成18）年7月に中央教育審議会が「今後の教員養成・免許制度の在り方について（答申）」を公表した。同答申では、教員養成・免許制度の課題として「教員免許状が保証する資質能力と、現在の学校教育や社会が教員に求める資質能力との間に乖離が生じてきている」[41] と指摘している。教員の大量採用時代を迎え、量及び質の両面から優れた教員を確保するためには、まず養成段階から教員の質を確実に保証する方策を講じる必要がある。そのために同答申では、「①大学の教職課程を「教員として最小限必要な資質能力」を確実に身につけさせるものに改革する、②教員免許状を、教職生活の全体を通じて、教員として最小限必要な資質能力を確実に保証するものに改革する」[42] の2つの方向性を打ち出した。

　これら2つの改革の具体的方策として、教職課程の中に、「教職実践演習」という新たな必修科目を設定することが提言された。この科目は、「教職課程の他の科目の履修や教職課程外での様々な活動を通じて学生が身につけた資質能力が、教員として最小限必要な資質能力として有機的に統合され、形成されたかについて、課程認定大学が自らの養成する教員像や到達目標等に照らして最終的に確認するもの」[43]である。そのため、この科目は、卒業見込みの時期（最終年次の後期）に設定することになっている。

　この科目を通じて、教員として最小限必要な資質能力が確実に身についているかどうかを確認するために、4つの事項（①使命感や責任感、教育的愛情等に関する事項、②社会性や対人関係能力に関する事項、③幼児児童生徒理解や学級

経営等に関する事項、④教科・保育内容等の指導力に関する事項）を含めることと規定されている。したがって、この４つの事項が日本の教員養成スタンダードとしての性格を有している。この４つの事項の具体的内容は、巻末の資料４に示すとおりである。

これら４つの事項の到達目標に照らして、学生が将来教員になる上で自分に足りない資質能力を自覚し、必要に応じて不足している資質能力を補うこととされているが、具体的にそれをどのようにして補うのかは各課程認定大学の課題である。

また、この科目の円滑な履修を行うために、履修カルテを用いて入学直後から学生の教職課程の履修履歴を確認し、それに基づいて指導にあたることとされている。課程認定大学・学部は学生が大学に在籍している間に教員として最小限必要な資質能力がどの程度身についているかを絶えず確認しながら、養成する教員の質保証に責任を持たなければならない。

この科目は、2010（平成22）年４月に入学する学生から履修が義務づけられる。

以上のように、「教職実践演習」の到達目標として４つの事項が挙げられているが、既にいくつかの大学では先行的にスタンダードの開発が行われている。2005（平成17）年度から始まった文部科学省の「大学・大学院における教員養成推進プログラム（教員養成GP）」の補助金を得て北海道教育大学「自己成長力を高めるチェックリストの開発」、横浜教育大学「横浜スタンダード」、千葉大学教育学部「千葉県教員スタンダード」が開発されているほか、2007（平成19）年度文部科学省の「教員養成改革モデル事業」の一つのテーマである「教職実践演習（仮称）の試行」に採択された弘前大学教育学部「教員養成総合実践演習Ⅰ・Ⅱ」や琉球大学教育学部「プラクティススクールによる教職実践演習の試行」で用いる評価基準表などが実質的に教員養成スタンダードに相当する。その他、福島大学人間発達文化学類「福島の教員スタンダード」、上越教育大学「上越教育大学（上越・妙高地域連携）スタンダード」、奈良教育大学「カリキュラムフレームワーク：Cuffet」、広島大学教育学部「到達目標型教育プログラム」、鳴門教育大学「授業実践

力評価スタンダード」、宮崎大学教育文化学部「ステージ別到達目標」など各大学で独自の教員養成の到達目標やスタンダードが開発されている[44]。

3.「教職実践演習」における到達目標とその確認指標例の特徴

　「教職実践演習」で示された「到達目標及び到達目標の確認指標例」の特徴として以下の点が挙げられる。一つめの特徴は、文部科学省の諮問機関である中央教育審議会から提示された到達目標及び確認指標であり、国レベルで示された養成段階で身につけるべき職能基準であるということである。ただし、各課程認定大学でこの到達目標を含めれば、独自の到達目標を設定することも可能である。

　二つめの特徴は、到達目標が2005（平成17）年の中央教育審議会答申で示された「優れた教師の条件」から作成されており、「教員として最小限必要な資質能力」を意味していることである。その内容として、「教科・保育内容の指導力」や「幼児児童生徒理解・学級経営」などの到達目標以外にも、「使命感や責任感、教育的愛情」や「社会性や対人関係能力」を到達目標として示していることも特徴的である。

　三つめの特徴は、到達目標及び確認指標例が教員の実践的指導力を重視しているため、教育実践に関する内容が多く、教員に必要な知識に関する内容がほとんど示されていないということである。

第5節　各国の教員養成スタンダードの比較

　以上、アメリカ、イギリス、ドイツ、日本の教員養成スタンダードの導入について概観してきたが、ここではその内容をもとに各国における教員養成スタンダードの動向と内容の比較を行いたい。

1．教員養成スタンダードの動向について

　アメリカの教員養成スタンダードの導入は、80年代の子どもの学力の向上と卓越性の追求に呼応する形で教職の専門職性の確立を目指す中で展開した。しかし、全米の教育水準を上げる上で障害となったのは、州ごとに異なる教員免許制度、教員採用、免許交付試験、教員養成プログラムの認定基準であり、州によっては慢性的な教員不足という状況にあった。そうした州ごとに異なる基準を統一し、その基準に基づいて教員養成の成果を評価するために、上級教員資格スタンダードとアクレディテーション・スタンダードと同時に教員免許取得にかかる教員養成スタンダードを導入した。

　イギリスでは、80年代から90年代初めに教員不足問題と教員養成の質の向上を図るために、それまでの伝統的な大学における教員養成のルートだけでなく、「学校ベース」の教員養成のルートを作り、養成ルートを多様化する一方で、その多様化した教員養成ルートの質を保証していく方策として教員養成スタンダードを導入する必要があった。設定したスタンダードに基づいて質の評価を行い、その結果を課程認定の取り消しや教員養成の予算配分に反映させるなど厳格な教員養成の品質管理を行い、各教員養成ルートの教育の質を高めている。

　ドイツの場合は、90年代末から2000年初めにかけて教員養成カリキュラムの領域である教育科学、教科教授学、専門科学などの教育の内容、研究の質、相互の繋がりなどが不十分であるとか、大学での養成教育と試補期間の教育との連携が不十分であるといった問題が指摘される中で、2000年のPISA等の国際学力調査の結果が他国に比べて芳しくなかったことから、その批判が一挙に教員の専門的職能の不足に向けられた。そのため、各州文部

大臣会議が教員養成改革として教員の専門性の向上や教員の実践的職能の発達に向けて教育諸科学と教科の教員養成スタンダードを策定し、導入した。

日本は、80年代以降、「実践的指導力」を強化する形で教育職員免許法を改定してきたが、1998年の免許法改正を契機に教員養成カリキュラムの選択履修方式の導入によって弾力化を図った結果、教員免許状が教員として最小限必要な資質能力を確実に保証するものになっていない、あるいは大学の教職課程が必ずしも教員として最小限必要な資質能力を身につけるものになっていないという問題が指摘されるようになり、それらの問題を解決するために、教員養成にスタンダードを設けて、教員養成全体の質保証を図っていく必要性が出てきた。また、国際学力調査や全国学力調査の結果から子どもの学力低下が明らかとなり、国際的に質の高い学校教育を実現するためには質の高い教員が養成される必要があると強調されるようになった。そうした経緯から、大学の教職課程に「教職実践演習」という新設科目を設け、到達目標に照らして教員として最小限必要な資質能力が身についているかどうかを確認することになった。

以上のように、各国の教員養成スタンダードの導入に至った経緯は異なっているが、子どもたちへの教育の質や子どもの学力の向上に向けて教員養成の質に統一性を持たせ、国全体として教員養成の質を維持・向上させるためにスタンダードを導入している点は共通している。

２．教員養成スタンダードの内容について

各国の教員養成スタンダードの内容についてみると、アメリカの教員養成スタンダードは、10の原則（「教科内容」「生徒の学習」「多種多様な学習者」「教授方略」「学習環境」「コミュニケーション」「授業計画」「アセスメント」「リフレクションと職能成長」「協働・倫理規範・関係づくり」）から構成されており、一つ一つの原則が「知識」「態度」「パフォーマンス」から成り立っている。

また、イギリスの教員養成スタンダードは、大きく「専門的特性」「専門的知識・理解」「専門的スキル」から構成されており、それぞれの下位項目として33のスタンダードが設定されている。

ドイツの場合は、大きく「授業」「教育」「評価」「刷新」の4領域から構成されており、その下位には10のコンピテンスがあり、その具体的なスタンダードの内容は「理論的な養成部分」と「実践的な養成部分」の2つに分類されている。

　日本の場合は、「使命感や責任感、教育的愛情等に関する事項」「社会性や対人関係能力に関する事項」「幼児児童生徒理解や学級経営等に関する事項」「教科・保育内容等の指導力に関する事項」の4つから構成されており、各事項について3つずつ到達目標が設けられている。

　各国の違いに注目すると、アメリカ、イギリス、ドイツといった欧米圏の教員養成スタンダードでは、教授活動や職能発達に関わる内容が多くを占めているのに対して、日本の教員養成スタンダードは、教授活動に関わる内容に加えて教員が持つべき社会性や人間性などの人格資質に関わる内容が設定されている。これは、日本をはじめとする東アジア諸地域の教員の在り方として、単に「教える人」＝teacherとしての知識や技能面だけでなく、「師（師範）」としての人格的な要素を含めた教師像を重視する傾向が強いからである。しかし教員になる者に人格的な資質を求めるが故に日本の教員の業務の「無境界性」という特性が強まり、日本の教員の職能基準が明確にとらえにくくなっていると考えられている[45]。

　また、アメリカ、イギリス、ドイツの教員養成スタンダードは、知識とパフォーマンス（実践やスキル）で構成されている。これは教員の専門的職能基準として大学で学ぶ理論や原理的な知識と学校における実践力との結合を求めているからである。それに対して、日本の教員養成スタンダードは、知識とパフォーマンスとの関係や結びつきが不十分であり、教育技術や実践的なパフォーマンスを重視している。

　おわりに

　この章では、アメリカ、イギリス、ドイツ、日本の教員養成スタンダードを取りあげ、その導入の背景や目的、教員養成スタンダードの内容やその特

徴を概観し、各国の教員養成スタンダード導入に関して比較を行った。国によって教員養成スタンダードの導入の背景やスタンダード自体の内容的な差異が存在するが、これまでのように教員養成プログラムへの入口（インプット）と履修カリキュラムに評価の比重を置くのではなく、そのプログラムを通しての成果（アウトカム）に評価の比重を置く方向で教員養成スタンダードが導入されるようになった点は各国で共通している。また、教員養成スタンダードの開発には、授業における教員の知識に関する研究成果が基盤に求められることも明らかになった。

この各国の教員養成スタンダードが、教員や教員養成の質保証としてどのように使用され、運用されているのか、そして、スタンダードによって教員や教員養成の質保証を図ることが実際の学校現場における子どもたちの学習にどのような効果をもたらしうるのかを探ることは今後の課題として重要であろう。

注・引用参考文献

1 本柳とみ子「オーストラリアの教師教育における教員養成スタンダードの機能とその意義」、『早稲田大学大学院教育学研究科紀要　別冊』第13巻、第2号、2006年、205頁。
2 中井隆司・日野圭子・小柳和喜雄・松川利広・井村健・石川元美・木村公美「アセスメントによる教員養成カリキュラム改善モデルの開発」、日本教育大学協会年報編集委員会編『日本教育大学協会研究年報』第25号、2007年、227頁。
3 浜田博文「アメリカ教育改革における教員政策の動向と課題」、筑波大学教育学系編『筑波大学教育学系論集』第13巻、第2号、1989年、159～170頁。浜田博文「アメリカにおける教員の資質向上のための行政施策」、日本教育行政学会編『日本教育行政学会年報』第13号、1987年、95～107頁。
4 Darling-Hammond, L. (2001). Standards Setting in Teaching: Changes in Licensing, Certification, and Assessment. Virginia Richardson (ed.) Handbook of Research of Teaching (Fourth Edition)., American Educational Research Association: Washinton, D.C., pp.752-759.
5 八尾坂　修『アメリカ合衆国教員免許制度の研究』、風間書房、1998年、236～250頁。
6 op.cit., Darling-Hammond, 2001, p.758。
7 National Board for Professional Teaching Standards (2002). What Teachers Should Know and Be Able to Do.
8 前掲、中井他、2007年、228頁。

9　Interstate New Teacher Assessment and Support Consortium（1992）. Model Standards for Beginning Teacher Licensing, Assessment and Development: A Resource for State Dialogue.
10　op.cit., Darling-Hammond, 2001, p.763.
11　Yinger,R.J.（1999）. The Role of Standards on Teaching and Teacher Education. Griffin, G.A. The Education of Teachers., The University of Chicago Press; Chicago, Illinois, p.98.
12　op.cit., Darling-Hammond, 2001, p.767.
13　米川英樹・冨田福代「イギリスの教員養成」、日本教育大学協会編『世界の教員養成Ⅱ　欧米オセアニア編』、学文社、2005年、27頁。
14　西川信廣「教員養成教育における大学と学校の連携について－イギリスの試みを参考に－」、日本教師教育学会編『日本教師教育学会年報』第8号、1999年、36頁。
15　高野和子「イギリスの教育養成の動向」、浦野東洋一・羽田貴史編『変動期の教員養成』、同時代社、1998年、162頁。
16　前掲、米川・冨田、2005年、28頁。
17　前掲、西川、1999年、38頁。
18　前掲、高野、1998年、164頁。
19　佐藤千津「教師教育の多様化政策とその展開－イギリスの『学校における教員養成』の場合－」、日本教師教育学会編『日本教師教育学会年報』第17号、2008年、47頁。
20　前掲、西川、1999年、36～37頁。
21　上掲、西川、1999年、37頁。
22　前掲、佐藤、2008年、44頁。
23　山崎洋子「現代イギリスの教員養成における動向と特質」、『鳴門教育大学学校教育実践センター紀要』第19号、2004年、56頁。
24　Mike Newby（2007）. Standards and Professionalism: Peace Talk?, Townsend,T. and Bates,R.（eds.）. Handbook of Teacher Education: Globalization, Standards and Professionalism in Times of Change., Netherlands:Springer, pp.117-119.
25　前掲、米川・冨田、2005年、35頁。
26　Training and Development Agency（2007）. Professional Standards for Teachers: Qualified Teacher Status.
27　前掲、高野、1998年、164頁。
28　op.cit., Training and Development Agency, 2007, p.3.
29　前掲、西川、1999年、38頁。木塚雅貴「イングランドにおける教員養成の事例研究」、『北海道教育大学紀要（教育科学編）』第57巻、第2号、2007年、57頁。
30　Terhart,E.（Hrsg）:Perspektiven der Lehrerbildung in Deutschland. Abschlussbericht der von der Kultusministerkonferenz eingesetzten Kommission, Weinheim,Beltz,2000
31　Wissenschaftsrat: Empfehlungen zur Küntigen Struktur der Lehrerbildung,2001,Berlin.
32　ハイデマリー・ケムニッツ「TIMSSとPISAはドイツの教師と教師教育にどのような影響を与えているのか」、東京学芸大学教員養成カリキュラム開発研究センター編『グローバル世界におけるドイツの教師教育改革』、2009年b、サン

プロセス、59頁。
33 Sekretariat der Ständigen Konferenz der Kultusiminister der Länder in der Bundesrepublik Deutschland: Standards für die Lehrerbildung: Bildungswissenschaften,Beschluss der Kultusministerkonferenz vom 16.12.2004.
34 ハイデマリー・ケムニッツ「教員養成のスタンダードと教職の専門性」、教員養成カリキュラム開発研究センター編『研究年報』第8巻、東京学芸大学、2009年a、7頁。
35 上掲、ハイデマリー・ケムニッツ、2009年a、14頁。
36 上掲、ハイデマリー・ケムニッツ、2009年a、7頁。
37 教育職員養成審議会「教員養成の改善方策（建議）」、1972年。
38 臨時教育審議会「教育改革に関する第二次答申」、1986年。
39 中央教育審議会「新しい時代の義務教育を創造する（答申）」、2005年、3頁。
40 上掲、中央教育審議会、2005年、20頁。
41 中央教育審議会「今後の教員養成・免許制度の在り方について（答申）」、2006年、7頁。
42 上掲、中央教育審議会、2006年、9～10頁。
43 上掲、中央教育審議会、2006年、15頁。
44 日本教育大学協会「学部教員養成教育の到達目標検討」プロジェクト『学部教員養成教育の到達目標の検討（報告）』、2008年。
45 岩田康之「近代日本の教師像と教員養成改革」、労凱声、山﨑髙哉編『日中教育学対話Ⅰ　教育学研究と教育改革の現状と課題』春風社、2008年、327～333頁。

第14章　日本の大学教員と附属小学校教員の教員養成スタンダードに対する意識

別惣　淳二

第1節　研究の目的

　世界的な動向として、児童生徒の学力向上に対応して、教員の職能向上や質保証が重要な課題となっている。現在、教師教育においては、欧米諸国を中心に教師教育において教員に求められる資質能力のスタンダード（基準）化が国レベル、あるいは州レベルで推進されている[1]。

　我が国でも、2006（平成18）年7月の中央教育審議会「今後の教員養成・免許制度の在り方について（答申）」において、学部段階における教職課程の質的水準の向上を目指す方策として、教職課程の中に「教職実践演習」を新たに必修科目として設定することが提案された。この「教職実践演習」は、教職課程の履修のみならず、「教職課程の他の科目の履修や教職課程外での様々な活動を通して身につけた資質能力が、教員として最小限必要な資質能力として有機的に統合され、形成されたかについて、課程認定大学が自らの養成する教師像や到達目標等に照らして最終的に確認するもの」[2]として規定されている。「教職実践演習」において、各大学が学生の身につけた資質能力を確認する際の「到達目標及び到達目標の確認指標例」（以下、「到達目標」と略記）として次の4つの事項（①使命感や責任感、教育的愛情等に関する事項、②社会性や対人関係能力に関する事項、③幼児児童生徒理解や学級経営に関する事項、④教科・保育内容等の指導力に関する事項）を含めることとされており、これらの「到達目標」は、文部科学省が求める教員の職能基準とみなすことができよう。

　しかし、問題は、これまで設定されることのなかった到達目標を教員養成に導入する際に、大学側がどのようなことに留意して、どのように導入すれ

ばよいのかという点である。中央教育審議会が示した「到達目標」に限らず、様々な大学で独自の教師教育（教員養成）スタンダードが作成されているが、それを実際にどのように運用していくのかがこれからの課題である。また、「到達目標」を導入することは教職実践演習のみならず、教育実習も含めた教員養成カリキュラム全体に関わる問題でもある。そのため、国の施策としての「到達目標」の導入に対して、教員養成に直接関わる大学教員と教育実習の指導に関わる附属小学校教員がどのような意識を持っているのかを明らかにして、教員養成スタンダードの導入の意義と課題を明確にすることは重要であると考えられる。我が国のこれまでの教員養成スタンダードに関する研究を概観すると、主に教師教育（教員養成）スタンダードの開発[3]と教員養成への活用[4]に関する研究がほとんどであり、教員養成スタンダードの導入に対する大学教員等の意識を明らかにした研究は見あたらない。

　そこで、本章では、中央教育審議会答申で示された「教職実践演習」の「到達目標」をわが国の教員養成スタンダードとみなし、国立教員養成系大学・学部の教員と教育実習の指導にあたる附属小学校教員が、①教員養成スタンダード・「到達目標」を巡る動向やその内容についてどのように認識しているのか、②「到達目標」が導入されることについての意義や問題点をどのように認識しているのか、また、③所属大学の教員養成カリキュラムは「到達目標」を達成できるだけの水準を保持しているのかについて明らかにすることを目的とした。

第2節　研究の方法

　本研究は、「教員養成スタンダードに関する大学教員／実習指導教員の日独意識調査」（質問紙調査）によって得られたデータに基づいている。本調査は、2008（平成20）年11月～12月に兵庫教育大学連合大学院を構成する4大学（兵庫教育大学・上越教育大学・鳴門教育大学・岡山大学教育学部）の大学教員608名と附属小学校教員70名を対象に実施したものである。また、質問内容の関係から、中央教育審議会答申で示された教職実践演習の「到達目

標」を知らない人のために、同答申の「到達目標」を添付して質問紙を配付した。実施方法として、大学教員に対しては各大学で一斉に配付し、記入後一括回収を依頼した。附属小学校教員には学校長に一斉配付と記入後の一括回収を依頼した。最終的に回収できた有効回答数は、大学教員が141（23.2％）であり、附属小学校教員が63（90.0％）であった。回答者の基本属性は、表14-1、表14-2に示すとおりである。

表14-1　基本属性

		大学教員		附属小学校教員	
		N	％	N	％
性別	男性	107	75.9	43	71.7
	女性	31	22.0	17	28.3
年齢	20歳代	2	1.4	6	9.5
	30歳代	24	17.1	32	50.8
	40歳代	39	27.9	25	39.7
	50歳代	49	35.0	0	0.0
	60歳代以上	26	18.6	0	0.0
幼・小・中・高校での教職経験年数	9年以下	25	17.7	15	23.8
	10～19年	11	7.8	35	55.6
	20年以上	21	14.9	11	17.5
	無答	84	59.6	2	3.2

（注）「教職経験年数」以外は無答を除いた。

表14-2　大学教員の職種と専門領域

職種	N	％	専門領域	N	％
教授	65	46.8	教育学	25	19.1
准教授	53	38.1	心理学	22	16.8
講師	16	11.5	教科教育学	29	22.1
助教	2	1.4	教科専門	44	33.6
その他	3	2.2	その他	11	8.4

（注）無答は除いた。

第3節　研究の結果及び考察

1．教員養成スタンダードの動向と教職実践演習における「到達目標」の妥当性に対する意識

1．教員養成スタンダードの動向について

　まず、大学教員と附属小学校教員が、今日の教員養成スタンダードに関す

る動向についてどの程度知っているのかを把握するために、「アメリカ、イギリス、ドイツなど諸外国において、国家（連邦）及び州レベルで教師教育（教員養成）スタンダードが設定されていることを知っていますか」、「中央教育審議会答申（2006年7月）が『教職実践演習（仮称）』の必修化に伴い、教職希望者の大学卒業時における『到達目標及び目標達成の確認指標例』を提示したことを知っていますか」、「近年日本の大学において教員養成スタンダードが開発されていることを知っていますか」という設問を設け、「1.知らない、2.少し知っている、3.よく知っている」で回答を求めた。その結果を**表14-3**に示した。

表14-3 教員養成スタンダードの動向についての認知

(%)

	1.知らない	2.少し知っている	3.よく知っている	合計	χ^2検定
諸外国において国及び州レベルで教師教育スタンダードが設定されていることを知っているか	44.3	38.6	17.1	140	***
	73.0	25.4	1.6	63	
中教審が教職実践演習の「到達目標」及び目標到達の確認指標例を提示したことを知っているか	27.7	48.2	24.1	141	***
	60.3	39.7	0.0	63	
日本の大学で教員養成スタンダードが開発されていることを知っているか	41.1	46.1	12.8	141	*
	63.5	31.8	4.8	63	

(注1) χ^2検定の結果は、*p<.05、**p<.01、***p<.001を意味する。
(注2) 上段は大学教員、下段は附属小学校教員の%を示す。

　諸外国における教師教育（教員養成）スタンダードの設定については、「2.少し知っている」と「3.よく知っている」のどちらかに回答した大学教員は55.7%であり、附属小学校教員は27.0%であった。また、中央教育審議会答申が示した「教職実践演習」の「到達目標」については、「2.少し知っている」と「3.よく知っている」のどちらかに回答した大学教員は72.3%で、附属小学校教員は39.7%であった。さらに、日本の大学で教員養成スタンダードが開発されていることについては、「2.少し知っている」と「3.よく知っている」のどちらかに回答した大学教員は58.9%で、附属小学校教員は36.5%であった。大学教員と附属小学校教員の回答について

χ^2検定を施した結果、いずれの設問でも有意差が認められた。

このことから、附属小学校教員よりも大学教員の方が今日の教員養成スタンダードに関する動向を知っており、なかでも、中央教育審議会答申が示した「教職実践演習」の「到達目標」について7割強の大学教員が知っていることが分かった。

2．教職実践演習の「到達目標」の要求水準について

つぎに、教職実践演習における「到達目標」に焦点化して、大学教員と附属小学校教員にその要求水準を「1.非常に低い、2.低い、3.やや低い、4.やや高い、5.高い、6.非常に高い」で回答を求めた。その結果を平均値で示したものが表14－4である。大学教員の平均値は4.00であり、附属小学校教員の平均値は3.62であった。双方の平均値についてt検定を施したところ、5％水準で有意差が認められた。この結果から、附属小学校教員よりも大学教員の方が要求水準が「高い」の方向に回答している者が多いと言える。

表14－4　教職実践演習における到達目標の要求水準

	大学教員			附属小学校教員			
	平均値	SD	N	平均値	SD	N	t検定
教職実践演習における到達目標の要求水準は高いか、低いか	4.00	0.92	129	3.62	0.99	53	＊

（注1）t検定の結果は、＊p<.05、＊＊p<.01、＊＊＊p<.001を意味する。
（注2）平均値は、「1.非常に低い」「2.低い」「3.やや低い」「4.やや高い」「5.高い」「6.非常に高い」から算出した。

3．教職実践演習の「到達目標」の項目数について

また、教職実践演習の「到達目標」の項目数について大学教員と附属小学校教員がどのように思っているのかを把握するために、「1.とても少ない、2.適切、3.とても多い」で回答を求めた。その結果を表14－5に示した。「2.適切」に回答した大学教員は74.4％であり、附属小学校教員は77.4％であった。双方の回答についてχ^2検定を施した結果、有意差は認められなかった。このことから、大学教員も附属小学校教員も75％近くの者が、項目数は「適切」と回答していることが分かった。

表14-5　教職実践演習における到達目標の項目数

(％)

	1.とても少ない	2.適切	3.とても多い	合計	χ^2検定
教職実践演習における到達目標の項目数をどう思うか	6.8	74.4	18.8	133	ns
	13.2	77.4	5.3	53	

(注) 上段は大学教員、下段は附属小学校教員の％を示す。

4．教職実践演習における「到達目標」の内容的妥当性について

さらに、大学教員と附属小学校教員が教職実践演習における「到達目標」の内容的妥当性をどのように捉えているのかを知るために、「『教職実践演習』における『到達目標』の内容は、教職の資質能力形成にとって妥当な内容だと思いますか」という設問を設け、「1.妥当でない、2.おおむね妥当、3.妥当である」で回答を求めた。その結果を示したものが表14-6である。「2.おおむね妥当」と「3.妥当である」のいずれかに回答した大学教員は88.0％であり、附属小学校教員は94.3％であった。双方の回答についてχ^2検定を施したが有意差は認められなかった。このことから、大学教員も附属小学校教員も9割近くの者が教職実践演習の「到達目標」の内容は妥当であると肯定的に認めていることが分かった。ちなみに、「1.妥当でない」と回答した者の理由を挙げると、「目標の内容が抽象的である」(大学教員)、「教育に対する使命感や情熱が必要であるとしても、到達目標としては主観的で曖昧である」(大学教員)、「指導例は提示されているが具体性に欠ける。どの程度か、評価が難しいと考える」(附属小学校教員)、「これだけで教職の資質を網羅しているとは思えない」(大学教員) といった記述が代表的であり、おおよそ①目標内容が抽象的であること、②その内容が教職の資質能力を網羅していないことに集約される。

表14-6　教職実践演習における「到達目標」の内容的妥当性

(％)

	1.妥当でない	2.おおむね妥当	3.妥当である	合計	χ^2検定
教職実践演習の到達目標は、教職の資質能力形成にとって妥当な内容だと思うか	12.0	78.2	9.8	133	ns
	5.7	83.0	11.3	53	

(注) 上段は大学教員、下段は附属小学校教員の％を示す。

第14章　日本の大学教員と附属小学校教員の教員養成スタンダードに対する意識　251

　以上の結果から、教員養成スタンダードについては附属小学校教員よりも大学教員の方がよく知っており、特に中央教育審議会が示した教職実践演習の「到達目標」については7割強の大学教員が知っていた。その「到達目標」の項目数は大学教員も附属小学校教員も75％近くが「適切」と認識しており、その内容的妥当性に関しては大学教員も附属小学校教員も9割近くが「妥当」と肯定的に捉えていた。しかし、「到達目標」の要求水準については、附属小学校教員よりも大学教員の方が高いという認識を持っていた。

2．教員養成スタンダード・「到達目標」の意義と問題点に対する意識
1．教員養成スタンダード・「到達目標」の設定の意義について

　教職実践演習の「到達目標」のように、国が教員養成スタンダードあるいは「到達目標」を設定することの意義を大学教員と附属小学校教員がどのように認識しているのかを明らかにするために、意義に関して12項目を設定し、「1. まったくそう思わない、2. そう思わない、3. あまりそう思わない、4. ややそう思う、5. そう思う、6. 非常にそう思う」の6件法で回答を求めた。その結果を平均値で示したものが**表14-7**である。

表14-7　教員養成スタンダード・到達目標の設定の意義

	大学教員			附属小学校教員			
	平均値	SD	N	平均値	SD	N	t検定
1　大学として教員養成の質保証のための基準が明確になる	4.53	1.12	137	4.44	0.86	62	ns
3　大学が社会に対して説明責任を果たす材料になる	4.27	1.18	139	4.40	1.00	62	ns
2　大学教員が個々の授業において学生に教育のねらいを明確に示すことができる	4.24	1.17	137	4.55	0.84	62	*
9　教員養成に関わる教員の間で養成すべき教師像についてコンセンサスが形成される	4.05	1.25	138	4.45	1.00	62	*
7　学生が自らの学習の目標を立て成果を評価するための材料になる	4.00	1.24	138	4.40	0.91	62	*
8　大学教員が学修成果を客観的に評価するための材料になる	3.83	1.18	139	4.40	0.90	62	***
11　大学の教育方法の改善につながる	3.79	1.22	138	4.43	1.20	61	***
4　国が社会に対して説明責任を果たさざるを得なくなる	3.78	1.22	138	3.98	1.13	61	ns
5　大学教員と実習校教員とが効果的に協働するための条件が整えられる	3.69	1.22	139	4.06	1.14	62	*
12　専門職としての教師像を国として戦略的に構想することにつながる	3.64	1.16	135	3.71	1.08	59	ns
10　客観的な指標によって教職の専門的地位が保たれる	3.56	1.29	139	4.00	1.04	62	*
6　大学と教員研修所の役割分担が明確になる	3.12	1.15	138	3.77	1.15	62	***

(注1)　t検定の結果は、*:p<.05、**:p<.01、***:p<.001 を意味する。
(注2)　平均値は、「1. まったくそう思わない」「2. そう思わない」「3. あまりそう思わない」「4. ややそう思う」「5. そう思う」「6. 非常にそう思う」から算出した。
(注3)　各項目は大学教員の平均値の高い順に整理した。

この結果によると、大学教員が最も意義があると回答した項目は「1.大学として教員養成の質保証のための基準が明確になる」であった。次いで高い意義を示した項目は、「3.大学が社会に対して説明責任を果たす材料になる」と「2.大学教員が個々の授業において学生に教育のねらいを明確に示すことができる」であった。さらに、4番目と5番目の項目は、「9.教員養成に関わる教員の間で養成すべき教師像についてコンセンサスが形成される」と「7.学生が自らの学習の目標を立てて成果を評価するための材料になる」であり、いずれの項目も 4.00 以上の平均値を示した。これら5つの項目、すなわち「教員養成の質保証の基準化」、「社会への説明責任」、「教育のねらいの明確化」、「養成すべき教師像の共有化」、「学生の自己評価」は、大学教員が教員養成スタンダードあるいは「到達目標」を設定することの意義として肯定的に捉えている内容であるといえる。逆に、「6.大学と教員研修所の役割分担が明確になる」の平均値は、大学教員が回答した項目の中で否定的な回答を示した。

　一方、附属小学校教員の場合は、上記の大学教員が高い意義を示した5項目に加えて、「11.大学の教育方法の改善につながる」、「8.大学教員が学習成果を客観的に評価するための材料になる」、「5.大学教員と実習校教員とが効果的に協働するための条件が整えられる」、「10.客観的な指標によって教職の専門的地位が保たれる」といった4項目も 4.00 以上の平均値が得られた。また、t 検定の結果を見ると、附属小学校教員の平均値で 4.00 以上の項目の多くに有意差が認められたことから、附属小学校教員の方が教員養成スタンダードあるいは「到達目標」を設定することの意義を高く認めていることが読み取れる。

2．教員養成スタンダード・「到達目標」の設定の問題点について

　また、国が教員養成スタンダードあるいは「到達目標」を設定することの問題点を大学教員と附属小学校教員がどのように認識しているのかを明らかにするために、問題点に関して9項目を設定し、「1.まったくそう思わない、2.そう思わない、3.あまりそう思わない、4.ややそう思う、5.そう思う、6.非

第14章　日本の大学教員と附属小学校教員の教員養成スタンダードに対する意識　253

常にそう思う」の6件法で回答を求めた。その結果を平均値で示したものが**表14-8**である。

　大学教員の回答結果をみると、最も問題点として平均値が高かったのが「2.スタンダードの一覧に該当しない授業内容が軽視される」であった。つづいて平均値が高かったのは、「8.教員養成の過程よりも結果の方が重視される」、「6.国の政策に左右され、大学の自律性が失われる」や、「7.各大学の教員養成の内容が画一化される」といった項目であり、いずれも平均値が4.00以上の項目である。これらの項目から、大学教員は、国が教員養成スタンダードや「到達目標」を設定することによって、結果重視あるいは説明責任重視の教員養成教育となり、本来大学教育として保障されてきた「大学の自主性・自律性」や「学問の自由」が拘束され、各大学の教員養成の内容が画一的になるということを危惧していることが推察される。

　これに対して、附属小学校教員の場合は、平均値が4.00以上の項目はなかった。平均値が3.50以上は「9.スタンダードに該当しない授業内容を学生が履修しなくなる」と「8.教員養成の過程よりも結果の方が重視される」の項目のみであり、多くの項目は3.50以下の平均値であった。そのため、「9.スタンダードに該当しない授業内容を学生が履修しなくなる」以外

表14-8　教員養成スタンダード・到達目標の設定の問題点

	大学教員			附属小学校教員			
	平均値	SD	N	平均値	SD	N	t検定
2 スタンダードの一覧に該当しない授業内容が軽視される	4.17	1.24	137	3.44	1.20	62	***
8 教員養成の過程よりも結果の方が重視される	4.11	1.28	136	3.69	1.22	62	*
6 国の政策に左右され、大学の自律性が失われる	4.10	1.33	136	3.23	1.17	62	***
7 各大学の教員養成の内容が画一化される	4.02	1.33	135	3.27	1.24	62	***
9 スタンダードに該当しない授業内容を学生が履修しなくなる	3.96	1.31	136	3.72	1.14	61	ns
5 外部からのいい評価結果を得るために大学間の競争が激化する	3.93	1.24	137	3.31	1.11	62	***
3 大学教員の授業に独自性が出しにくくなる	3.82	1.40	137	3.08	1.16	62	***
4 研究面での多様性が失われる	3.69	1.52	136	3.03	1.17	61	***
1 画一的な教員を養成することにつながる	3.64	1.37	137	3.11	1.20	62	**

(注1)　t検定の結果は、*:p<.05、**:p<.01、***:p<.001を意味する。
(注2)　平均値は、「1.まったくそう思わない」「2.そう思わない」「3.あまりそう思わない」「4.ややそう思う」「5.そう思う」「6.非常にそう思う」から算出した。
(注3)　各項目は大学教員の平均値の高い順に整理した。

の項目では、大学教員と附属小学校教員の平均値の間に有意差が認められた。この結果は、附属小学校教員の方が教員養成スタンダードあるいは「到達目標」の設定に対して意義を見いだし、肯定的であることが反映していると考えられる。

以上の結果から、国が教員養成スタンダードあるいは「到達目標」を設定することの意義については、附属小学校教員の方が肯定的に捉えており、逆に大学教員の方が問題点をより強く認識している様子がうかがわれる。

3. 国が教員養成スタンダード・「到達目標」を設定することの賛否について

つぎに、国が政策的に教員養成スタンダードあるいは到達目標を設定することについての賛否を、大学教員と附属小学校教員に「1. まったくそう思わない、2. そう思わない、3. あまりそう思わない、4. ややそう思う、5. そう思う、6. 非常にそう思う」の6件法で回答を求めた。その結果を平均値で示したものが表14-9である。大学教員の平均値は3.84（「4. ややそう思う」+「5. そう思う」+「6. 非常にそう思う」に答えた肯定的な回答は74.1%）であり、附属小学校教員の平均値は4.05（肯定的な回答は80.4%）であった。両者の平均値については、t検定の結果、有意差は認められなかった。

また、この設問について「1. まったくそう思わない」、「2. そう思わない」、「3. あまりそう思わない」と否定的な回答をした大学教員に対して、国が示した教員養成スタンダードの代わりにどのようにして教員養成の質保証ができるのかを自由記述で回答を求めたところ、「国ではなく各大学で自律性をもって質保証をすべきである」、「全大学にスタンダードを当てはめるのではなく、個別の大学の改善努力を丁寧に時間をかけて検証していくべき」、

表14-9 教員養成の到達目標を設定することへの賛否

	大学教員			附属小学校教員			
	平均値	SD	N	平均値	SD	N	t検定
国が政策的に教員養成の到達目標を設定することに賛成ですか	3.84	1.15	139	4.05	0.90	61	ns
個々の大学が独自に教員養成スタンダードを開発することに賛成ですか	4.20	1.15	137	4.38	0.88	61	ns

（注）平均値は、「1. まったくそう思わない」「2. そう思わない」「3. あまりそう思わない」「4. ややそう思う」「5. そう思う」「6. 非常にそう思う」から算出した。

「独自スタンダードを持つことで目的の達成は可能」というように国が一元的に関与せず、各大学の自主的な質保証に任せればよいという考えがある。

同様に、否定的な回答をした附属小学校教員にも自由記述を求めた結果、「それぞれの大学のもつ良識やカリキュラムに委ねる」、「教育養成のための授業について質的向上を図る」などの各大学のカリキュラムや授業の質向上を求める考えがある一方で、「現場における実習や実務を多くし、重要視すべき」、「医者のインターンのように副担任として実践経験をふやす」といった養成段階での実習・実践経験の充実を求める考えがある。

4. 個々の大学で教員養成スタンダード・「到達目標」を開発することの賛否について

さらに、個々の大学が独自に教員養成スタンダードを開発することについての賛否も、大学教員と附属小学校教員に「1. まったくそう思わない、2. そう思わない、3. あまりそう思わない、4. ややそう思う、5. そう思う、6. 非常にそう思う」の6件法で回答を求めた。その結果を平均値で示したものが**表14-9**である。大学教員の平均値は4.20（「4. ややそう思う」＋「5. そう思う」＋「6. 非常にそう思う」の肯定的な回答は81.7%）であり、附属小学校教員の平均値は4.38（肯定的な回答は90.2%）であった。双方の平均値についてt検定を施した結果、有意差は認められなかった。

しかし、大学教員も附属小学校教員も、先に示した国が政策的に教員養成スタンダードあるいは「到達目標」を設定する場合の平均値と比較すると、個々の大学で教員養成スタンダードあるいは「到達目標」を開発する方が平均値が高く、より強く賛同する傾向にある（双方の平均値について、対応ありのt検定を施した結果、大学教員の場合0.1%水準で、附属小学校教員の場合5%水準で有意義が認められた）。このことから、日本の場合、教員養成スタンダードは国が認定するよりも個々の大学で開発する方がよいという考えが強いことがわかる。

3. 教員養成スタンダード・「到達目標」と大学カリキュラムの関係性に対する意識

1. 教職実践演習の「到達目標」に対する所属大学のカリキュラムの適応度について

現在の大学の養成カリキュラムが教職実践演習の「到達目標」をどの程度満たしていると認識しているのかを把握するために、大学教員と附属小学校教員に「教育学関連の授業」「心理学関連の授業」「教科教育学関連の授業」「教科専門関連の授業」「教育実習」が教職実践演習の到達目標を満たすレベルにあるかを「1. 全くそう思わない、2. そう思わない、3. あまりそう思わない、4. ややそう思う、5. そう思う、6. 非常にそう思う」の6件法で回答を求めた。その結果を平均値で示したものが表14-10である。

大学教員の平均値を見ると、3.50以上の値が示されており、肯定的な回答傾向にある。最も値が高いのは「教育実習」の4.28であり、次いで、「教科教育学関連の授業」の4.13が2番目に高い平均値を示した。3番目に平均値が高かったのは「心理学関連の授業」の4.03であり、これら3つの授業科目については4.00以上の平均値(「4. ややそう思う」+「5. そう思う」+「6. 非常にそう思う」の肯定的な回答は、それぞれ82.3%、79.9%、79.5%)を示した。しかし、「教育学関連の授業」と「教科専門関連の授業」は、4.00より低い平均値(肯定的な回答はそれぞれ74.4%と72.2%)を示し、相対的に低い順位となった。一方、附属小学校教員において、最も平均値が高かったのは「教育実習」の4.47(肯定的回答は88.2%)であったが、それ以外の「教科専門関連の授業」、「教科教育関連の授業」、「心理学関連の授業」、「教育学関連の

表14-10 教職実践演習の到達目標と大学カリキュラムの適応度

	大学教員			附属小学校教員			
	平均値	SD	N	平均値	SD	N	t検定
貴学の教育実習は教職実践演習の到達目標を満たしているか	4.28	0.92	130	4.47	0.90	59	ns
貴学の教科教育学関連の授業は教職実践演習の到達目標を満たしているか	4.13	0.87	124	3.90	1.10	51	ns
貴学の心理学関連の授業は教職実践演習の到達目標を満たしているか	4.03	0.88	117	3.88	1.04	52	ns
貴学の教育学関連の授業は教職実践演習の到達目標を満たしているか	3.94	0.95	125	3.76	1.12	54	ns
貴学の教科専門関連の授業は教職実践演習の到達目標を満たしているか	3.85	1.06	126	3.98	0.96	52	ns

(注1) 平均値は、「1. まったくそう思わない」「2. そう思わない」「3. あまりそう思わない」「4. ややそう思う」「5. そう思う」「6. 非常にそう思う」から算出した。
(注2) 各項目は大学教員の平均値の高い順に整理した。

授業」は 4.00 より低い平均値を示し、その中で「教育学関連の授業」は最も低い値を示した。また、大学教員と附属小学校教員の平均値の間に、有意差が認められる項目はなかった。

　大学教員の平均値が 4.00 よりも低かった「教育学関連の授業」と「教科専門関連の授業」に関して、大学教員が記した否定的な回答の理由を挙げると、まず「教育学関連の授業」では「到達度の評価がなされていない。評価自体も難しい」、「到達目標の明確化が必要である」という到達目標に対する教育学関連の授業の評価の問題と、「理論的学習が実践的な資質能力に十分につながっていない」、「現代の教育問題を多様な視点から批判的に考える態度を養うために、具体的な実践例とその背景にある歴史や哲学をわかりやすく講義する必要がある」といった実践的な資質能力や教職実践との関連を意識した授業内容になっていないことの問題が記されている。また、「教科専門関連の授業」では、「専門科学の研究に偏り、教科の論理が不十分」、「教科専門の知識が学校での学習指導力に結びついていない」、「より教材研究の視点に立った授業が必要」という記述に見られるように、教科専門関連の授業内容が学校現場での教科指導を意識したものになっていないという問題と、「時間数が少なく、専門知識や技能の教授で手一杯である」、「初等教科で 4 科目や 5 科目の履修で十分身につくとは思えない」といった免許法上の教科専門の単位・時間数の少なさの問題が挙げられている。

　また、附属小学校教員の平均値が最も低かった「教育学関連の授業」に関して、附属小学校教員が記した否定的な回答の理由を挙げると、「実践的な内容をもっと取り入れるべき」、「現場を授業者が知らなすぎる」、「現場との交流、教授等の学ぶ姿勢向上」、「具体的な指導案を作成する技量が学生に育つようにすべき」という記述にあるように、教育学関連の授業について教育実践との繋がりを意識した授業内容に変えていくことと、授業を行う大学教員が今以上に学校現場を認識し、理解することの必要性が指摘されている。

2. 教職実践演習の「到達目標」に対する大学の養成カリキュラムの連携について

　教職実践演習の「到達目標」を満たすために、「教育学関連の授業」「心理

学関連の授業」「教科教育学関連の授業」「教科専門関連の授業」「教育実習」のより一層の連携が必要かどうか、さらに、その連携が十分な状態にあるかどうかを把握するために、大学教員と附属小学校教員に対して「1.全くそう思わない、2.そう思わない、3.あまりそう思わない、4.ややそう思う、5.そう思う、6.非常にそう思う」の6件法で回答を求めた。その結果を平均値で示したものが表14-11である。

まず、教職実践演習の「到達目標」を満たすために、大学の養成カリキュラムのより強い連携が必要かどうかについては、大学教員の平均値は4.57（「4.ややそう思う」+「5.そう思う」+「6.非常にそう思う」の肯定的な回答は86.7%）であった。一方、附属小学校教員の平均値は4.75（肯定的な回答は93.0%）であった。双方の平均値について、t検定を施した結果、有意差は認められなかった。このことから、大学の養成カリキュラムのより強い連携については、大学教員も附属小学校教員も高い必要性を認識しているといえる。

つぎに、教職実践演習の到達目標を満たすために、養成カリキュラムにおける授業科目間の連携は十分だと思うかどうかについては、大学教員の平均値は3.28であり、附属小学校教員の平均値は3.62であった。双方の平均値については、t検定の結果、5％水準で有意差が認められた。このことから、附属小学校教員よりも大学教員の方が、養成カリキュラムにおける授業科目間の連携は不十分であると認識している者が多いことが明らかになった。

そこで、授業科目間の連携が不十分であると否定的に回答した大学教員に

表14-11 教職実践演習の到達目標と大学カリキュラムの連携

	大学教員			附属小学校教員			
	平均値	SD	N	平均値	SD	N	t検定
到達目標を満たすために教育学、心理学、教科教育、教育実習のより強い連携が必要だと思いますか	4.57	1.03	135	4.75	0.85	57	ns
到達目標を満たすために教育学、心理学、教科教育、教育実習の連携は十分だと思いますか	3.28	0.98	132	3.62	0.98	55	*

(注1) t検定の結果は、*p<.05、**p<.01、***p<.001 を意味する。
(注2) 平均値は、「1.まったくそう思わない」「2.そう思わない」「3.あまりそう思わない」「4.ややそう思う」「5.そう思う」「6.非常にそう思う」から算出した。

第14章　日本の大学教員と附属小学校教員の教員養成スタンダードに対する意識　259

対して、連携についての改善点を自由記述で求めたところ、以下の6点に集約できた。1つ目は、「連携の機会、場の設定と日常的なコミュニケーション」、「授業内容に関する大学教員間の横の連携を行い、情報共有をはかる」、「まずは垣根を越えたミーティングから」など、他の教員の授業についての相互理解とコミュニケーションを図るために連携の場を設定することが挙げられる。

　2つ目は、「多忙さの中で、時間が確保できない。時間の確保策を考えてほしい」、「連携をはかる必要性と業務の多さ（時間のなさ）の問題があり、新しい「必要な取り組み」のためには、業務のスクラップ＆ビルドが求められる」というように、仕事量を減らし、連携・協働のための時間を確保できる労働環境にすることが挙げられる。

　3つ目は、「大学が目指す教員像のトータルビジョンを共有すること。そのビジョンのもとに各科目の内容を構成していくこと」、「教育実践力を到達目標（まさにスタンダード）として把握し、教員養成としての教育目標を各領域の授業担当者が理解し合うこと」というように、大学教員が教員養成の到達目標としてのビジョンを共有することが挙げられる。

　4つ目は、「各授業科目が到達目標とどのようにつながっているのかを明確すべき」、「各教科等が、どの部分を担っているのか明らかにすべき」というように、到達目標と各科目とのつながりを明確にすることが挙げられる。

　5つ目は、「大学教員が現場の状況をよく知った上で、各々の専門性に基づいた授業を行う」、「教育実習中に附属校を訪問し、学生の実習状況を観察したり、実習の実態を把握しようとする大学教員は非常に少ない」、「実習と各授業との有機的な関連づけが必要」など、大学教員一人一人が教育実習や教育現場の状況を理解し、その繋がりを意識して大学の授業を行うことが挙げられる。

　6つ目は、「各専門領域に属する教員、教員組織同志での他の領域との連携の必要性についての意識改革」、「教員が学生を育てているという自覚をもつこと」、「研究者の意識の問題である。現場に役立つ学生を育てようという気持ちが欠如している」というように、大学教員の大学教育に対する意識・

自覚を変えていくことが挙げられる。

　また、附属小学校教員においても否定的な回答者に授業科目間の連携の改善点を求めたところ、大きく2つの点が指摘された。1つ目は、「大学側と附属校との間の指導内容のコンセンサスが充分にはかられていない」、「おたがいの学習内容がはっきり理解できていないこと」、「連携が見えないので、見えるようにすべき」というように、授業科目間の連携を見える形で示し、その内容に関して授業科目の担当教員のコンセンサスを図っていくことである。

　2つ目は、「それぞれが独立しているというか、別個のものとして存在している。学生はそのつながりを意識できていない」、「連携すべきは、学ぶ者ではないかと考えるので」という記述にあるように、授業科目間の連携を考えるとき、学ぶ側である学生が授業科目の内容の繋がりを意識して学修できているかどうかという視点を重視しながら改善することである。

　今後、大学教員と附属小学校教員から挙げられたことを改善点としながら、大学の授業科目間の連携を図っていくことが求められる。

第4節　研究の成果と課題

　本研究では、中央教育審議会答申で示された「教職実践演習」の到達目標が各大学の教員養成に導入される際に、大学教員と附属小学校教員が、①到達目標を巡る動向やその内容についてどのように認識しているのか、②到達目標が導入されることについての意義や問題点をどのように認識しているのか、③所属大学の教員養成カリキュラムは到達目標を達成できるだけの水準を保持していると認識しているのかについて明らかにしようとした。その結果、以下の点が成果として得られた。

　①教員養成スタンダード・到達目標の動向と到達目標の妥当性に対する意識
　諸外国やわが国の教員養成スタンダードや教職実践演習の「到達目標」について、附属小学校教員よりも大学教員の方がよく知っていた。とりわけ、教職実践演習の「到達目標」は、7割強の大学教員が知っていた。その教職

実践演習の到達目標の項目数は、大学教員も附属小学校教員も75％近くの者が適切であると認識しており、「到達目標」の内容については、大学教員も附属小学校教員も9割近くの者がその妥当性を認めていた。しかし、「到達目標」の要求水準は附属小学校教員よりも大学教員の方が高いと認識していた。

②教員養成スタンダード・到達目標の意義と問題点に対する意識

国が教員養成スタンダードや到達目標を設定することの意義としては、大学教員も附属小学校教員も「教員養成の質保証の基準化」、「社会への説明責任」、「教育のねらいの明確化」、「養成すべき教師像の共有化」、「学生の自己評価」に役立つと強く認識していた。また、全体的に、教員養成スタンダードや到達目標を設定することの意義については、大学教員よりも附属小学校教員の方が肯定的に捉える傾向にあった。

他方、国が教員養成スタンダードや到達目標を設定することの問題点として、大学教員は、「スタンダードに該当しない授業内容が軽視される」、「教員養成の過程よりも結果の方が重視される」、「国の政策に左右され、大学の自律性が失われる」、「各大学の教員養成の内容が画一化される」という意識を強く持っていた。それに対して、附属小学校教員は大学教員よりもそうした意識をあまり強く持っていない傾向にあった。

また、大学教員も附属小学校教員も国が教員養成スタンダードあるいは到達目標を設定するよりも、個々の大学で教員養成スタンダードあるいは到達目標を開発する方が賛成する傾向が強くなっていた。

③教員養成スタンダード・到達目標と大学カリキュラムの関係性に対する意識

大学教員の結果を見ると、所属大学の養成カリキュラムが教職実践演習の到達目標を満たしているかどうかについては肯定的に回答する傾向にあった。大学教員が、大学の養成カリキュラムのうち、教職実践演習の到達目標を最も満たしていると認識していたのは「教育実習」であり、ついで到達目標を満たしていると認識していたものは「教科教育学関連の授業」と「心理学関連の授業」であった。しかし、「教育学関連の授業」と「教科専門関連の授

業」に対する認識は、上の3つの授業より相対的に低いものとなった。これらの結果については、大学教員と附属小学校教員との間で有意差は見られなかった。

また、教職実践演習の到達目標を満たすためには、養成カリキュラムにおける授業科目間のより一層の連携が必要であると大学教員も附属小学校教員も認識していた。しかし、附属小学校教員よりも大学教員の方が、養成カリキュラムにおける授業科目間の連携は不十分であると認識している者が多かった。

以上の本調査結果を踏まえると、今後教員養成にスタンダードを設定する大学は、スタンダードの設定に際して、附属小学校教員を含めて教員間でコンセンサスを得ていく過程が重要であり、教員養成において有効に機能するようにいかにスタンダードの実質化を図っていくかが課題となる。特に、教員養成スタンダードの設定の意義において「5. 大学教員と実習校教員とが効果的に協働するための条件が整えられる」で、大学教員と附属小学校教員との間に意識の差異が見られたように、大学は学内でのコンセンサスにとどまらず、広く理論と実践の統合の観点から教員養成スタンダードを設定し、附属小学校教員を含めて共通理解を図っていくことが求められる。

また、カリキュラム面について言えば、教員養成スタンダードの基準を満たすためには、大学の各授業科目の改善・工夫と連携が必要であることから、スタンダードと各授業科目との関係性を明確にして授業改善を行い、各授業科目間の連携を図っていくことが課題となろう。

さらに、今回の調査結果は、4つの国立教員養成系大学・学部の大学教員と附属小学校教員から得たデータに基づいていたが、他の国立大学や私立大学にも対象を広げ、大学の特性等によって教員養成スタンダードの導入に対する認識がどのように違うのかを探っていくことも今後の重要な課題であろう。

注・引用参考文献
1 吉岡真佐樹・八木英二「教員免許・資格の原理的検討－『実践的指導力』と専

門性基準をめぐって－」、日本教師教育学会編『日本教師教育学会年報』第16号、2007年、17～18頁。
2 中央教育審議会「今後の教員養成・免許制度の在り方について（答申）」2006年、14～15頁。
3 教師教育（教員養成）スタンダードとして以下の文献が挙げられる。福田幸男監修／海老原修・石田淳一編『小学校教員を目指す人のための教育実習ノート』、2008年、東洋館出版社。別惣淳二・千駄忠至・長澤憲保・加藤久恵・渡邊隆信・上西一郎「卒業時に求められる教師の実践的資質能力の明確化」、日本教育大学協会第二常置委員会編『日本教育大学協会研究年報』第25集、2007年、95～108頁。
4 教師教育（教員養成）スタンダードの活用としては、以下の論文が挙げられる。小柳和喜雄「教育実習における自己点検評価のための目標資質能力の明確化に関する研究」、奈良教育大学教育学部附属教育実践総合センター編『教育実践総合センター研究紀要』第16号、2007年、225～230頁。谷塚光典・東原義訓「教育実習事前・事後指導における教育実習Webリフレクションシートの作成とその分析」、日本教育大学協会第二常置委員会編『教科教育学研究』第21集、2003年、91～107頁。別惣淳二・渡邊隆信・加藤久恵・長澤憲保・上西一郎・中田高俊「小学校教員養成スタンダーズに基づく実習到達基準の開発」、日本教育大学協会年報編集委員会編『日本教育大学協会研究年報』第27集、2009年、191～203頁。福田幸男・海老原修・中嶋俊夫・杉山久仁子・石田淳一・加藤圭司・渡辺邦夫・青山浩之・物部博文・池田敏和・金馬国晴・堀内かおる・有元典文「教職実践演習（仮称）としての拠点校ステューデントティーチャー・プログラムの可能性」日本教育大学協会年報編集委員会編『日本教育大学協会研究年報』第27集、2009年、343～357頁。

第15章　教員養成スタンダードに対する
　　　　ドイツの大学教員と実習指導教員の意識

渡邊隆信、ハイデマリー・ケムニッツ、ディートヘルム・クラウゼ＝ホトップ、カール・ノイマン

第1節　研究の目的

　教員養成段階で習得すべき資質能力の基準を国や州レベルで明確にすることを通して、教員の質保障をおこなおうとする動向が、欧米諸国を中心に世界的に広まっている。こうした世界的な流れのなかで、教員養成のスタンダード（基準）化を積極的に推し進めている国の一つがドイツである。

　ドイツでは、2004年12月に各州文部大臣会議（以下、KMK）において、「教員養成のためのスタンダード：教育諸科学」が決議され、2005/2006年から各州の大学及び試補勤務での教育課程に対する「特別な要請」として受け入れられている。同決議では、教師に求められるコンピテンス領域として、①授業（Unterrichten）：教師は教授と学習の専門家である、②教育（Erziehen）：教師は自らの教育課題を担う、③評価（Beurteilen）：教師は自らの評価課題を公正かつ責任をもっておこなう、④刷新（Innovieren）：教師は自らの資質能力を絶えず発展させる、という4つを設定している。また、各州においても、大学での学士－修士構造による教員養成への転換と連動したかたちで、教職のための修士課程の修了規定が新たに定められており、これは州レベルの教員養成スタンダードと見なすことが可能である。

　こうしたドイツにおける教員養成のスタンダード化については、日本でもこれまでいくつかの先行研究によって貴重な紹介がなされてきた[1]。しかし先行研究では、KMKのスタンダードが登場した背景とスタンダードの具体的な内容の分析が中心であった。スタンダードがドイツの教員養成に関与する大学教員や実習指導教員（メンター）にどのように受け止められているのかについては、明らかにされてこなかった。管見の限りでは、ドイツ本国に

おいてもそうした大学教員と実習指導教員の意識調査はなされていない。

　大学教育へのスタンダードの影響について考察するときに、教員養成スタンダードに対する大学教員や実習担当教員の意識を明らかにすることは重要である。なぜなら、どれほど優れたスタンダードが開発されても、教員養成の最前線で学生を指導する大学教員と実習指導教員がその意義を認識し、その実現のために日々の教育実践をおこなわなければ、スタンダードは単なる絵に描いた餅に終わるからである。その意味で、今後ドイツの各大学でスタンダードを踏まえたカリキュラム編成や教育実践がどのように展開されるかを占う際にも、スタンダードに対する大学教員と実習指導教員の意識を明らかにすることが欠かせないであろう。

　以上の問題意識から本研究では、KMKの「教員養成のためのスタンダード」とニーダーザクセン州の「教職のための修士課程修了規定」(MaVo) をドイツにおけるスタンダードの事例とみなし、州立教員養成系学部の大学教員と大学の連携協力校の実習指導教員を対象にした質問紙調査から、彼らが①スタンダードの内容をどのように認識しているか、②連邦及び州が教員養成にスタンダードを設定することの意義と問題点をどのように認識しているのか、③所属大学の教員養成カリキュラムはスタンダードに達成できるだけの水準を保持していると認識しているのか、について明らかにすることを目的とする。その上で④、②に焦点化しながら大学教員の教員養成のスタンダード化に対する日本とドイツの大学教員の意識の違いについて検討したい。

第2節　研究の方法

　本研究は、2008年9月から12月にかけて、ニーダーザクセン州の3大学、ブラウンシュヴァイク工科大学、オルデンブルク大学、リューネブルク大学で実施した「ドイツ（及び日本）における教師教育スタンダードに対する教員の意識調査」(質問紙調査) において得られたデータに基づいている。

　質問紙は、まず兵庫教育大学連合大学院共同研究プロジェクトHの国内メンバーの協力のもと、渡邊隆信と別惣淳二が中心となって原案を作成した。

その後原案をドイツに送付して、ブラウンシュヴァイク工科大学のノイマン（Neumann,K.）教授、ケムニッツ教授（Kemnitz,H.）、クラウゼ＝ホトップ教員（Krause-Hotopp,W.）に質問項目やドイツ語表現等について修正を依頼した。そのうえで、最後に渡邊と別惣がブラウンシュヴァイク工科大学を訪れ、上の3人と協議のうえ微修正をおこない質問紙を完成させた。

実施方法としては、ブラウンシュヴァイク工科大学、オルデンブルク大学、リューネブルク大学の3大学で教員養成に携わっている教員のうち、無作為に大学教員（163人）と実習指導教員（193人）に質問紙を配布した。質問

表15-1　基本属性

		大学教員		実習指導教員	
		N	%	N	%
性別	男性	29	52.7	9	45.0
	女性	26	47.3	11	55.0
年齢	20歳代	6	10.9	1	5.0
	30歳代	10	18.2	7	35.0
	40歳代	10	18.2	3	15.0
	50歳代	15	27.3	9	45.0
	60歳代以上	14	25.5	0	0.0

表15-2　大学教員の職種と専門領域

		N	%
職種	教授	30	54.5
	研究協力員	25	45.5
専門領域	教育学	17	30.9
	教育学、教育心理学	3	5.5
	教育学、教科教育	2	3.6
	教育学、その他	3	5.5
	教育心理学	5	9.1
	教育心理学、教科専門	1	1.8
	教科教育	14	25.5
	教科教育、教科専門	5	9.1
	教科教育、その他	1	1.8
	教科専門	2	3.6
	その他	2	3.6

紙には、KMK のスタンダードならびにニーダーザクセン州の修士課程修了規定を添付して、大学教員については各大学の窓口教員を通して質問紙を配布し、実習指導教員については質問紙を自宅宛に郵送した。回収は各自で各大学の窓口教員に学内便や郵便等で返送してもらった。有効回答数は、大学教員55（有効回答率33.7％）、実習指導教員20（有効回答率10.4％）であった。回答者の性別及び年齢は**表15－1**、大学教員の職種及び専門領域は**表15－2**の通りである。

第3節　研究の結果及び考察

1．教員養成スタンダードの動向と妥当性に対する意識

1．KMK の教員養成スタンダード及びニーダーザクセン州の修了規定（MaVo）の設定について

まず大学教員と実習等教員が、今日の教員養成スタンダードに関する動向についてどの程度知っているのかを把握するために、「2004年12月16日発表のKMKによる教員養成スタンダードを知っていますか」と「2007年11月8日発表のニーダーザクセン州の教職のための修士課程修了規定を知っていますか」という設問を設け、「1.まだ知らない、2.ほんの少し知っている、3、4、5、6.よく知っている」の6件法で回答を求めた。その結果を示したのが**表15-3**である。

KMK のスタンダードについては、大学教員の回答の平均値は4.35（「4」、「5」、「6.よく知っている」の肯定的な回答は72.2％）であり、実習指導教員の

表15-3　教員養成スタンダードの動向についての認知

	平均値	SD	N	t検定
2004年12月16日発表のKMKによる教員養成スタンダードを知っているか	4.35	1.66	54	*
	3.45	1.54	20	
2007年11月8日発表のニーダーザクセン州の教職のための修士課程修了規定を知っているか	4.47	1.67	53	***
	2.45	1.5	20	

（注1）上段は大学教員の値、下段は実習指導教員の値を示す。
（注2）t検定の結果は、*:p<.05、**:p<.01、***:p<.001 を意味する。
（注3）平均値は「1.まだ知らない、2.ほんの少し知っている、3、4、5、6.よく知っている」から算出した。

平均値は 3.45（肯定的な回答は 40.0％）であった。修士課程修了規定については、大学教員の回答の平均値は 4.47（肯定的な回答は 71.7％）であり、実習指導教員の平均値は 2.45（肯定的な回答は 25.0％）であった。大学教員と実習指導教員の回答について t 検定をおこなったところ、KMK のスタンダードについては 5％水準で有意の差が認められ、修士課程修了規定については 0.1％水準で有意の差が認められた。

このことから、実習指導教員に比べて大学教員の方が、KMK の教員養成スタンダードについても、ニーダーザクセン州の教職のための修士課程修了規定についても、その存在をよく知っており、7 割強の大学教員がどちらについても比較的よく知っていることが分かった。

2. KMK の教員養成スタンダード及びニーダーザクセン州の修了規定（MaVo）の要求水準について

次に、教員養成スタンダードの要求水準に焦点化して、大学教員と実習指導教員に対して、KMK のスタンダード及びニーダーザクセン州の修士課程修了規定について「1. 低すぎる、2. 低い、3、4、5. 高い、6. 高すぎる」の 6 件法で回答を求めた。その結果を**表 15-4** に示した。

KMK のスタンダードについては、大学教員の回答の平均値は 4.54（「4」、「5. 高い」、「6. 高すぎる」のいずれかの回答は 91.7％）、実習指導教員の平均値は 4.38（同じく 87.5％）であった。修士課程修了規定については、大学教員の回答の平均値は 4.61（「4」、「5. 高い」、「6. 高すぎる」のいずれかの回答は 93.5％）、実習指導教員の平均値は 4.58（同じく 100％）であった。大学教員

表 15-4　教員養成スタンダードにおける到達目標の要求水準

	平均値	SD	N	t 検定
KMK による教員養成スタンダードの要求水準	4.54	0.71	48	ns
	4.38	0.72	16	
ニーダーザクセン州の教職のための修士課程修了規定の要求水準	4.61	0.75	46	ns
	4.58	0.67	12	

（注1）上段は大学教員の値、下段は実習指導教員の値を示す。
（注2）平均値は「1. 低すぎる、2. 低い、3、4、5. 高い、6. 高すぎる」から算出した。

と実習指導教員の回答についてt検定をおこなったところ、KMKのスタンダードについても、修士課程修了規定についても、有意差は認められなかった。このことから、大学教員も実習指導教員もそのほとんどが、KMKのスタンダード及びニーダーザクセン州の修士課程修了規定の要求水準が高いと認識していると言える。

3．KMKの教員養成スタンダード及びニーダーザクセン州の修了規定（MaVo）におけるコンピテンスの項目数について

また、KMKのスタンダード及びニーダーザクセン州の修士課程修了規定におけるコンピテンスの項目数について、大学教員と実習指導教員がどのように思っているかを把握するために、「1.少なすぎる、2.適切、3.多すぎる」で回答を求めた。その結果は**表15-5**の通りである。

KMKのスタンダードについては、「2.適切」に回答した大学教員は83.7％、実習指導教員は82.4％であった。修士課程修了規定については、「2.適切」に回答した大学教員は65.2％、実習指導教員は84.6％であった。大学教員と実習指導教員の回答についてχ^2検定をおこなったところ、KMKのスタンダードについても、修士課程修了規定についても、有意差は認められなかった。このことから、KMKのスタンダードについては、大学教員も実習指導教員も8割強がコンピテンスの項目数が適切であると認識しているが、ニーダーザクセン州の修士課程修了規定のコンピテンス項目数については、大学教員は実習指導教員よりもスタンダードの数が多すぎると感じている教員の割合が若干高いと言える。

表15-5　教員養成スタンダードにおける到達目標の項目数

	1.少なすぎる	2.適切	3.多すぎる	合計	χ^2検定
KMKによる教員養成スタンダードの項目数	2	83.7	14.3	49	ns
	0	82.4	17.6	17	
ニーダーザクセン州の教職のための修士課程修了規定の項目数	2.2	65.2	32.6	46	ns
	0	84.6	15.4	13	

（注）上段は大学教員、下段は実習指導教員の％を示す。

4．KMK の教員養成スタンダードおよびのニーダーザクセン州の修了規定（MaVo）の内容的妥当性について

さらに、大学教員と実習指導教員がスタンダードの内容的妥当性をどのように捉えているかを知るために、「専門職としての行為能力の獲得にとって、KMKのスタンダードの内容をどう思いますか」と「専門職としての行為能力の獲得にとって、ニーダーザクセン州のスタンダード（MaVo）の内容をどう思いますか」という問を設け、「1. 妥当でない、2. おおよそ妥当である、3. 妥当である」で回答を求めた。その結果を**表 15-6**に示した。

KMKのスタンダードについては、「2. おおよそ妥当」、「3. 妥当」のいずれかに回答した大学教員は 95.9％、実習指導教員は 100％であった。修士課程修了規定については、「2. おおよそ妥当」、「3. 妥当」のいずれかに回答した大学教員は 87.0％、実習指導教員は 100％であった。大学教員と実習指導教員の回答について χ^2 検定をおこなったところ、KMKのスタンダードについても、修士課程修了規定についても、有意差は認められなかった。このことから、大学教員も実習指導教員もそのほとんどが、KMKのスタンダードならびにニーダーザクセン州の修了規定の内容がほぼ妥当であると認識していると言える。

なお、スタンダードの内容が「妥当でない」と答えた大学教員にその理由を自由記述で尋ねたところ、KMKのスタンダードにおいても修士課程修了規定においても、「初期に生じる問題に配慮した学習というものが大幅に欠けている」という意見が示された。これは、教職に求められる一般的な資質能力のみならず、新人教員が入職時に出会うような問題に対応できるような

表 15-6　教員養成スタンダードにおける到達目標の内容的妥当性

	1.妥当でない	2.おおよそ妥当	3.妥当である	合計	χ^2検定
KMKによる教員養成スタンダードの内容的妥当性	4.1	59.2	36.7	49	ns
	0	76.5	23.5	17	
ニーダーザクセン州の教職のための修士課程修了規定の内容的妥当性	2.2	65.2	32.6	46	ns
	0	84.6	15.4	13	

（注）上段は大学教員、下段は実習指導教員の％を示す。

第15章　教員養成スタンダードに対するドイツの大学教員と実習指導教員の意識　271

資質能力をスタンダードの内容に含めるべきという意見である。また、修士課程修了規定については、「4つの（適切な）コンピテンス領域の下に、それぞれ寄せ集められた部分目標が束ねられているが、この部分目標はたくさんありすぎて到底達成することができない。階層化と焦点化が望ましいだろう」という指摘があった。

2．教員養成スタンダードの意義と問題点に対する意識
1．教員養成スタンダードの設定の意義について

連邦及び州が教員養成スタンダードを設定することの意義を、大学教員と実習指導教員がどのように認識しているかを明らかにするために、「1．まったくそう思わない、2、3、4、5、6．非常にそう思う」の6件法で回答を求めた。その結果を示したのが、**表15-7**である。

大学教員がもっとも意義があると回答した項目は「1. 大学として教員養成の質保証のための基準が明確になる」であった。次いで高い意義が認められた項目は「7. 学生が自らの学習の目標を立てて成果を評価するための材

表15-7　教員養成スタンダードの設定の意義

	大学教員			実習指導教員			
	平均値	SD	N	平均値	SD	N	t検定
1　大学として教員養成の質保証のための基準が明確になる	4.28	1.24	54	4.55	1.19	20	
7　学生が自らの学習の目標を立てて成果を評価するための材料になる	4.07	1.23	54	4.40	1.31	20	
9　教員養成に関わる教員の間で養成すべき教師像についてコンセンサスが形成される	3.83	1.16	54	4.60	1.23	20	*
2　大学教員が個々の授業において学生に教育のねらいを明確に示すことができる	3.79	1.25	53	4.65	1.18	20	**
8　大学教員が学習成果を客観的に評価するための材料になる	3.63	1.36	54	4.55	1.05	20	**
3　大学が社会に対して説明責任を果たす材料になる	3.62	1.30	53	3.95	1.50	20	
4　国が社会に対して説明責任を果たすことが求められる	3.54	1.63	52	3.70	1.56	20	
5　大学教員と実習校教員とが効果的に協働するための条件が整えられる	3.54	1.33	54	4.15	1.46	20	
6　大学と教員研修所の役割分担が明確になる	3.48	1.49	54	4.05	1.10	20	
10　客観的な指標によって教職の専門的地位が保たれる	3.48	1.33	54	3.90	1.62	20	
12　専門職としての教師像を国として戦略的に構想することにつながる	3.36	1.44	53	3.50	1.36	20	
11　大学の教育方法の改善につながる	2.96	1.41	54	3.30	1.30	20	

（注1）t検定の結果は、*:p<.05、**:p<.01、***:p<.001を意味する。
（注2）平均値は「1．まったくそう思わない、2、3、4、5、6．非常にそう思う」から算出した。
（注3）各項目は大学教員の平均値の高い順に整理した。

料になる」であった。平均値4.00以上の項目はこの2つのみである。この2つの項目、すなわち「教員養成の質保証の基準化」、「学生の自己評価」は、教員養成スタンダードが設定されることの意義として大学教員が特に肯定的に捉えている点であると言える。逆に、肯定的な回答がもっとも少なかった項目は「11. 大学の教育方法の改善につながる」であった。

一方、実習指導教員の場合は、もっとも高い意義が認められたのが「2. 大学教員が個々の授業において学生に教育のねらいを明確に示すことができる」であった。次いで高い意義が認められたのは「9. 大学教員の間で教師像についてコンセンサスが形成される」であった。これら以外に4.00以上の平均値が得られた項目として、「1. 大学として教員養成の質保証のための基準が明確になる」、「8. 大学教員が学習成果を客観的に評価するための材料になる」、「7. 学生が自らの学習の目標を立てて成果を評価するための材料になる」、「5. 大学教員と実習校教員とが効果的に協働するための条件が整えられる」、「6. 大学と教員研修所との役割分担が明確になる」が挙げられる。以上の7つの項目、すなわち「教育のねらいの明確化」、「養成すべき教師像の共有化」、「教員養成の質保証の基準化」、「学習成果の客観的な評価」、「学生の自己評価」、「大学教員と実習校教員の協働」、「大学と教員研修所の役割分担」の7つは、実習指導教員が教員養成スタンダードの意義として強く認識している点である。

大学教員と実習指導教員を比較してみると、すべての項目において平均値は実習指導教員の方が若干高い結果となっており、t検定の結果、「9」、「2」、「8」の3項目で有意差が確認された。このことから、実習指導教員の方が大学教員よりも教員養成スタンダードが設定されることの意義を高く認めていることが読み取れる。

2．教員養成スタンダードの設定の問題点について

次に、連邦及び州が教員養成スタンダードを設定することの問題点を、大学教員と実習指導教員がどのように認識しているかを明らかにするために、「1. まったくそう思わない、2、3、4、5、6. 非常にそう思う」の6件法で

第15章 教員養成スタンダードに対するドイツの大学教員と実習指導教員の意識　273

回答を求めた。その結果を示したものが、表15-8である。

　大学教員がもっとも問題があると回答した項目は「5.外部からのいい評価結果を得るために大学間の競争が激化する」であった。次いで問題点が強く指摘されたのは「9.スタンダードに該当しない授業内容を学生が履修しなくなる」であった。平均値4.00以上の項目はこの2つのみである。この2項目、すなわち「大学間の競争の激化」と「履修内容の偏り」は、大学教員が連邦及び州レベルでの教員養成スタンダードの設定に対して特に危惧を覚えている点と言える。逆に、賛同する意見が少なかったのが「1.画一的な教員を養成することにつながる」と「3.大学教員の授業に独自性が出しにくくなる」の2つである。このことから、多くの大学教員は、連邦及び州レベルでの教員養成スタンダードの設定されたとしても、各大学で特色ある教員を養成することが可能であり、大学教員の個々の授業も画一的になることはないと考えていると推察される。

　実習指導教員の場合も、大学教員と同様に項目「9.スタンダードのに該当しない授業内容を学生が履修しなくなる」と「5.外部からのいい評価結果を得るために大学間の競争が激化する」に賛同する者が多い。これ以外に平均値が4.00以上の項目として「7.各大学の教員養成の内容が画一化される」がある。これら3つの項目、すなわち「大学間の競争の激化」、「履修内

表15-8　教員養成スタンダードの設定の問題点

	大学教員			実習指導教員			
	平均値	SD	N	平均値	SD	N	t検定
5 外部からのいい評価結果を得るために大学間の競争が激化する	4.37	1.38	54	4.41	1.28	17	
9 スタンダードに該当しない授業内容を学生が履修しなくなる	4.22	1.46	54	4.61	1.09	18	
2 スタンダードに該当しない授業内容が軽視される	3.98	1.5	55	3.75	1.29	20	
8 教員養成の過程よりも結果の方が重視される	3.89	1.49	54	3.95	1.27	19	
7 各大学の教員養成の内容が画一化される	3.83	1.34	54	4.10	1.41	20	
6 国の政策に左右され、大学の自律性が失われる	3.19	1.51	53	3.18	1.47	17	
4 研究面での多様性が失われる	3.17	1.79	54	3.06	1.51	18	
1 画一的な教員を養成することにつながる	2.78	1.36	54	2.60	1.47	20	
3 大学教員の授業に独自性が出しにくくなる	2.78	1.63	55	2.79	1.55	19	

(注1)　t検定の結果は、*:p<.05、**:p<.01、***:p<.001を意味する。
(注2)　平均値は「1.まったくそう思わない、2、3、4、5、6.非常にそう思う」から算出した。
(注3)　各項目は大学教員の平均値の高い順に整理した。

容の偏り」、「教員養成の画一化」は、実習指導教員が特に危惧を覚えている点である。また、賛同する意見が少なかった項目についても、大学教員と同様に「1.画一的な教員を養成することにつながる」と「3.大学教員の授業に独自性が出しにくくなる」の2つであった。t検定をおこなった結果、大学教員と実習指導教員の回答の間に有意差は認められなかった。

3.国や州が教員養成スタンダードを設定することの賛否について

続いて、連邦及び州が政策的に教員養成スタンダードを設定することに対する賛否を、大学教員と実習指導教員に、「1.まったくそう思わない、2、3、4、5、6.非常にそう思う」の6件法で回答を求めた。その結果を示したのが、**表15-9**である。大学教員の平均値は4.54（「4」、「5」、「6.非常にそう思う」という肯定的な回答は83.3％）であり、実習指導教員の平均値は4.60（肯定的な回答は80.0％）であった。双方の平均値については、t検定の結果、有意差は認められなかった。このことから、8割の大学教員と実習指導教員は、連邦及び州が政策的に教員養成スタンダードを設定することに対して賛成していると言える。

なお、大学教員と実習指導教員の自由記述の内容を精査したところ、連邦及び州が政策的に教員養成スタンダードを設定すること自体には賛成だが、KMKのスタンダードの要求水準が高すぎるという理由等で否定的な回答をしているケースが、大学教員に3件、実習指導教員に1件見られた。これらも勘案すると、連邦及び州が政策的に教員養成スタンダードを設定すること

表15-9 教員養成のスタンダードを設定することへの賛否

	平均値	SD	N	t検定
国や州が政策的に教員養成のスタンダードを設定することに賛成ですか	4.54	1.22	54	ns
	4.60	1.35	20	
個々の大学が独自に教員養成スタンダードを開発することに賛成ですか	2.66	1.41	53	ns
	2.61	1.61	18	

（注1）上段は大学教員の値、下段は実習指導教員の値を示す。
（注2）平均値は「1.まったくそう思わない、2、3、4、5、6.非常にそう思う」から算出した。

自体に賛成する者（肯定的な回答）は、実際にはさらに多いと言える。

4．個々の大学で教員養成スタンダードを開発することの賛否について

さらに、個々の大学が独自に教員養成スタンダードを開発することに対する賛否についても、大学教員と実習指導教員に、「1．まったくそう思わない、2、3、4、5、6．非常にそう思う」の6件法で回答を求めた。その結果は表15-9に示す通り、大学教員の平均値は2.66（「4」、「5」、「6．非常にそう思う」という肯定的な回答は39.7％）であり、実習指導教員の平均値は2.61（肯定的な回答は33.3％）であった。双方の平均値については、t検定の結果、有意差は認められなかった。このことから、大学教員と実習指導教員のうち、個々の大学が独自に教員養成スタンダードを開発することに賛成しているのは4割に満たず、逆に言えば6割以上が否定的な受け止め方をしていると言える。

また、「1．まったくそう思わない」、「2」、「3」という否定的な回答をした大学教員に対して、個々の大学による教員養成スタンダードがなかった場合に、大学はどのようにして教員養成の質保障を行うことが可能かを、自由記述で回答を求めた。その結果、「KMKと州のスタンダードを通して」、「『自前の』スタンダードに反対なのであって、スタンダード自体に反対なのではない」、「私は当然、スタンダードに納得していて、ニーダーザクセン州に統一的なスタンダードがあるのはいいことだと思う」といったように、各大学が自前で作らなくてもKMKや州のスタンダードが質保障をしてくれるという意見が多く見られた。また、「試験成績の精密化、体系的なカリキュラム」、「教授・学習プロセスに関する新人教員の行動能力ならびに意識水準についての経験的研究によって」といった修学期間中の教育内容の改善や大学卒業生の能力・意識調査によって質保障をおこなうことが可能だという意見もあった。また、質保障とは直接関係ないが、各大学毎にスタンダードを設定することの弊害として、「独自スタンダードでは他大学への転学が難しくなる」といった、転学の多いドイツに特徴的な理由も指摘された。

同様に、否定的な回答をおこなった実習指導教員にも自由記述を求めたと

ころ、大学教員と同様に、「スタンダードには賛成だが、大学ではなく州及び連邦の課題である」、「連邦レベルで統一されたスタンダードの方がよいと考える」、「すべての大学が同一のスタンダードを持つべきだと思う」といった意見が支配的であった。

3．教員養成スタンダードと大学カリキュラムの関係性に対する意識

1．教員養成スタンダードに対する所属大学のカリキュラムの適応度について

現在の大学の養成カリキュラムがどの程度連邦及び州の教員養成スタンダードを満たしているかを把握するために、大学教員と実習指導教員に対して、「教育学関連の授業」、「教育心理学関連の授業」、「教科教育学関連の授業」、「教育実習」がそれぞれ教員養成スタンダードを満たすレベルにあるかを「1.まったくそう思わない、2、3、4、5、6.非常にそう思う」の6件法で回答を求めた。その結果を示したのが**表15-10**である。

大学教員の平均値を見ると、もっとも値が高いのは「教育心理学関連の授業」の3.93であり、「4」、「5」、「6.非常にそう思う」という肯定的な回答は71.5%であった。次いで「教科教育学関連の授業」が3.82で2番目に高い平均値を示し、肯定的な回答は66.6%であった。3番目に高い平均値を

表15-10　教員養成スタンダードと大学カリキュラムの適応度

	平均値	SD	N	t検定
貴学の教育学関連の授業は教員養成スタンダーズを満たしている	3.22	1.20	45	ns
	3.56	0.92	18	
貴学の教育心理学関連の授業は教員養成スタンダーズを満たしている	3.93	0.90	28	ns
	3.86	0.66	14	
貴学の教科教育学関連の授業は教員養成スタンダーズを満たしている	3.82	1.21	39	ns
	3.50	1.10	16	
貴学の教育実習は教員養成スタンダードを満たしているか	3.75	1.14	44	*
	3.05	1.22	19	

（注1）上段は大学教員の値、下段は実習指導教員の値を示す。
（注2）平均値は「1.まったくそう思わない、2、3、4、5、6.非常にそう思う」から算出した。
（注3）t検定の結果は、*:p<.05、**:p<.01、***:p<.001を意味する。

示したのは「教育実習」の3.75で、肯定的な回答は63.7%であった。つまり、これら3つの授業科目については、ほぼ6割から7割の大学教員が肯定的に回答している。その一方で、もっとも低い平均値3.22を示した「教育学関連の授業」については、肯定的な回答は40.0%にとどまった。

「教育学関連の授業」について、「1. まったくそう思わない」、「2」、「3」という否定的な回答をおこなった大学教員に対して、改善すべき点を自由記述で尋ねたところ、「学校の内容により適合したものにする」、「理論と実践のより密接な関連づけが有効であろう。というのも、それなしでは学生たちは理論をどう適用すべきかをほとんど学べないからである」という学校での実践との関連づけを求める意見が多く見られた。また、具体的に強化すべき教育学の分野として、「授業研究が欠落」、「教育社会学、成績評価が欠けている」、「刷新、相談」、「評価、刷新」といった分野が指摘された。それ以外に、「スタンダードの細分化はしかるべき教員スタッフの存在を前提とするが、現在は人員削減で余剰スタッフがいない」といった人員不足を訴える意見が示された。

他方、実習指導教員の回答を見ると、大学教員と同様に「教育心理学関連の授業」の平均値（3.86）がもっとも高いが、2番目に「教育学関連の授業」(3.56) が来ており、「教育実習」はもっとも低い値（3.05）となった。大学教員と実習指導教員の平均値についてt検定をおこなったところ、「教育実習」において5％水準の有意差が認められた。「教育実習」について否定的な回答をおこなった実習指導教員に対して、改善すべき点を自由記述で尋ねたところ、「大学の教授法担当者による実習校への同行指導体制の強化」、「実習の準備ならびに教育学担当教員による指導は明らかに改善されるべきであり、学校とのコンタクトはより密にしなくてはならない」といった、教育実習への大学教員の関与を強く求める意見が多く見られた。

2. 教員養成スタンダードに対する所属大学のカリキュラムの連携について

教員養成スタンダードを満たすために、「教育学関連の授業」、「教育心理学関連の授業」、「教科教育学関連の授業」、「教育実習」のより一層の連携は

必要かどうか、その連携が十分な状態にあるかどうかを把握するために、大学教員と実習指導教員に対して「1.まったくそう思わない、2、3、4、5、6.非常にそう思う」の6件法で回答を求めた。その結果は**表15－11**である。

　まず、教員養成スタンダードを満たすために、大学の養成カリキュラムのより強い連携が必要がどうかについては、大学教員の平均値は4.54であり、「4」、「5」、「6.非常にそう思う」という肯定的な回答は76.9%であった。一方、実習指導教員の平均値は5.05であり、肯定的な回答は94.8%であったが、大学教員の平均値との間に有意差は認められなかった。この結果から、大学の養成カリキュラムのより強い連携については、大学教員も実習指導教員も高い必要性を感じていると言える。

　次に、教員養成スタンダードを満たすために、養成カリキュラムの連携は十分かどうかについては、大学教員の平均値は2.88であり、肯定的な回答は34.0%であった。一方、実習指導教員の平均値は2.68であり、肯定的回答は28.8%であった。大学教員と実習指導教員の平均値に有意差は認められないことから、養成カリキュラムにおける連携については、多くの大学教員と実習指導教員が不十分であると認識していると言える。

　連携の現状について、「1.まったくそう思わない」、「2」、「3」という否定的な回答をおこなった大学教員に対して、改善すべき点を自由記述で尋ねたところ、以下のような意見が示された。まず、「さまざまな分野及び関係する教員間でより強くよりよいコミュニケーションが行われるべきだろう」、「他の教員が何を考えているかを知る必要があるだろう」といった、分野の

表15－11　教員養成スタンダードに対する大学カリキュラムの連携

	平均値	SD	N	t検定
教員養成スタンダードを満たすために教育学、教育心理学、教科教育学、教育実習のより強い連携は必要だ	4.54	1.49	52	ns
	5.05	1.27	19	
教員養成スタンダードを満たすために教育学、教育心理学、教科教育学、教育実習の連携は十分だ	2.00	1.30	50	ns
	2.67	1.37	18	

（注1）上段は大学教員の値、下段は実習指導教員の値を示す。
（注2）平均値は「1.まったくそう思わない、2、3、4、5、6.非常にそう思う」から算出した。

異なる教員同士が今以上にかかわり合い互いに関心を向け合うことが重要であるという意見。また、「スタンダードを達成するためには、同僚間で目標に合わせた申し合わせを行うことが絶対に必要である」、「関係する学科の共同作業（例えば共同での授業実施）が助けになるだろう」、「授業の内容をよりよくアレンジすべきだろう」、「授業相互の内容的な関連づけ」といった教育上の具体的な連携協力を求める意見。さらに、「実りある協力にとって重要なリソース（教員、時間、職員配置）が少なすぎる」に代表されるように、各教員に努力を求めるだけでなく、連携協力が可能となるような条件整備が不可欠であるという意見である。

同様に、否定的な回答をおこなった実習指導教員に対して、改善すべき点を自由記述で尋ねたところ、「大学教員はもっと頻繁に学校訪問をしなくてはならない」、「実習校の指導教員と大学の教員とがそもそもまともにコンタクトをとっていない」といった、大学と実習校の連携を改善すべきであるという意見が多く見られた。また、「学生が、教師の役割に慣れて、自己の理論的な知識を教育実習で現実に適用するには、時間が短すぎる。教育実習を増やすことによって、理論の適用による理解度の向上につながる」に代表されるように、大学での理論学習と教育実習のより効果的な連携のために、教育実習の期間を延ばすことを要求する意見が示された。

4．日本とドイツの調査結果の比較
1．教員養成スタンダード・到達目標の設定の意義について

これまでドイツの大学教員と実習指導教員が教員養成のスタンダード化に対してどのような意識を持っているのかを考察してきた。最後に、第4部第14章の結果を参照しながら、日本とドイツの大学教員の意識を比較検討してみたい。

まず、国や州が教員養成スタンダード・到達目標を設定することの意義について、日本とドイツの大学教員の認識を比較してみるとどうだろうか。両国の回答について t 検定をおこなった結果が**表15－12**である。ここから、さしあたり次のような共通点と相違点を読み取ることができる。

共通点の第一は、日独ともに、もっとも意義があると回答した項目が「1.大学として教員養成の質保証のための基準が明確になる」であるという点である。第二は、「7.学生が自らの学習の目標を立てて成果を評価するための材料になる」という項目についても、日独ともに平均値が4.00以上と高い意義が認められている点である。

表15-12　スタンダード・到達目標を設定することの意義

	大学教員（日）			大学教員（独）			t検定
	平均値	SD	N	平均値	SD	N	
1) 大学として教員養成の質保証のための基準が明確になる	4.53	1.12	137	4.28	1.24	54	
2) 大学教員が個々の授業において学生に教育のねらいを明確に示すことができる	4.24	1.17	137	3.79	1.25	53	*
3) 大学が社会に対して説明責任を果たす材料になる	4.27	1.18	139	3.62	1.30	53	**
4) 国が社会に対して説明責任を果たさざるを得なくなる	3.78	1.24	138	3.54	1.63	52	
5) 大学教員と実習校の指導教員とが効果的に協働するための条件が整えられる	3.69	1.24	139	3.54	1.33	54	
6) 大学と教員研修所の役割分担が明確になる	3.12	1.15	138	3.48	1.49	54	
7) 学生が自らの学習の目標を立て成果を評価するための材料になる	4.00	1.24	138	4.07	1.23	54	
8) 大学教員が学修成果を客観的に評価するための材料になる	3.83	1.18	139	3.63	1.36	54	
9) 教員養成に関わる教員の間で教師像についてコンセンサスが形成される	4.05	1.25	138	3.83	1.16	54	
10) 客観的な指標によって教職の専門的地位が保たれる	3.56	1.29	139	3.48	1.33	54	
11) 大学の教育方法の改善につながる	3.79	1.22	137	2.96	1.41	54	***
12) 専門職としての教師像を国として戦略的に構想することにつながる	3.64	1.16	135	3.36	1.44	53	

（注1）t検定の結果は、*:p<.05、**:p<.01、***:p<.001を意味する。

次に相違点についてはどうだろうか。第一に読み取れることは、12項目の平均値のうち、「6. 大学と教員研修所の役割分担が明確になる」以外の11項目において、日本の方がドイツよりも平均値が高い点である。このことから、全体としては、日本の大学教員の方がドイツの大学教員よりも、国や州が教員養成スタンダード・到達目標を設定することの意義を高く認めていると言えよう。第二の相違点は、t検定の結果から明らかなように、「11. 大学の教育方法の改善につながる」で0.1％水準、「3. 大学が社会に対して説明責任を果たす材料になる」と「2. 大学教員が個々の授業において学生に教育のねらいを明確に示すことができる」についても、それぞれ1％水準と5％水準で有意差が見られた。このことから、ドイツの大学教員は日本の大学教員と比較して、国や州による教員養成スタンダード・到達目標の設定が、必ずしも「教育方法の改善」や「社会への説明責任」や「教育のねらいの明確化」につながるものではないと考える者が多いと言える。

2. 教員養成スタンダード・到達目標の設定の問題点について

次に、国や州が教員養成スタンダード・到達目標を設定することの問題点について、日本とドイツの大学教員の認識を比較してみるとどうなるだろうか。両国の回答についてt検定をおこなった結果が**表15-13**である。この結果からは、とりたてて両国の共通点を見出すことはできない。逆に、以下のような相違点を読み取ることができる。

まず第一の相違点は、9項目の日独の平均値を比べてみると、「5. 外部からのいい評価結果を得るために大学間の競争が激化する」と「9. スタンダードに該当しない授業内容を学生が履修しなくなる」以外の7項目において、日本の方がドイツよりも平均値が高い点である。このことから、全体としては、日本の大学教員の方がドイツの大学教員よりも、国や州が教員養成スタンダード・到達目標を設定することの問題点を強く認識していると言えよう。第二の相違点として、t検定の結果から明らかなように、「1. 画一的な教員を養成することにつながる」、「3. 大学教員の授業に独自性が出しにくくなる」、「6. 国の政策に左右され、大学の自律性が失われる」の3項目

で、いずれも0.1％水準で有意差が見られた。また、「4. 研究面での多様性が失われる」と「5. 外部からのいい評価結果を得るために大学間の競争が激化する」についても、5％水準で有意差が見られた。このことから、日本の大学教員はドイツの大学教員と比較して、国や州による教員養成スタンダード・到達目標の設定が、「画一的な教員の養成」、「授業の独自性の障害」、

表15-13 スタンダード・到達目標を設定することの問題点

	大学教員（日）			大学教員（独）			t検定
	平均値	SD	N	平均値	SD	N	
1) 画一的な教員を養成することにつながる	3.64	1.37	137	2.78	1.36	54	***
2) スタンダードの一覧に該当しない授業内容が軽視される	4.17	1.24	137	3.98	1.50	55	
3) 大学教員の授業に独自性が出しにくくなる	3.82	1.40	137	2.78	1.63	55	***
4) 研究面での多様性が失われる	3.69	1.52	136	3.17	1.79	54	*
5) 外部からのいい評価結果を得るために大学間の競争が激化する	3.93	1.24	137	4.37	1.38	54	*
6) 国の政策に左右され、大学の自律性が失われる	4.10	1.33	136	3.19	1.51	53	***
7) 各大学の教員養成の内容が画一化される	4.02	1.33	135	3.83	1.34	54	
8) 教員養成の過程よりも結果の方が重視される	4.11	1.28	136	3.89	1.49	54	
9) スタンダードに該当しない授業内容を学生が履修しなくなる	3.96	1.31	136	4.22	1.46	54	

（注1）t検定の結果は、*:p<.05、**:p<.01、***:p<.001を意味する。

「大学の自律性の喪失」や「研究の多様性の喪失」につながるのはないかという警戒心を持つ者が多いと言える。ドイツの大学教員はこの4点に対して比較的楽観視しているが、逆に「大学間の競争の激化」については、日本の大学教員よりも強い懸念を抱いていることが分かる。ドイツでは「大学間の競争の激化」を懸念する大学教員が多いことの背景としては、ドイツでは近年、日本よりも急激なかたちで、種々の第三者評価やアクレディテーションによって大学の競争的環境が形成されつつあり、そうした事態をドイツの大学教員が必ずしも好意的に受け止めていないことが推察される。

3．教員養成スタンダード・到達目標の設定主体について

　どこが教員養成スタンダードを開発し設定するべきかという問題について、日本とドイツの大学教員の意識を比較してみるとどうだろうか。国や州が政策的に教員養成スタンダード・到達目標を設定することに対する賛否と、個々の大学が独自に教員養成スタンダード・到達目標を設定することに対する賛否という二つの設問について、両国の回答を比較した結果が**表15-14**である。

　国や州が政策的に教員養成スタンダード・到達目標を設定することへの賛否については、日本の大学教員の平均値は3.84であり、ドイツの平均値は4.54であった。また、個々の大学が独自に教員養成スタンダード・到達目標を設定することへの賛否については、日本の大学教員の平均値は4.20

表15-14　スタンダード・到達目標の設定に対する賛否

	大学教員（日）			大学教員（独）			
	平均値	SD	N	平均値	SD	N	t検定
国や州が政策的に教員養成のスタンダードあるいは到達目標を設定することに賛成ですか	3.84	1.15	139	4.54	1.22	54	***
個々の大学が独自に教員養成スタンダードを開発することに賛成ですか	4.20	1.15	137	2.66	1.41	53	***

（注1）t検定の結果は、*:p<.05、**:p<.01、***:p<.001を意味する。

であり、ドイツの平均値は 2.66 であった。双方の結果に対して t 検定をおこなったところ、どちらにおいても 0.1％水準で有意差が見られた。このことから、日本の大学教員は、国が政策的にスタンダードを設定するよりも、個々の大学が独自にスタンダードを開発することに賛成する者が多い。逆にドイツの大学教員は、個々の大学が独自にスタンダードを開発することには強く反対しており、スタンダードは国や州が統一的に設定すべきであるという意見が強いと言える。

　日本とドイツでこうした顕著な違いが生じた要因が何であるのかを一義的に解釈することは困難であるが、まずは本書の第2部と第3部で示されたような両国の教員養成制度の違いを考慮する必要があろう。日本では、大学で所定の教育課程を履修・修了することで教員免許を取得することが可能なため、国の教育職員免許法によって大学の教育課程が厳しく規制されている。そのため教員養成スタンダード（「教職実践演習（仮称）」における到達目標）の設定は、すなわち教員養成をおこなう全国すべての大学の教育課程の変更を意味する。

　それに対してドイツでは、大学と試補教員研修所の2つの機関で段階的に教員養成がおこなわれており、試補教員研修所での研修終了時に実施される国家試験に合格することによって、最終的な教員資格を得ることができる。そのため、学士－修士構造の導入にともなって各大学の教育課程が標準化されつつあるとはいえ、国や州による大学の教育課程への規制は日本ほど強くない。教員養成スタンダードが設定されたからといって、それによって日本の「教職実践演習」のような必修科目が新設されるわけではない。

　また、個々の大学よりも国や州が教員養成スタンダードを設定すべきだと多くのドイツの大学教員が考える理由として、「スタンダード」の理解の違いを指摘できるかもしれない。先に、個々の大学が教員養成スタンダードを設定することへの反対意見として確認したように、ドイツの大学教員は、「『自前の』スタンダードに反対なのであって、スタンダード自体に反対なのではない」、「私は当然、スタンダードに納得していて、ニーダーザクセン州に統一的なスタンダードがあるのはいいことだと思う」といった意見に代

表されるように、個々の大学でばらばらなようなスタンダードはスタンダードと言えないと考えている者が多い。国や州で統一しているからこそ「スタンダード」というわけである。

第4節　研究の成果と課題

　本章では、ドイツにおいて国及び州レベルで教員養成にスタンダードが導入されつつある現状を踏まえて、教員養成の最前線に立つ大学教員と実習指導教員が、①教員養成スタンダードを巡る動向やその内容についてどのように認識しているのか、②スタンダードが導入されることについての意義や問題点をどのように認識しているのか、また、③所属大学の教員養成カリキュラムはスタンダードに達成できるだけの水準を保持していると認識しているのか、について明らかにしようとした。その結果、成果として以下の点が得られた。

①教員養成スタンダードの動向と妥当性に対する意識

　実習指導教員に比べて大学教員の方が、KMKの教員養成スタンダードについても、ニーダーザクセン州の教職のための修士課程修了規定についても、その存在をよく知っており、7割強の大学教員がどちらについても比較的よく知っていた。そのKMKのスタンダードとニーダーザクセン州の修了規定の要求水準については、大学教員も実習指導教員もそのほとんどが高いと認識していた。双方の内容的妥当性についても、大学教員も実習指導教員もそのほとんどがほぼ妥当であると認識していた。ただし、コンピテンスの項目数については、KMKのスタンダードについては大学教員も実習指導教員もその8割強が適切であると認識しているが、ニーダーザクセン州の修了規定については大学教員は実習指導教員よりもコンピテンス項目数が多すぎると感じている者の割合が高い傾向にあった。

②教員養成スタンダードの意義と問題点に対する意識

　連邦及び州が教員養成スタンダードを設定することの意義として、大学教員は「教員養成の質保証の基準化」と「学生の自己評価」に役立つと強く認

識していた。一方、実習指導教員はこの2点に加えて、「教育のねらいの明確化」、「養成すべき教師像の共有化」、「学習成果の客観的な評価」、「大学教員と実習校教員の協働」、「大学と教員研修所の役割分担」にも役立つと強く認識していた。全体としては、実習指導教員の方が大学教員よりも教員養成スタンダードが設定されることの意義を高く認めていた。

他方、連邦及び州が教員養成スタンダードを設定することの問題点として、大学教員は「大学間の競争の激化」と「履修内容の偏り」が生じることを強く危惧していた。実習指導教員も同様にこの2点を強く危惧するとともに、「教員養成の画一化」に対しても強く懸念していた。

また、大学教員も実習指導教員も、個々の大学が教員養成スタンダードを設定するよりも、連邦及び州が教員養成スタンダードを開発し設定する方が望ましいと考える傾向が強かった。

③**教員養成スタンダードと大学カリキュラムの関係性に対する意識**

大学教員が、大学の養成カリキュラムのうち、教員養成スタンダードをもっとも満たしていると認識していたのは「教育心理学関連の授業」であり、次いで「教科教育学関連の授業」、「教育実習」であった。しかし、「教育学関連の授業」に対する評価は相対的にもっとも低いものであった。他方、実習指導教員は大学教員と同様に「教育心理学関連の授業」の評価がもっとも高いが、次いで「教育学関連の授業」が来ており、「教育実習」はもっとも評価が低かった。

また、教員養成スタンダードを満たすためには、養成カリキュラムにおける授業科目間のより強い連携が必要であるが、現状では十分な連携がなされていないと、大学教員も実習指導教員も認識していた。

以上の結果を踏まえて、本章ではさらに、教員養成スタンダードの意義と問題点に焦点化しながら、教員養成のスタンダード化に対する日本とドイツの大学教員の意識の違いについて比較検討した。その成果は以下の通りであった。

④**教員養成スタンダードの意義と問題点についての日本とドイツの大学教員の意識の比較**

日本の大学教員の方が、国や州が教員養成スタンダード・到達目標を設定

することの意義についても問題点についても、敏感に強く意識している。それに比べてドイツの教員は、意義も問題点もさほど強く感じていない。

教員養成スタンダードを誰が開発し設定するのかという問題ついては、日本とドイツで顕著な違いが見られた。日本の大学教員は、国が政策的にスタンダードを設定するよりも、個々の大学が独自にスタンダードを開発することに賛成する者が多い。逆にドイツの大学教員は、個々の大学が独自にスタンダードを開発することには強く反対しており、スタンダードは国や州が統一的に設定すべきであるという意見が強い。

こうした教員養成スタンダードの設定主体についての日本とドイツの意識の違いの背景には、両国の教員養成制度そのものの違いが存在するため、その是非を一概に論ずることはできない。しかし、現在日本の様々な大学で個別的に教員養成スタンダードが開発されている状況を見るならば[2]、国や州レベルで統一的なものであってこそのスタンダードだというドイツの考え方は、日本に対する貴重な提言としても理解することができる。教員養成スタンダードが教員養成段階で習得されるべき資質能力の基準であるとすれば、そうした資質能力の基準は各大学で異なるような性質のものなのか。日本では今後もしばらくは大学ごとにスタンダードが開発され続けるであろうが、そうした個別的なスタンダードをふまえて、各大学が参照しうるような統一的なスタンダードを構築していくことも重要な課題と言えるのではないだろうか。

注
1 小柳和喜雄「ドイツにおける教師の情報活用能力を育成するカリキュラムの枠組みに関する研究－eL3プロジェクトを中心に」『奈良教育大学紀要』第Ⅴ部門、第52巻、第1号、2006年、原田信之・牛田伸一「ドイツにおける教員養成スタンダード－学部教育・現職教育における教職専門資質の基準－」『九州情報大学研究論集』第8巻、第1号、2006年、吉岡真佐樹「ドイツにおける教師教育改革議論の動向」、日本教師教育学会編『日本教師教育学会年報』第14号、2005年、吉岡真佐樹「ドイツ」、平成16～18年度科学研究費補助金（基盤研究（B））研究成果報告書『教師教育の質的向上策とその評価に関する国際比較研究』2007年、ハイデマリー・ケムニッツ（山名淳訳）「教員養成のスタンダードと教職の専門性」『グローバル世界におけるドイツの教師教育改革』東京学芸

大学教員養成カリキュラム開発研究センター、2009 年など。
2 　日本の教員養成における先進的なスタンダード開発の事例として、横浜国立大学の「横浜スタンダード」(平成 17 〜 18 年度)、福島大学の「福島の教員スタンダード」(平成 17 〜 19 年度)、千葉大学の「千葉県教員スタンダード」(平成 17 〜 18 年度)などある。兵庫教育大学でも文部科学省の大学教育推進プログラムに「スタンダードに基づく教員養成教育の質保証」(平成 21 〜 23 年度) の取組が採択され、国内外の先進事例に学びながら教員養成スタンダードの開発が進められている。

※注記
　本章を執筆するにあたり、質問紙の結果分析はケムニッツ教授、クラウゼ＝ホトップ教員、ノイマン教授とともにおこなったが、最終的な文責は渡邊隆信にある。また、質問紙の配布と回収に際しては、オルデンブルク大学のキーパー (Kiper, H.)、ミシュケ (Mischke,W.) 両教授ならびにリューネブルク大学のウーレ (Uhle,R.) 教授に大変お世話になった。記して御礼申し上げたい。

資　料　編

☆　☆　☆

資料1　教師教育と教職のキャリア（日本とドイツの比較）

資料2　ドイツ各州文部大臣会議
　　　　「教員養成のためのスタンダード」

資料3　ニーダーザクセン州「教職のための修士課程修了
　　　　規定——教育諸科学のための規定」

資料4　「教職実践演習（仮称）」における到達目標及び
　　　　目標到達の確認指標例

資料5　INTASCのコア・スタンダード（10原則）

資料6　イングランドの教員資格（QTS）における
　　　　専門性基準

資料1　教師教育と教職のキャリア（日本とドイツの比較）

〈日本〉

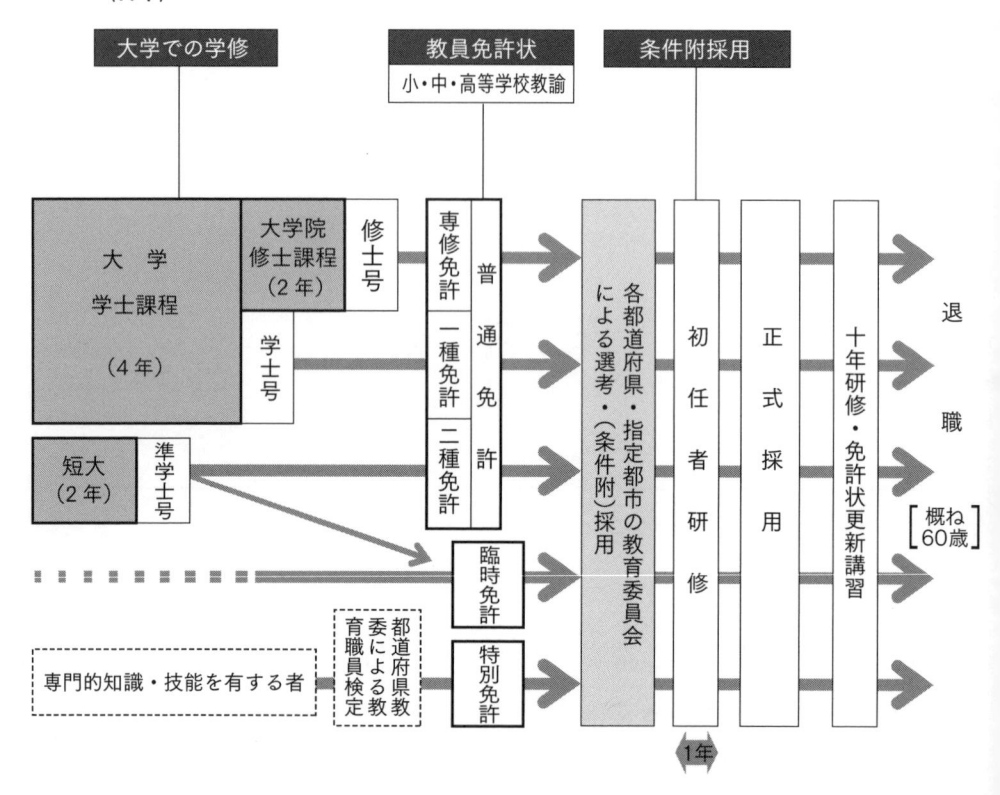

大学での学修	教員免許状 小・中・高等学校教諭	条件附採用		

- 大学院修士課程（2年）　修士号　→　専修免許
- 大学　学士課程（4年）　学士号　→　一種免許　普通免許
- 短大（2年）　準学士号　→　二種免許
- ……………………………………　→　臨時免許
- 専門的知識・技能を有する者　→（都道府県教育職員検定による教委）→　特別免許

→　各都道府県・指定都市の教育委員会による選考・（条件附）採用　→　初任者研修（1年）　→　正式採用　→　十年研修・免許状更新講習　→　退職〔概ね60歳〕

吉岡真佐樹（研究代表者）平成16～18年度科学研究費助成金（基盤研究（B））
研究成果報告書『教師教育の質的向上策とその評価に関する国際比較研究』2007年、312頁、328頁（一部改変）。

資料1　291

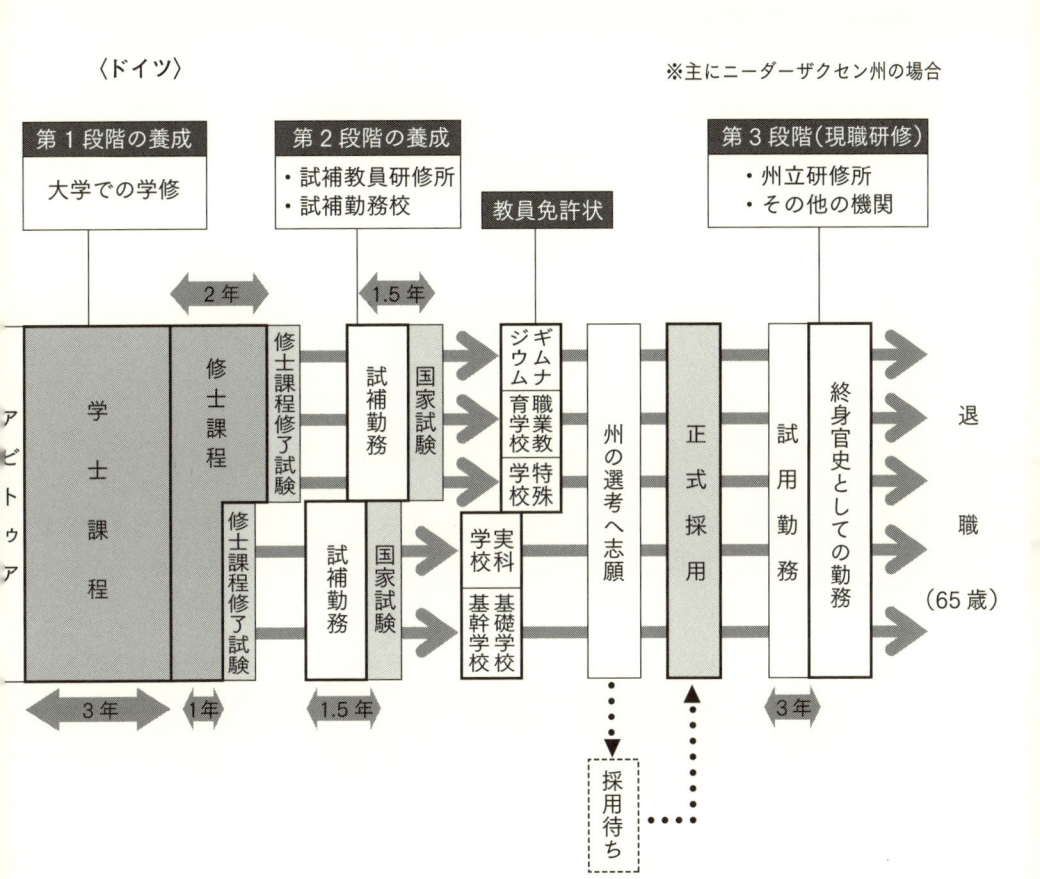

〈ドイツ〉　　　　　　　　　　　　　　　　　　　　※主にニーダーザクセン州の場合

第1段階の養成	第2段階の養成		第3段階（現職研修）
大学での学修	・試補教員研修所 ・試補勤務校	教員免許状	・州立研修所 ・その他の機関

←2年→　　←1.5年→

アビトゥア｜学士課程｜修士課程｜修士課程修了試験｜試補勤務｜国家試験｜ギムナジウム／職業教育学校／特殊学校｜州の選考へ志願｜正式採用｜試用勤務｜終身官吏としての勤務｜退職（65歳）

修士課程修了試験｜試補勤務｜国家試験｜実科学校／基幹学校

←3年→←1年→　←1.5年→　　　　　　　　　　　　　　　　　　　←3年→

採用待ち

資料2　ドイツ各州文部大臣会議「教員養成のためのスタンダード」

コンピテンス領域：授業

教員は、教授と学習の専門家である。

コンピテンス1　　教員は専門的観点から正しく、適切に授業を計画し、それを実際的・専門的に、正確に実施する。	
理論的な養成部分に関するスタンダード	実践的な養成部分に関するスタンダード
修了生は、 ・ 関連する教育理論を知り、陶冶・教育理論の目標やそこから演繹されるスタンダードを理解し、これらを批判的に省察する。 ・ 一般および教科と関わる教授学を知り、それぞれの授業単元の計画によって何が考慮されなければならないかを分かっている。 ・ 様々な授業の方法や課題を知っており、それを要求や状況に応じてどのように利用できるかを知っている。 ・ メディア教育学やメディア心理学の構想を知り、授業の中でメディアを必要や状況に応じて利用する可能性と限界を知っている。 ・ 授業の成果や授業の質を判断する方法を知っている。	修了生は、 ・ 専門科学の成果と教科教授学の成果を結びつけ、授業を計画し構成する。 ・ 内容と方法、活動形式とコミュニケーション形式を選択する。 ・ 現代の情報技術およびコミュニケーション技術を、教授学的に意味があるように統合し、自身のメディア利用を考察する。 ・ 自身の授業の質を吟味する。

コンピテンス2		
教員は学習状況を形成することによって、生徒の学習を支援する。教員は生徒の動機づけを行い、生徒が学んだことを関連づけ、学習したことを活用できる力を与える。		
理論的な養成部分に関するスタンダード	実践的な養成部分に関するスタンダード
修了生は、 ・ 学習理論や学習の様式を知っている。 ・ どのようにして学習の目的を授業の中で積極的に関係づけ、理解と伝達を支援するか、分かっている。 ・ 学習と成果達成への動機づけの理論を知り、授業でどのように応用されるかを知っている。	修了生は、 ・ 学習の様々な様式を活性化させ、それらを支援する。 ・ 知識と能力の獲得についての知見を考慮して、教授-学習過程を構成する。 ・ 生徒による学習の準備と成果への準備を呼び起こさせ、強化する。 ・ 学習集団を導き、随伴する。

コンピテンス3		
教員は、生徒が自己決定して学び活動する能力を促進する。		
理論的な養成部分に関するスタンダード	実践的な養成部分に関するスタンダード
修了生は、 ・ 学習の成果や活動の結果に肯定的な影響を及ぼす学習動機づけの戦略や自己の動機づけの戦略を知っている。 ・ 自己決定性、自己責任性、協同性をそなえた学習や活動を促進する方法を知っている。 ・ 授業において、継続的な興味や生活と関わる学習の基礎をどのように発展させていくか、分かっている。	修了生は、 ・ 学習や活動の戦略を媒介し促進する。 ・ 生徒に、自己決定性、自己責任性、協同性をそなえた学習や活動の方法を伝えられる。

コンピテンス領域：教育

教員はその教育的課題を遂行する。

コンピテンス4	
教員は、生徒の社会的・文化的生活条件を知り、学校の枠内において生徒の個人的発達に影響を及ぼす。	
理論的な養成部分に関するスタンダード	実践的な養成部分に関するスタンダード
修了生は、 ・子どもと青年の発達や社会化に関する教育学理論、社会学理論、心理学理論を知っている。 ・学習過程において、場合によっては生じうる生徒の不利益と、教育的支援や予防的処置の可能性を知っている。 ・陶冶過程、教育過程の形成における異文化の次元を知っている。 ・陶冶・教育過程における性差固有の影響の意味を知っている。	修了生は、 ・不利益を認識し、教育的支援や予防的処置を実行する。 ・個々人を支援する。 ・その時々の学習集団における文化的および社会的多様性を考慮する。

コンピテンス5	
教員は価値と規範を伝え、生徒の自主決定による判断と行為を支援する。	
理論的な養成部分に関するスタンダード	実践的な養成部分に関するスタンダード
修了生は、 ・民主的な価値や規範ならびにその伝え方を知り、省察する。 ・価値意識的な態度や自己決定的な判断と行為を、生徒にどのように促すか分かっている。 ・個人的な危機的状況や決定をしなくてはならない状況にいる生徒が、どのように支援されるかを分かっている。	修了生は、 ・価値や価値的態度、行為を適切に反省し、適切に行動する。 ・生徒に自己責任のある判断や行為を、少しずつ練習させる。 ・規範とのコンフリクトを含めた構成的な形式を設定する。

コンピテンス6 教員は、学校および授業における困難や葛藤について、その解決の手がかりを発見する。	
理論的な養成部分に関するスタンダード	実践的な養成部分に関するスタンダード
修了生は、 ・ コミュニケーションや相互作用の知識を自由に取り扱える（生徒と教員の相互作用を特に顧慮して）。 ・ 対話の遂行規則ならびに授業、学校、保護者の活動にとって重要な相互の関わりに関する根本原則を知っている。 ・ 子ども期と青年期の危機や危険ならびに予防・介入の可能性を知っている。 ・ コンフリクトを分析し、コンフリクトへの構成的な対処方法と力関係への対処の仕方を知っている。	修了生は、 ・ 授業および学校の中で、社会的な関係や社会的学習過程を形成する。 ・ 生徒と相互の関わりの規則を作り、それを操作する。 ・ 具体的な場面で、コンフリクトの予防や解決の戦略と行為の形式を用いる。

コンピテンス領域:評価

教員は、その判断すべき課題を公正に、責任を持って遂行する。

コンピテンス7 教員は生徒の学習の前提と学習のプロセスを診断する。教員は目的にそって生徒を励まし、彼らと保護者に助言をする。	
理論的な養成部分に関するスタンダード	実践的な養成部分に関するスタンダード
修了生は、 ・様々な学習の前提が教授・学習にどのように影響しているか、授業の中でどのように考慮されているかを分かっている。 ・天賦の才や特殊な能力、学習や活動での障害の形態を知っている。 ・学習のプロセスを診断するための基礎を知っている。 ・生徒や両親との懇談の原則と手がかりを知っている。	修了生は、 ・発達状況、学習の潜在力、学習遅滞や学びの進みの早さを認識する。 ・学習の出発状況を認識し、特別な促進の機会を設ける。 ・才能を認識し、才能を伸ばす可能性を認識している。 ・学習の可能性と学習への要請を相互に調整する。 ・さまざまな相談の方法を状況に応じて活用でき、さまざまな相談の機能や判断の機能を利用する。 ・相談や推薦を検討する際に同僚と協力する。 ・相談の課題を発展させていく際に、他の機関と協力する。

コンピテンス8 教員は明瞭な評価基準に基づいて生徒の成果を把握する。	
理論的な養成部分に関するスタンダード	実践的な養成部分に関するスタンダード
修了生は、 ・ 成績評価のさまざまな形式、その機能、その長所・短所を知っている。 ・ 成績評価に関する様々な関係システムを知っており、それを互いに関係づけて評定する。 ・ 成績評価に関するフィードバック情報の重要性といった原則を知っている。	修了生は、 ・ 課題設定を基準に則して構想し、それを受け取り手に則して表現する。 ・ 評価モデルや評価の尺度を、科目または状況に適切に応用する。 ・ 評価の原則を同僚と分かち合う。 ・ 評価や判断を受け取り手の意図に則して根拠づけ、さらなる学習の見通しを示す。 ・ 自身の授業の活動についての構成的なフィードバック情報として、成績検査を用いる。

コンピテンス領域：刷新

教員は、自身のコンピテンスをたえず伸ばしていく。

コンピテンス9 教員は教職への特別な要求を意識する。教員は、特別な義務と責任を伴う公的な職務として自身の職業を理解する。	
理論的な養成部分に関するスタンダード	実践的な養成部分に関するスタンダード
修了生は、 ・ 教育システムや組織としての学校の基礎と構造を知っている。 ・ その活動の法的な枠組み条件を知っている（例えば、基本法や学校法）。 ・ 個人的な職業に関する価値観と態度を振り返る。 ・ 負担やストレスに関する研究の主要な成果を知っている。	修了生は、 ・ 負担に対応することを学んでいる。 ・ 労働時間や労働手段を目的にそって経済的に設定する。 ・ 授業の発展や労働負担の解決のための援助として、同僚の相談に関わる。

コンピテンス10 教員は、その職業をたえず発展させる学習課題を理解する。	
理論的な養成部分に関するスタンダード	実践的な養成部分に関するスタンダード
修了生は、 ・ 自己評価・外部評価の方法を知っている。 ・ 教育研究の成果を受け入れ、評価する。 ・ 学校での組織的な条件や協力構造を知っている。	修了生は、 ・ 自身の職業経験やコンピテンス、そしてその発展を振り返り、そこから帰結を引き出す。 ・ 自分の活動のために教育研究の成果を利用する。 ・ 自分の活動や成果を、自分また他人のために記録する。 ・ 教育的活動を最適化するために、フィードバック情報を提供し、また他の人からのフィードバック情報を利用する。 ・ 相互作用の可能性を知覚する。 ・ 教員の力量に関する支援の可能性を知り利用する。 ・ フォーマルおよびインフォーマル、また個人および共同の継続教育の機会を利用する。

コンピテンス 11 教員は、学校プロジェクトおよび企画の計画や実施に関与する。	
理論的な養成部分に関するスタンダード	実践的な養成部分に関するスタンダード
修了生は、 ・ 個々の学校種、学校形態、教育の過程に関する固有な教育の任務を知り、省察する。 ・ 学校発展のための目標と方法を知っている。 ・ 効果的な協力の条件を知っている。	修了生は、 ・ 授業や教育研究の成果を学校の発展に応用する。 ・ 授業や学校の内的評価の手続きや道具を利用する。 ・ 学校のプロジェクトや企画を協力して計画し、それを操作する。 ・ グループ内で良い活動の成果を得るように支援する。

Sekretariat der Ständigen Konferenz der Kultusminister der Länder in der Bundesrepublik Deutschland: Standards für die Lehrerbildung: Bildungswissenschaften, Beschluss der Kultusministerkonferenz vom 16.12.2004, S.7-13 より作成。(坂越正樹訳)

資料3　ニーダーザクセン州「教職のための修士課程修了規定――教育諸科学のための規定」

コンピテンス領域とスタンダード
コンピテンス領域：授業
修了生は、 (1) 教授学的な計画モデルとその教育理論的な根拠を説明し、教授学的なモデル構想に関連して計画された授業を模範的に連続して行い、それを計画と関連づけながら分析する。 (2) 模範的に科学的分析方法を授業における学習作用に適用し、その方法を示す。 (3) 学習を促進し、学習への動機づけを促す授業の状況を模範的に記述し、分析し、実現する。 (4) 転移を促進し、知識の応用に関連した授業の状況を構成するために、基本的な知識を用い、授業の状況を模範的に分析し、実現する。 (5) 学習ストラテジーを記述し、分析し、その応用可能性を評価する。 (6) 自己調整的学習の構想を示し、これを模範的な授業の状況で利用する。 (7) 学習の成果に関連する生徒の特徴（特に先行知識、興味のある事柄、考え方）と、その結果として生じる社会集団特有の相違（特に性の違いや性に帰せられる要因）を記述し、その特徴を、集団ごとに分けて構成された模範的な授業の状況という枠組みにおいて考慮する。 (8) 認知と学習の理論を示し、それが授業構成に対してどのような意義を有しているのかを説明する。 (9) 学習と成果達成への動機づけの理論を知っており、それが模範的な授業の状況の構成に対してどのような意義を有しているのかを説明する。 (10) メタ認知に関する基本的知識を用い、それが模範的な授業の状況の構成と授業外の学習に対してどのような意義を有しているのかを説明する。 (11) 生徒、とりわけ移民の背景をもった生徒の社会的・文化的生活条件を記述し、それが学校や授業構成に対してどのような意義を有しているのかを説明する。 (12) 政策科学的な理論と方法を示し、政策の決定プロセスの形式と内容を（政策の専門科学においても）説明する。

(13) 政治的な統治システム、社会、学校の生活世界において民主主義の持つ重要性を根拠づける。
(14) 論理学の基本的規則、最も重要な真理理論、最も重要な専門文化の方法論的特殊性を記述する。
(15) 日常語と専門用語の間の依存と緊張の関係を省察し、授業の出来事において文書や語りの論拠が明確であることに注意する。
コンピテンス領域：教育
修了生は、
(16) 教育理論を示す。
(17) 授業における道徳的な判断・行為能力の発達を根拠づけ、説明する。
(18) 子どもや青年の社会化の理論を記述する。
(19) 民主主義の価値や規範を記述し、評価する。
(20) 授業における異文化の視点を説明する。
(21) 統治システムの様々なタイプを、政治的実践とその専門科学の例を手がかりに、理論に基づいて区別する。
(22) 人権や自由で民主主義的な基本秩序を示し、この秩序への参加を一般的に、また具体的な事例に即して記述し、根拠づける。
(23) 民主主義社会の教育システムにおける機会均等の意義を説明する。
(24) 社会統合的授業の特徴や成果を記述し、それらを模範的な授業の状況の構成に利用する。
(25) 振舞いに関連した相談をするための知識を用いる。
(26) 争いが起こった時の調整方法を記述し、それを具体例に即して応用する。
(27) 子どもや青年の発達の理論に関する基本的知識を用い、それが教育に対して持つ意義を省察する。
(28) 子どもや青年の発達において予防すべき危険な因子を記述する。
(29) 子どもや青年の時期における固定的な個人差（とりわけ認知的な基礎的能力、性別に関する想定）を記述し、それを教育学に関連づけて説明する。
(30) 家族の形態と構造の変化、および家族研究の重要な成果を説明し、それが学校に対してどのような意義を有しているのかを示し、授業を構成する。
(31) 家族の社会化機能（とりわけ社会階層、性別、文化に特有の社会化過程における差異）に関する基本的知識を用い、それが学校の社会化過程の構成に対してどのような意義を有しているのかを説明する。

(32) 歴史に依存した、実践に応用しうる多様な倫理構想を記述し、倫理的論証の基本的規則に精通する。
(33) 道徳と法、あるいは道徳性と合法性を区別する。
(34) 異文化間の差異や他者理解に特有の問題を考慮して、文化の相対性と人権の普遍性との間の緊張関係の中で判断する。

コンピテンス領域：評価、相談、支援

修了生は、
(35) 学習障害の分析と予防に関する基礎的知識を用いる。
(36) 特殊な学習の前提条件を記述し、それを学習成果の評価において考慮する。
(37) 領域を包括した特別な学習の前提条件（とりわけ第二言語あるいは外国語としてのドイツ語、特別支援教育による支援の必要性）を記述し、それを模範的な学習状況の構成や学習スタンダードのフィードバックの際に考慮する。
(38) 学習過程の特徴を確認し、これを模範的な授業の状況や学習スタンダードのフィードバックの際に考慮する。
(39) 学習に関する同僚や機関の協力・相談の形式を記述する。
(40) 基準に則した課題設定を発展させるための基盤を説明する。
(41) 客観的な評価基準、内面的な評価基準、相互的な評価基準において評価を区別し、それを模範的な授業の状況における学習成果のフィードバックに利用する。
(42) 教師や生徒に対するフィードバックとしての試験を利用し、これを説明する。
(43) 相談・支援の申し出や方法を記述し、解釈し、個人的な問題状況に応じて適用する。
(44) 争いを調停するための情緒的・認知的プロセスを記述する。
(45) 包括的な学習の前提条件と特殊で心理的な学習の前提条件（とりわけ優れた才能、知的障害、言語能力、注意力、集中力、文字言語獲得の障害、計算能力の障害）を記述する。
(46) 社会的不平等の原因と結果を、中心的カテゴリー（とりわけ社会階層、民族、性）を手がかりにして記述し、それが教育的行為に対してどのような意義を有しているのかを議論する。
(47) 政治、社会、経済、ならびにそれらの専門科学における規範と現実の間の差異を分析する。
(48) コンテクストに結びついた判断を区別するために、コンテクストに結びついた判断と前提に依存した記述を区別することのできる能力をもつ。

コンピテンス領域：学校と職能の継続的発展

修了生は、
(49) 教育制度や授業の制度的構造と基本的な法的条件枠組みを記述する。
(50) 学校の組織をその専門科学において社会学的に分析するための基本的な知識を用いる。
(51) 学校が発展するための社会的条件枠組みを記述し、分析する。
(52) 教員の職に関する価値観や考え方についての分析・省察方法を記述する。
(53) ストレス予防に関する知識を用いる。
(54) 評価方法を記述し、その成果を具体例に即して説明し、それを学校の発展のために利用する。
(55) 校内の協力体制の構造を分析する方法を記述する。
(56) 学校を発展させるための協働可能性を示す。
(57) ストレス体験とストレス克服の情緒的・認知的プロセスを記述する。
(58) 教員の役割の中で最も重要な対立点、すなわち教員の職能の特色とは何かという問題について、その根底にある人間学的・社会哲学的前提に着目して記述し、省察する。

Verordnung über Masterabschlüsse für Lehrämter in Niedersachsen（Nds. MasterVO-Lehr）vom 8. 11. 2007. In: Niedersächsisches Gesetz- und Verordnungsblatt. Nr. 33/2007, 61. Jahrgang, ausgegeben in Hannover am 15. 11. 2007, S. 493-494 より作成。(大関達也訳)

資料4 「教職実践演習（仮称）」における到達目標及び目標到達の確認指標例

含めることが必要な事項	到達目標	目標到達の確認指標例
①使命感や責任感、教育的愛情等に関する事項	○教育に対する使命感や情熱を持ち、常に子どもから学び、共に成長しようとする姿勢が身に付いている。 ○高い倫理観と規範意識、困難に立ち向かう強い意志を持ち、自己の職責を果たすことができる。 ○子どもの成長や安全、健康を第一に考え、適切に行動することができる。	○誠実、公平かつ責任感を持って子どもに接し、子どもから学び、共に成長しようとする意識を持って、指導に当たることができるか。 ○教員の使命や職務についての基本的な理解に基づき、自発的・積極的に自己の職責を果たそうとする姿勢を持っているか。 ○自己の課題を認識し、その解決に向けて、自己研鑽に励むなど、常に学び続けようとする姿勢を持っているか。 ○子どもの成長や安全、健康管理に常に配慮して、具体的な教育活動を組み立てることができるか。
②社会性や対人関係能力に関する事項	○教員としての職責や義務の自覚に基づき、目的や状況に応じた適切な言動をとることができる。	○挨拶や服装、言葉遣い、他の教職員への対応、保護者に対する接し方など、社会人としての基本が身についているか。

	○組織の一員としての自覚を持ち、他の教職員と協力して職務を遂行することができる。	○他の教職員の意見やアドバイスに耳を傾けるとともに、理解や協力を得ながら、自らの職務を遂行することができるか。
	○保護者や地域の関係者と良好な人間関係を築くことができる。	○学校組織の一員として、独善的にならず、協調性や柔軟性を持って、校務の運営に当たることができるか。
		○保護者や地域の関係者の意見・要望に耳を傾けるとともに、連携・協力しながら、課題に対処することができるか。
③幼児児童生徒理解や学級経営等に関する事項	○子どもに対して公平かつ受容的な態度で接し、豊かな人間的交流を行うことができる。	○気軽に子どもと顔を合わせたり、相談に乗ったりするなど、親しみを持った態度で接することができるか。
	○子どもの発達や心身の状況に応じて、抱える課題を理解し、適切な指導を行うことができる。	○子どもの声を真摯に受け止め、子どもの健康状態や性格、生育歴等を理解し、公平かつ受容的な態度で接することができるか。
	○子どもとの間に信頼関係を築き、学級集団を把握して、規律ある学級経営を行うことができる。	○社会状況や時代の変化に伴い生じる新たな課題や子どもの変化を、進んで捉えようとする姿勢を持っているか。

			○子どもの特性や心身の状況を把握した上で学級経営案を作成し、それに基づく学級づくりをしようとする姿勢を持っているか。
④教科・保育内容等の指導力に関する事項	○教科書の内容を理解しているなど、学習指導の基本的事項（教科等の知識や技能など）を身に付けている。 ○板書、話し方、表情など授業を行う上での基本的な表現力を身に付けている。 ○子どもの反応や学習の定着状況に応じて、授業計画や学習形態等を工夫することができる。	○自ら主体的に教材研究を行うとともに、それを活かした学習指導案を作成することができるか。 ○教科書の内容を十分理解し、教科書を介して分かりやすく学習を組み立てるとともに、子どもからの質問に的確に応えることができるか。 ○板書や発問、的確な話し方など基本的な授業技術を身に付けるとともに、子どもの反応を生かしながら、集中力を保った授業を行うことができるか。 ○基礎的な知識や技能について反復して教えたり、板書や資料の提示を分かりやすくするなど、基礎学力の定着を図る指導法を工夫することができるか。

中央教育審議会（2006）「今後の教員養成・免許制度の在り方（答申）」62〜64頁。

資料5　INTASCのコア・スタンダード（10原則）

原則1：教科内容 　教員は、自分が教える教科の中心概念、探究の方法、教科の構造を理解し、それらが生徒にとって意味のある教科内容になるように学習経験を創り出すことができる。
原則2：生徒の学習 　教員は、子どもの学習や発達の仕方を理解し、子どもの知的、社会的、人格的な発達を支える学習機会を提供することができる。
原則3：多種多様な学習者 　教員は生徒の学びへのアプローチの仕方がどのように異なるのかを理解し、多種多様な文化的背景を持った学習者に合わせた指導の機会を創り出すことができる。
原則4：教授方略 　教員は、生徒の批判的思考、問題解決、行動スキルの発達を促進する様々な教授方略を理解し、使用する。
原則5：学習環境 　教員は、肯定的な社会的相互作用、意欲的な学習の従事、自己のモチベーションを促す学習環境を創り出すために、個人やグループのモチベーションと行為についての理解を使う。
原則6：コミュニケーション 　教員は、教室において活発な探究、協働、支援的相互作用を促進するために、効果的な言語的、非言語的、メディアのコミュニケーション技術の知識を使う。
原則7：授業計画 　教員は、教科内容、生徒、地域社会、カリキュラム目標の知識に基づいた指導を計画する。
原則8：アセスメント 　教員は、学習者の継続的な知的、社会的、身体的発達を評価し促すために、形式的、非形式的なアセスメントの方略を理解し、使用する。
原則9：リフレクションと職能発達 　教員は、他者（生徒、両親、学習共同体での他の専門職の人々）に向けた選択や行動の効果を絶えず評価し、積極的に専門的に成長する機会を見つけ出す反省的実践家である。

> 原則 10：協働・倫理規範・関係づくり
>   教員は、生徒の学習と幸福を支援するために、より大きな地域社会の中で学校の同僚、両親、関係諸機関との関係性を促進する。

Interstate New Teacher Assessment and Support Consortium（1992）. *Model Standards for Beginning Teacher Licensing, Assessment and Development: A Resource for State Dialogue* ., pp.14-33 より作成。(別惣淳二訳)

資料6　イングランドの教員資格（QTS）における専門性基準

専門的特性
児童・青少年との関係づくり Q1　児童及び青少年の教育の可能性を完全に達成することを確実にすることや、彼らと公正で尊敬でき、かつ信頼できる支援的で建設的な関係づくりを構築することを確約するなど、児童及び青少年の高い期待を負う。 Q2　児童及び青少年から期待される積極的な価値、態度及び行動を示す。 枠組み Q3　(a) 教員の専門的な職務と、その職務の制度的枠組みを認識している。 　　(b) 教育現場の方針と実践について認識しており、その実施のために共同責任を負う。 他者とのコミュニケーションと協働 Q4　児童、青少年、同僚教員、両親及び保護者と効果的にコミュニケーションをとる。 Q5　児童及び青少年の発達と幸福に対する、また到達レベルの引き上げに対する同僚教員、両親及び保護者の貢献を認識し、敬意を払う。 Q6　協働と共同作業に対して　コミットする。 職能成長 Q7　(a) 実践を省察、改善し、責任を持って職能発達のニーズを特定し、達成する。 　　(b) 初任者研修の場面で初任者の職能発達の優先度を特定する。 Q8　刷新に向けて創造的で建設的な批判を行い、メリットと改善が確認された場合に、その実践を取り入れようとする。 Q9　助言とフィードバックに対応し、コーチングとメンタリングを受け入れる。
専門的知識・理解
教授と学習 Q10　教授、学習、生徒指導戦略に関する様々な知識・理解を有し、個に応じた学習やすべての学習者に対して潜在能力を発揮させる機会の提供について、どのように活用したり適用したりすればよいのかを知っている。

アセスメントとモニタリング

Q11 教えるために訓練を受けた教科/カリキュラムの分野について、公的試験や資格に関係したものを含めて、評価の要件と取り決めを知っている。

Q12 形成的評価の重要性など、様々な評価方法を知っている。

Q13 教授活動の効果を評価し、教授する対象者の進捗をモニタリングし、達成度を引き上げるための、地方及び全国の統計情報の利用方法を知っている。

教科とカリキュラム

Q14 訓練を受けた対象年齢や能力範囲にわたって効果的に教えることができるよう、教科/カリキュラムの分野とそれに関連した教授法に関する知識・理解を確実に有している。

Q15 訓練を受けた対象年齢や能力の範囲に適用される教科/カリキュラムの分野や、その他の関連のイニシアチブに向けた国家戦略により提供されるものを含めて、関連する法定及び非法定のカリキュラムと枠組みについて知り、理解している。

読み書き、計算及び情報通信技術（ICT）

Q16 読み書き、計算及び情報通信技術（ICT）の専門的な技能試験に合格している。

Q17 教授活動や幅広い専門的活動を支援するために、読み書き、計算、ICTの技能の活用法を知っている。

学業成績と多様性

Q18 児童及び青少年の発達の仕方を理解し、学習者の進歩と幸福が発達、社会、宗教、人種、文化、言語などにより影響を受けることを理解している。

Q19 英語を第二言語とする者、特別な教育ニーズや障害のある者などに教授する場合の効果的な個に応じた指導法と、多様性を考慮し、平等で統合的な授業を促す指導法を知っている。

Q20 特別な教育ニーズや障害、その他の個別の学習ニーズをもった学習者に対して責任を負っている者を含め、特定の責任を負う同僚教員の役割を知り、理解している。

健康と幸福

Q21 (a) 児童と青少年の保護と幸福の推進に関する現在の法的要件、国の方針及びガイダンスについて認識している。

(b) 個人の環境の変化や困難によって進歩、発達あるいは幸福が影響を受ける児童及び青少年を特定し、支援する方法、そして、専門家の支援を受けるために同僚教員に問い合わせる時について知っている。

専門的スキル
計画立案
Q22　授業や一連の授業において効果的な学習内容を設計し、教科/カリキュラムの確実な知識を示して、訓練を受けた対象年齢と能力範囲にわたる進歩を計画する。
Q23　学習者が読み書き、計算、ICTの技能を伸ばす機会を計画する。
Q24　学習者の進歩を維持し、学習を伸ばし強化するために宿題や課外の課題を計画する。
教授
Q25　訓練を受けた対象年齢や能力範囲にわたって、以下のように授業や一連の授業を行う。 　（a）e-ラーニングなど、多様性を実践的に考慮し、公平性と統合性を推進して、幅広い教授方略とリソースを活用する。 　（b）既有知識に基づき、概念とプロセスを練り上げ、学習者が新しい知識、理解及び技能を応用し、学習目標を達成するようにする。 　（c）新しい考えとコンセプトを明確に取り入れ、説明、質問、討論、全員参加を効果的に用いて、学習者に合った言語を採用する。 　（d）授業の段階に合わせて教授活動を修正し、個人、グループ、クラス全体の学習を管理する能力があることを示す。
評価、モニタリング、フィードバック
Q26　（a）一連の評価、モニタリング、記録についての戦略を効果的に用いる。 　（b）意欲をかき立てる学習目標を設定するために、学習者の学習ニーズを評価する。
Q27　学習者の到達度、進歩、発達領域に関して、タイムリーで正確かつ建設的なフィードバックを提供する。
Q28　学習者が学習について省察し、進歩を確認し、新たな学習ニーズを特定するよう、学習者を支援し指導する。
教授と学習の振り返り
Q29　教授活動がすべての学習者の進歩にどの程度影響を与えたのかを評価し、必要に応じて計画及び授業実践を修正する。

<u>学習環境</u>
Q30 　学習の助けとなる意図的で安全な学習環境を設定し、学習者が学校以外の状況で学ぶ機会を特定する。
Q31 　学習者の行動を建設的に管理する教室の決まりのための明確な枠組みをつくり、自己管理力と独立心を促す。

<u>チームワークと協働</u>
Q32 　チームの一員として働き、同僚教員とともに働く機会を特定し、効果的な実践の開発を共有する。
Q33 　一緒に働く同僚教員が学習の支援に適切に関わることを確実にし、果たすことが期待される役割について理解している。

Training and Development Agency for Schools (2007). *Professional Standards for Teachers: Qualified Teacher Status.*, pp.7-12 より作成。(別惣淳二訳)

あとがき

　本書のはしがきにおいて、日独共同プロジェクトの発起人であり責任者でもある渡邉　満教授が、約20年来世界規模で確認される教師教育の現代化の動向に対する社会全体の前提条件について、おおまかなスケッチをしている。社会的な改革要求が高い時代にあっては、職業活動のさまざまな段階における教師の能力が、明らかに政治、科学上の枢要な問題となった。その際、教育学の文脈に限らずとも当然思いつく次のような仮定、すなわち、より良い教育はとりわけより良い教師の教育に依存する、という仮定は、一目見てとても納得のゆくものである。1990年代以降、とりわけ「質の高い教育と訓練のための質の高い教師教育」という要請について検討するための教師教育研究が、広範に進められてきた。そうした研究によって確かに、教師教育ならびに専門的な教師の行為と、生徒の側での学習・教育効果との間の複雑な関係の網の目が、これまで以上に解明された。つまり、（特にドイツの教育制度では）時間と資源を費やす教師教育が、生徒の学習成果に対して貢献していることが、これまで以上に解明された。しかしながら、それが確固たる実証的なデータに基づいて一義的に解明されたわけでは決してない。いずれにしても、このように教育学の関心が教師教育に焦点化される過程で、国際的なパースペクティブもまた大きく広がっていった。その際に大きな刺激となったのは、とりわけOECDによって実施された、教育報道の枠内でのPISA、TIMSS、PIRLSのような学力調査である。
　本書もまた、こうした一連の国際比較研究のなかに位置づくものである。本書は、自由になる資源が限られていたため、確かにひとつのパイロット・プロジェクトでしかない。それにもかかわらず、これまでこの領域での日独比較研究が存在しなかったという意味では、先駆的な業績であると自負して

もよかろう。

　プロジェクトの第一段階では、必然的に、両国の教師教育制度の歴史的前提、構造的・教育課程上の基礎、支配的な改革の観点について、双方の詳細な情報交換がなされた。そこで特に注目に値するのは、単にドイツ側からだけでなく、日本の研究チームメンバーによっても、ドイツの教師教育の制度について描写された点である。このように構造的な枠組み条件を詳細に分析することによってのみ、プロジェクトの開始段階で強調された研究の次のような重点テーマに対する影響要因が、養成カリキュラムのなかに位置づけられ、限定されることになる。研究の重点テーマとはすなわち、教師教育における職業科学上の主導的分野としての教育学の役割と形態と、それに直接関わって、とりわけ学校実践的学修という形での、理論－実践関係の伝統と未来である。さらに、そうしてのみ、日本側にとって一方で、国際的に見て特別な事例としてよく知られている、ドイツ教師教育の三段階という特殊性が、他方で、学校実践的学修とドイツ教師教育制度のいわゆる第二段階という形での理論－実践関係の反省と現実化の徹底が、個別に説明される。第二段階での専門職化機能を詳細に描写するにあたっては、いわば最良の実践事例である、ブラウンシュヴァイクの基礎学校・基幹学校・実科学校の試補教員のための教員研修所のカリキュラムを用いた。その叙述は日本側にとってのみならず特に有益なものとなったが、ほとんどの教師教育の場所と同様、ブラウンシュヴァイク工科大学においても、第一段階と第二段階の間にはせいぜいのところ個別的な協力しかおこなわれてこなかったし、今もおこなわれていない。逆にドイツ側にとっては、幼稚園領域の教員を含む（ドイツの状況ではまさに革命的な制度的要素）すべての教員に対する学士課程での8学期間（4年間）の統合カリキュラムという基本モデルは、示唆に富む挑戦を提供してくれた。特にいわゆる「ボローニャ・プロセス」の基準にしたがって、教職課程を段階的な学士－修士制度へと現在転換している際に、多数の未解決の問題が生じているのを勘案するならば、そのようにいえる。こうした制度転換の実施にともなって重大な困難が明らかになるにつれて、ごく最近では例えば、ドイツの大学での教職のための学修に8学期間の学士課程を導入

することについて、集中的な論議がおこなわれている。

教師教育全体の中核カリキュラムの構成要素に関しても、モジュール化の形を含む個々の教育学の内容に関しても、多くの個別的問題について、所与の前提条件が複雑であるために、(いまだ)結論的には共通の提案は開発されていない。むろん、教育諸科学の学修を改革するという要請は、教育診断や相談活動(例えば人材開発やガイダンス)の能力向上といった領域を養成段階でもっと強く意識すべきであるという方向で、一致を見ている。さらに兵庫教育大学で考案されたメンター制度は、非常に興味深いといえる。

研究プロジェクト全体の構想から、次のような暗黙の基本的な仮定を見て取ることは困難ではない。すなわち、「良い」教師活動のための養成は、反省的な実践課題の克服を、職歴上の発達過程の目的として念頭に置かなければならない、という仮定である。もっと簡潔に述べれば、大学が自らの養成によって、完成した教師を「送り出す」ことが可能である、という考えから出発すべきではないということである。国際的な議論では、アメリカ合衆国やイギリスで展開された基本的考え方に強い影響を受けるかたちで、「反省的実践家」としての教員の専門性を特徴づけるために、拘束力のあるスタンダードに準拠するということが提案されている。それは、ますます多くの支持を得ているように思われるモデルである。手持ちの養成の要素、場所、条件が多様ななかで、品質と専門性を保障する構造的目印として、教員養成におけるスタンダードが定義される。こうしたスタンダードの定義は、ただちにわれわれの研究プロジェクトでも注目した点であり、特にその国際的な接続可能性を吟味することもねらいとした。そのために、日独の視点から、「コンピテンスのある」教師の特殊な専門知と行為能力の類型のための包括的な理論的・実証的研究や、そのために必要と判断されるスタンダードのレパートリーが詳しく総括された。とりわけドイツ側からは、各州文部大臣会議(KMK)の決議において開発された、教員養成の第一段階と第二段階の修了生のためのスタンダードが総括された。

KMKの教員養成スタンダードについては、ドイツの専門家の側から次の点が強く指摘されていた。すなわち、このスタンダードの対象は、授業科目、

教科教授学、教育科学の学修、学校実践的学修にも、養成施設や試験及び採用方法の基準にも及ばねばならず、職歴全体とりわけ入職段階でのコンピテンスのある教師の生成を考慮すべきである。

　この鑑定書を実際にドイツの教員養成に転換するための里程標となったのは、2004年のKMKによる教育諸科学のスタンダードである。これはドイツ連邦共和国の全州に対して拘束力をもつものとして可決されたもので、授業、教育、評価、刷新というコンピテンス領域から成り立っている。日本側での比較可能な、しかし明示的にはスタンダードの構想に定位してはいない概括的規則は、中央教育審議会の答申「今後の教員養成・免許制度の在り方について」（2006年）によって示された。とりわけ、同答申のなかでいわゆる「教職実践演習」のために設定された到達目標がそれにあたる。

　今回の研究プロジェクトの過程では、時間的制約から、上記の二つの基礎的文書を詳細に比較することはできなかった。その代わりに、特に強調すべきは、日本側の提案によって、共同で作成された「ドイツ（および日本）における教師教育スタンダードに対する教員の意識調査」が両国で実施されたことである。そこでは、教師教育に従事するチューター（大学教員）とメンター（学校実践的学修のなかでその都度大学と協力する実習校の教員）に対して、教師教育におけるスタンダードの役割に関する彼らの評価について、集中的に記述式の調査がおこなわれた。結果としては、スタンダード志向の長所と短所に関する考え方等において、両国の間でまったく異なる回答がなされた。意識調査の成果は、いまだほとんど研究されていないこのテーマ領域について、さらに実りある議論を進めるための適切な基盤を提供するものである。

　私は本あとがきにおいて、プロジェクトのさまざまな調査ポイントのなかでいかなる成果がもたらされたのかをスケッチすることを試みてきた。しかしそれと同時に、資源の不足から、いかなる問題が未解決のままいわば置いたままにせざるを得なかったのか、またそれが将来のための意義ある研究課題となるであろう、ということついても指摘してきた。教師教育についての大部分の研究プロジェクトがそうであるように、一般に主要な問題と見なされる、教師の生涯学習のプロセスに関する問題、とりわけ職歴上特に大切な

新人教員の段階の問題については、しっかりと取り上げることができなかった。また、連合大学院を構成する日本の新構想大学に設置された修士の学修では、教師たちが長期間、職業活動を免除されているが、そうした修士の学修は、教師の継続・発展教育の活動全体におけるより詳細な国際的な比較調査に必ず値するような、興味深いモデル・プロジェクトを生み出すことになろう。

　最後になるが、日本のパートナーたちに、第一にその卓越した同僚性に対して心より感謝せずにはいられない。またそれのみならず、とりわけきわめて雅量のあるプロジェクトへの出資に対しても、感謝申し上げたい。プロジェクトの財源は大部分が日本側によって用意された。それによって、会議のための旅費、実証的なアンケート調査の実施と分析、さらに本書の印刷のための資金獲得などが可能となった。プロジェクトの財源によって、課題の一部分を遂行するための研究者を任期付きで雇用することはできなかった。それによって、日本側は多くの翻訳作業をせざるを得なくなった。その量と質に対しては、評価しすぎることはない。その作業に対して改めて御礼を申し上げるとともに、その膨大な作業が報われたことを確信している。というのも、こうした協働によって一冊の著作が、すなわち教師教育の改革に関する国際比較研究のさらなる議論に対して重要な刺激を与えるであろう著作が誕生したからである。(渡邉 満訳)

カール・ノイマン

Herausgeber Michiru Watanabe, Karl Neumann

Titel　　Reform der Lehrerbildung in Japan und Deutschland
　　　　　－ Wie sollen wir die Lehrer für die Zukunft ausbilden? －

Gliederung

　　Vorwort　　　　（Michiru Watanabe）

　1.Teil　Geschichtliche Entwicklung des Lehrerausbildungssystems in Deutschland und Japan und gegenwärtige Aufgaben
　　　1. Entwicklung des Systems der Lehrerausbildung in Deutschland
　　　　　　　　　　　　　　　　（Masaki Sakakoshi, Naoshi Morikawa）
　　　2. Entwicklung des Systems der Lehrerausbildung in Japan
　　　　　　　　　　　　　　　　（Naoshi Morikawa, Michiru Watanabe）

　2.Teil　Die Lehrerbildungsreform in Deutschland
　　　1. Lehrerbildung in Deutschland im BA/MA-Studiengang
　　　　　－ Das Beispiel Braunschweig －　　　（Heidemarie Kemnitz）
　　　2. Die Schulpraktischen Studien in der Lehrerausbildung in Deutschland
　　　　　　　　　　　　　　　　（Diethelm Krause-Hotopp）
　　　3. Reform der 2. Phase der Lehrerbildung in Deutschland
　　　　　　　　　　　　　　　　（Wolfgang Pschichholz）
　　　4. Lehrerfortbildung in Deutschland　　（Heidemarie Kemnitz）

　3.Teil　Die Lehrerbildungsreform in Japan
　　　1. Reform der Lehrerausbildung im BA-Studiengang in Japan
　　　　　－ Das Beispiel der Hyogo University of Teacher Education －
　　　　　　　　　　　　　　　　（Tatsuya Ozeki）

2. Reform der Lehrerausbildung im BA-Studiengang in Japan
   — Das Beispiel der Naruto University of Education —　　(Yoichi Kiuchi)
3. Reform der Lehrerausbildung im BA-Studiengang in Japan
   — Das Beispiel der Joetsu University of Teacher Education —
   　　　　　　　　　　　　　　　　　　　　　　(Satoshi Kamada)
4. Gegenwärtiger Zustand und Aufgaben des Schulpraktikums in Japan
   　　　　　　　　　　　　　　　　　　　　　　(Emi Soda)
5. Gegenwärtiger Zustand und Aufgaben des 'Masterkursus für das Lehramt'
   　　　　　　　　　　　　　　　　　　　　　　(Michiru Watanabe)

4.Teil　Standards für die Lehrerbildung
— die internationale Entwicklung sowie Ergebnisse japanisch-deutscher Untersuchungen —
1. Der "gute" Lehrer — der "kompetente" Lehrer
   — Professionalität und Professionalisierung der Lehrer; Internationale Tendenzen und Diskussionen in Deutschland —　(Karl Neumann, Takanobu Watanabe)
2. Internationale Tendenz der Einführung der Standards für die Lehrerbildung
   　　　　　　　　　　　　　　　　　　　　　　(Junji Besso)
3. Wie beurteilen japanische Tutoren und Mentoren die Einführung der Standards für die Lehrerbildung?　　　　(Junji Besso)
4. Wie beurteilen deutsche Tutoren und Mentoren die Einführung der Standards für die Lehrerbildung?
   　　　　　　　　　(Takanobu Watanabe, Heidemarie Kemnitz,
   　　　　　　　　　　Diethelm Krause-Hotopp, Karl Neumann)

Nachwort　　(Karl Neumann)

Vorwort

Das vorliegende Buch präsentiert die Ergebnisse des gemeinsamen Forschungsprojekts H des Doktorkurses der Abteilung für Schulbildungsforschung an der Joint Graduate School der Pädagogischen Hochschule Hyogo (1. April 2007 - 31. März 2010) mit dem Titel "Japanisch-deutsche Forschung über Strategien zur Verbesserung praxisorientierter Professionalität von Lehrer/innen; unter besonderer Berücksichtigung der Funktion der Erziehungswissenschaft und der schulpraktischen Studien im Lehrerausbildungscurriculum des Bachelor- und Masterstudienganges" (Projektleiter : Michiru Watanabe).

In den letzten Jahren wurden die beiden Länder Deutschland und Japan durch die zunehmend fortschreitende Komplexität der Wissensgesellschaft, resultierend aus den Entwicklungsverläufen der Globalisierung in den Bereichen von Politik, Wirtschaft und Gesellschaft, mit zunehmend dringlichen Aufgaben der Bildungsteform konfrontiert, in Sinne einer umfassenden Schulbildungsreform, vor allen aber auch, in direktem Zusammenhang damit, einer Reform der Lehrerbildung. In Deutschland wurden, seit dem "PISA Schock" im Jahre 2000, unter der Führung der Bundesregierung zum Zweck gtundlegender Erneuerung der Lehrerbildungs-Curricula, eine Fülle von Reformdiskussionen auf den Ebenen der Bildungspolitik, der Bildungsadministration- sowie der Universitäten in allen Bundesländern ausgelöst, in Niedersachsen besonders früh an der Technischen Universität Braunschweig, die in Laufe ihrer Geschichte kontinuierlich um fortschrittliche Reformen in der Lehrerbildung bemüht gewesen ist. Auf dieser langen Tradition konnte die derzeitige Fakultät für Geistes- und Erziehungswissenschaften dieser Universität, u.a. hervorgegangen aus der Pädagogischen Hochschule Braunschweig, bei der jetzt anstehenden Reorganisation und Restrukturierung des Curriculums der Undergraduate-und Masterkurse aufbauen.

Andererseits wurde, auch in unserem Land, auf Grund der Komplikation verschiedener Probleme der Schulbildung und deren Intensivierung, eine Gesamtreform der schulischen Ausbildung wie der Lehrerbildung dringend erforderlith.

So hat der Zentrale Bildungsrat des japanischen Kultusministeriums im Oktober 2005 als

Antwort auf den Bericht "Massnahmen zum Vorantreiben der zukünftigen Bildungsreform der Grund- und Mittelschulen" das programmatische Papier "Die Schaffung einer neuen Schulerziehung für das kommende Zeitalter" unterbreitet und damit grundsätzlichen Reformbedarf anerkannt.

Wichtig für die "Bemühungen zur Erzielung des weltweit höchsten Niveaus der Schulerziehung" erscheint danach die sog. "Gakko-ryoku" (die qualitätsorientierte Leistungsfähigkeit der Schule), wobei diese auf der sog. "Kyoshi-ryoku" (Qualität und Professionalität der einzelnen Lehrer) der einzelnen Lehrer beruht.

Es setzte sich die Einsicht durch, dass der Schlüssel zur Schulbildungsreform die Lehrerbildungsreform ist. In der Folge wurde im Juli 2006 (vom Zentralen Bildungsrat) der Bericht "Über den Soll-Zustand des Lehrerausbildungs- und Lizenzsystems der Zukunft" veröffentlicht, welcher

1) die Absolvierung des "Lehrerpraktikum-Seminars" obligatorisch machte,

2) einen Masterkursus für das Lehramt schuf und

3) ein Lehrer Lizenz-Erneuerungssystem einführte,

womit zweifellos ein Schritt vorwärts gemacht werden konnte, das Fähigkeitsprofil der Lehrer auf der Undergraduate-Stufe zu erhöhen, den praxisbezogenen Aspekt des Lehrertrainings für derzeit aktive Lehrer der Graduate-Stufe zu betonen, sowie die Lehrerbildung auf Masterkurs-Stufe einzuführen, was derzeit ein weltweiter Trend ist.

Um die Lehrerbildungsreform in beiden Ländern voranzutreiben, ist es notwendig die funktionelle Positionierung und die gegenseitige Verbindung von

• einerseits Pädagogik (Erziehungswissenschaften), welche dem Lehrer das notwendige Wissen für seine Tätigkeit als Spezialist für Erziehung und Unterricht durch ein Undergraduate- sowie Postgraduate- Ausbildungscurriculum vermittelt, und

• andererseits der praxisbezogenen Ausbildung (Internship) zu diskutieren, welche für die Erlangung der allgemeinen Qualifikation der Lehrtätigkeit mit praktischen Führungsfähigkeiten unerlässlich ist. Dabei wird es erforderlich sein, für praktische Führungsfähigkeiten genauere Standards, die sich Lehrer als Spezialisten aneignen sollen, zu erstellen und, besonders in Anbetracht eines kontinuierlichen Lehrertrainings, durch angemessene Evaluation zu bewerten, um eine Integration von Theorie und Praxis zu erzielen.

Das gemeinsame Forschungsprojekt setzte sich aus zwei Teams zusammern, an der Technischen Universität Braunschweig mit

Dr. Karl Neumann (Professor),

Dr. Heidemarie Kemnitz (Professorin) und

Dr. Diethelm Krause-Hotopp (Akademischer Oberrat)

in Zusammenarbeit mit dem Forschungsteam der Joint Graduate School der Pädagogischen Hochschule Hyogo mit

Dr. Michiru Watanabe (Professor an der Pädagogischen Hochschule Hyogo),

Dr. Naoshi Morikawa (Professor an der Universität Okayama)

Dr. Yoichi Kiuchi (Professor an der Pädagogischen Hochschule Naruto)

Dr. Takanobu Watanabe (a.o. Professor an der Pädagogischen Hochschule Hyogo)

Junji Besso, M.A. (a.o. Professor an der Pädagogischen Hochschule Hyogo)

Dr. Tatsuya Ozeki (Dozent an der Pädagogischen Hochschule Hyogo)

Dr. Masaki Sakakoshi (Professor an der Universität Hiroshima)

Emi Soda, M.A. (Lehrerin an der Mittelschule Takamure in Kurume-shi)

und weiteren Teilnehmern.

Gemeinsames Zeil war es, durch differenzierten Austausch der speziellen Erfahrungen und Kenntnisse der einzelnen Partner den Boden für gesicherte Forschungsergebnisse zu bereiten, um damit zur Lösung der spezifischen Aufgaben des eigenen Landes beitragen zu können.

Nach intensiver Vorbereitung fand das 1. Treffen der Gemeinsamen Forschungsgruppe an der Technischen Universität Braunschweig während 4 Tagen vom 15.-18. Juli 2007 statt. Das 2. Treffen der Gemeinsamen Forschungsgruppe wurde am 18. - 19. Oktober 2008 an der Pädagogischen Hochschule Hyogo abgehalten. Es diente u.a. auch zu Planungen für eine ausführliche empirische Untersuchung der Einschätzung der Rolle von

Standards in der Lehrerbildung in beiden Ländern. Die Ergebniss der empirischen Untersuchung wurden am 3.-4. Oktober 2009 beim Japanischen Lehrerbildungskongress an der Hirosaki Universität (Aomori) veröffentlicht.

In der Folge möchte ich den Aufbau dieses Buches kurz erläutern. Das Buch ist in 4 Teile gegliedert:

Teil 1: "Geschichtliche Entwicklung des Lehrerausbildungssystems in Deutschland und Japan und gegenwärtige Aufgaben" untersucht bei unterschiedlichem geschichtlichen Hintergrund sowohl die für jedes Land spezifischen als auch die für beide Länder gemeinsamen Herausforderungen und Ziele in der Lehrerbildung.

Teil 2: "Die Lehrerbildungsreform in Deutschland" stellt Berichte und Artikel deutscher Expert/innen, insbesondere von der Technischen Universität Braunschweig, über Schwerpunktthemen der gegenwärtigen Situation in der deutschen Lehrerbildung zusammen, besonders konkret zur Reform der 2. Phase der Lehrerbildung. Da in diesem Teil Personen zu Wort kommen, die direkt in die Reformbemühungen der Lehrerbildungsinstitutionen einbezogen sind, wird davon ausgegangen, dass diesen Texten große Bedeutung für die Forschung in Japan in Bezug auf die deutsche Lehrerbildungsreform zukommt.

Teil 3: "Die Lehrerbildungsreform in Japan" berichtet über die heutige Situation und die Aufgaben der jüngsten Lehrerbildungsreformbemühungen bei den sogenannten neuen Konzeptionen der Pädagogischen Hochschulen, sowie über den im Jahre 2008 neuerrichteten Masterkursus für das Lehramt, mit spezieller Beachtung der Bemühungen der Pädagogischen Hochschule Hyogo. Weiters werden die heutige Situation und Aufgaben aus dem Blickwinkel der Schulen untersucht, in denen ein Praktikum absolviert werden kann.

Teil 4: "Standards für die Lehrerausbildung - Tendenzen der internationalen Entwicklung sowie empirische Ergebnisse japanisch-deutscher Untersuchungen" untersucht die internationale Diskussion über die Forderung zur Spezialisierung und Professionalisierung im Lehrerberuf, und erkundet in Bezug auf die internationale Debatte über Lehrerbildungsstandards diesbezüglich unterschiedliche Auffassungen in Deutschland und Japan. In unserem Land sind bereits bei mehreren Hochschulen Bemühungen zur Ausarbeitung von Konzepten für Lehrerbildungsstandards im Gange. Es müssen jedoch im Zuge der weiteren Entwicklung noch viele Hürden überwunden werden, bis diese Standards die Basis für ein gemeinsames Verständnis sowohl bei den Hochschulen als auch bei den Praktikums-Schulen bilden und ihre Rolle und Bedeutung zu einem erfolgreichen Ergebnis führen kann. Ich hoffe, dass man durch dieses Buch einem solchen Erfolg einen Schritt näherkommen wird. Dieses Gemeinschaftsforschungsprojekt ist wahrscheinlich das erste Projekt in diesem Feld von Forschern und Praktikern sowohl aus Japan als auch aus Deutschland. Ich hoffe ferner, dass dieses Buch beiden Lehrern der Joint Graduate School und generell bei den Forschern der Lehrerbildung in Japan auf breites Interesse stößt, zahlreiche Kommentare auslöst und damit der Forschung wie der Praxis wichtige zukunftsorientierte Impluse geben wird.

Zum Abschluss möchte ich den zahlreichen Personen danken, die durch ihr Fachwissen und ihren Beistand zum Gelingen dieses Buches beigetragen haben.

Insbesondere Herrn Direktor Wolfgang Pschichholz von dem Studienseminar Braunschweig, der einen Aufsatz über die Reform der 2. Phase der Lehrerbildung in Deutschland beigetragen hat.

Herrn Professor Satoshi Kamada von der Pädagogischen Hochschule Joetsu, der mich trotz starker Arbeitsbelastung über die neuen Tendenzen der Lehrerbildung bei der Pädagogischen Hochschule Joetsu informiert hat.

Herrn Dozent Kenma Tsujino von der Städtischen Universität Osaka, der angeboten hat das Manuskript der Vorlesung von Dr. Kemnitz zu übersetzen. Diesen Personen möchte ich meine besondere Dankbarkeit bezeugen.

Auch möchte ich von Herzen Herrn Katsushi Shimoda, Präsident der Toshindo Publishing Co., Ltd. danken, der sich, obwohl der vereinbarte Tag der Abgabe des Manuskripts weit überzogen wurde und es außerdem zu mannigfaltigen Unannehmlichkeiten kam, sehr um die unter sehr schwierigen Umständen erfolgte Herausgabe dieses Buches bemüht hat.

Am 5. März 2010
Gemeinsames Forschungsprojekt H
    Projektleiter Michiru Watanabe

Nachwort

Im Vorwort dieses Buches hat der Initiator und federführende Koordinator des japanisch-deutschen Gemeinschaftsprojektes, Professor Michiru Watanabe, die gesamtgesellschaftlichen Ausgangsbedingungen für den seit etwa zwei Jahrzehnten weltweit zu registrierenden Modernisierungsschub in der Lehrerbildung in seinen Grundlinien skizziert. Die Qualifikation der Lehrer/innen in den verschiedenen Phasen ihrer beruflichen Tätigkeit ist in Zeiten hohen gesellschaftlichen Reformbedarfs offensichtlich zu einer politischen und wissenschaftlichen Schlüsselfrage geworden. Dabei ist die nicht nur in pädagogischen Kontexten naheliegende Annahme, dass eine bessere Erziehung nicht zuletzt von einer besseren Erziehung der Erzieher abhängt, auf den ersten Blick von hoher Plausibilität. Die seit den 1990 er Jahren breit einsetzende Lehrerbildungsforschung, vor allem auch zur Überprüfung des Postulats „High Quality Teacher Education for High Qualitiy Education and Training", hat inzwischen das komplexe Beziehungsgeflecht zwischen Lehrerbildung, professionellem Lehrerhandeln und Lern- und Bildungswirkungen auf Seiten der Schüler, also den Anteil der (insbesondere im deutschen Bildungssystem) zeit- und ressourcenaufwändigen Lehrerbildung am learning outcome der Schüler zwar besser, aber noch keineswegs gesichert auf der Basis empirischer Daten eindeutig aufklären können. In jedem Fall ist in diesem Prozess bildungswissenschaftlicher Fokussierung auf die Lehrerbildungsforschung auch die Tür der internationalen Perspektive weit geöffnet worden, angestoßen vor allem durch die im Rahmen der Bildungsberichterstattung der OECD durchgeführten Schulleistungsmessungen wie PISA, TIMSS oder PIRLS.

In diesen Zusammenhang international vergleichender Forschung ist auch das vorliegende Buch einzuordnen, angesichts der zur Verfügung stehenden Ressourcen gewiss nicht mehr als ein Pilotprojekt, dass gleichwohl den Anspruch einer Pionierleistung erheben darf, weil eine vergleichbare japanisch-deutsche Studie in diesem Bereich bisher noch nicht vorgelegt worden ist.

Die erste Phase des Projektes bildete notwendigerweise eine detaillierte wechselseitige Information über die historischen Voraussetzungen, die strukturell-curricularen Grundlagen und die dominanten Reformaspekte der Lehrerbildungssysteme in beiden Ländern, wobei besonders bemerkenswert ist, dass nicht nur von der deutschen Seite, sondern auch von japanischen Team-Mitgliedern eine Darstellung des Systems der Lehrerbildung in Deutschland vorgelegt wurde. Nur auf diese Weise einer ausführlichen Analyse der strukturellen Rahmenbedingungen konnten die Einflussfaktoren für die in der Initiationsphase des Projekts markierten thematischen Forschungsschwerpunkte, nämlich die Rolle und Gestalt der Pädagogik als berufswissenschaftlicher Leitdisziplin in der Lehrerbildung sowie, damit in direktem Zusammenhang, die Tradition und Zukunft des Theorie-Praxis-Verhältnisses, insbesondere in Form der Schulpraktischen Studien, im Ausbildungscurriculum mit gebotener Präzision verortet und eingegrenzt werden. Ferner konnten nur so für die japanische Seite die Spezifika der Dreistufigkeit der Lehrerbildung in Deutschland, bekanntlich ein Sonderfall aus internationaler Sicht, einerseits, die Intensität der Reflexion und Realisierung des Theorie-Praxis-Bezuges in Gestalt der Schulpraktischen Studien und der sogenannten Zweiten Phase der Lehrerbildung im deutschen System andererseits differenziert dargelegt werden. Die detaillierte Darstellung der Professionalisierungsfunktion der Zweiten Phase gleichsam an einem best-practice-Beispiel, dem Curriculum des Ausbildungsseminars für Referendare an Grund-, Haupt-und Realschulen in Braunschweig, erwies sich nicht nur für die japanische Seite als besonders ertragreich, fand oder findet doch, wie übrigens an den meisten Lehrerbildungs-Standorten, auch an der TU Braunschweig allenfalls eine punktuelle Zusammenarbeit zwischen Erster und Zweiter Phase statt. Für die deutsche Seite wiederum bot das Grundmodell eines achtsemestrigen integrierten Curriculums in Form eines Bachelor-Studiengangs für alle Lehrämter, einschließlich der Lehrer/innen für den Kindergartenbereich (für die deutschen Verhältnisse geradezu ein revolutionäres Systemelement), eine anregungsreiche Herausforderung, zumal im Hinblick auf die große Zahl offener Fragen bei der laufenden Umstellung der Lehramtsstudiengänge auf ein gestuftes Bachelor/Master-System nach den Kriterien des sogenannten Bologna-Prozesses.

Die gravierenden Schwierigkeiten bei der Implementation dieses Systemwechsels haben in jüngster Zeit u.a. zu einer intensiven Diskussion zur Einführung achtsemestriger Bachelor-Studiengänge im Lehramtsstudium an deutschen Hochschulen geführt.

Für die Fülle von Einzelfragen hinsichtlich der Bausteine eines Kerncurriculums für die Lehrerbildung im Ganzen wie der Erziehungswissenschaft im Besonderen, einschließlich der Form ihrer Modularisierung, konnten bei der Komplexität der gegebenen Ausgangslagen (noch) keine gemeinsamen Vorschläge abschließend entwickelt werden. Einigkeit hinsichtlich des Reformbedarfs des bildungswissenschaftlichen Studiums wurde allerdings dahingehend erzielt, dass die Ausbildungsanteile in den Bereichen Pädagogische Diagnostik sowie Stärkung der Kompetenzen für Beratungsprozesse (z.B. Personalentwicklung oder Guidance) stärkere Beachtung finden sollten. Auf großes Interesse stieß ferner das an der Universität Hyogo etablierte Mentoring-System.

Aus der Anlage des Forschungsprojektes im Ganzen lässt sich unschwer seine implizite Grundannahme erkennen, nämlich dass die Ausbildung für „gute" Lehrertätigkeit reflektierte Praxisbewältigung als Ziel eines berufsbiographischen Entwicklungsprozesses im Auge haben sollte, schlichter formuliert: dass nicht davon ausgegangen werden sollte, die Universität könne mit ihrer Ausbildung fertige Lehrer/innen „abliefern". In der internationalen Diskussion, dominiert vor allem von Leitvorstellungen, wie sie in den USA und Großbritannien entwickelt wurden, wird zur Charakteristik der Professionalität der Lehrperson als „reflective practitioner" die Orientierung an verbindlichen Standards vorgeschlagen, ein Modell, das sich immer stärker durchzusetzen scheint. Die Definition von Standards in der Lehrerbildung als das Qualität wie Professionalität absichernde Strukturmerkmal in der Vielfalt der vorhandenen Ausbildungselemente,- stationen und -bedingungen rückte bald auch in den Mittelpunkt des vorliegenden Forschungsprojektes, nicht zuletzt auch deswegen, um dessen internationale Anschlussfähigkeit auf den Prüfstand zu stellen. Dazu wurde aus japanischer wie deutscher Sicht die umfangreiche theoretische und empirische Forschung zur Typologie des spezifischen Professionswissens und Handlungskönnens des „kompetenten" Lehrers sowie das dafür nötig erachtete Repertoire an Standards ausführlich rekapituliert, von deutscher Seite insbesondere die im Auftrag der Konferenz der Kultusminister der deutschen Bundesländer (KMK) entwickelten Standards für die Absolventen der Ersten wie der Zweiten Phase der Lehrerbildung.

Von deutscher Expertenseite ist dabei eindringlich darauf hingewiesen worden, dass sich diese Standards sowohl auf die Unterrichtsfächer, die Fachdidaktiken, die erziehungswissenschaftlichen Studien und die Schulpraktischen Studien als auch auf Standards für die Institutionen sowie die Prüfungs- und Einstellungsverfahren erstrecken müssen und dabei die Genese des kompetenten Lehrers in der gesamten Berufsbiographie, insbesondere in der Berufseingangsphase, im Blick haben sollten.

Als Meilenstein zur Umsetzung dieser Expertise zur Lehrerbildung in Deutschland gelten die von der KMK 2004 für alle Länder der BRD als verbindlich verabschiedeten Standards für die Bildungswissenschaften in den Kompetenzbereichen Unterrichten, Erziehen, Beurteilen und Innovieren. Eine vergleichbare, allerdings nicht ausdrücklich am Standardkonzept orientierte Rahmenregelung bildet auf japanischer Seite der Bericht des Zentralen Bildungsrates „Die Zukunft der Lehrerbildung und des Lehrerlizenzsystems" (2006), insbesondere mit den dort festgelegten Lernzielen für das sogenannte Lehrerpraktikums-Seminar.

Im Verlauf des Forschungsprojektes konnte aus Zeitgründen kein ausführlicher Vergleich beider Grundlagenpapiere vorgenommen werden. Stattdessen ist besonders hervorzuheben, dass, von japanischer Seite angeregt, eine gemeinsam ausgearbeitete vergleichende „Befragung von Lehrenden zu den Standards für die Lehrerbildung in Deutschland (und Japan)" durchgeführt wurde, bei der in der Lehrerbildung tätige Tutoren (Hochschullehrer) und Mentoren (Lehrer/innen, die in den schulpraktischen Studien jeweils mit der Hochschule kooperieren) zu ihrer Einschätzung der Rolle von Standards in der Lehrerbildung intensiv schriftlich interviewt wurden, mit dem Resultat durchaus kontroverser Rückmeldungen bei den Einstellungen zu den Vor- und Nachteilen der Standardorientierung. Die Ergebnisse der Befragung bieten damit eine geeignete Basis für die weitere fruchtbare Diskussion dieses noch kaum erforschten Themenfeldes.

Ich habe in diesem Nachwort zu skizzieren versucht, welcher Ertrag in den verschiedenen Untersuchungsschwerpunkten des Projektes erbracht werden konnte, zugleich aber auch darauf hingewiesen, welche Probleme aus Mangel an Ressourcen ungelöst sozusagen am Wege liegen bleiben mussten, aber eine lohnende Forschungsaufgabe für die Zukunft bilden würden. So ist- wie übrigens in den allermeisten Forschungsprojekten zur Lehrerbildung- die allgemein als zentral angesehene Frage des Prozesses eines lebenslangen Lernens von Lehrern, insbesondere die Problematik der berufsbiographisch besonders relevanten Phase des Novizen-Status, nicht dezidiert aufgegriffen worden. Hier bildet z.B. das an den beteiligten japanischen Hochschulen im Rahmen der Joint Graduate School eingerichtete Masterstudium, für das Lehrer/innen für längere Zeit von der Berufstätigkeit freigestellt werden können, ein interessantes Modellprojekt, das im Gesamtfeld der Aktivitäten in der Lehrerfort- und- weiterbildung unbedingt eine genauere, auch international vergleichende Untersuchung verdiente.

Abschließend möchte ich nicht versäumen, den japanischen Partnern nicht nur und in erster Linie für ihre herausragende Kollegialität herzlich zu danken, sondern vor allem auch für die äußerst großzügige Finanzierung des Projekts, die zum größten Teil von der japanischen Seite bereitgestellt wurde, z.B. hinsichtlich der Einwerbung von Drittmitteln für die Tagungsreisen, für die Durchführung und Auswertung der empirischen Fragebogenaktion und schließlich für die Drucklegung des vorliegenden Bandes. Die Finanzen des Projekts erlaubten es nicht, Wissenschaftler/innen für Teilaufgaben befristet einzustellen. Dies machte es erforderlich, dass von japanischer Seite ein Maß an Übersetzungsarbeit zu leisten war, dessen Umfang und Qualität kaum hoch genug eingeschätzt werden kann. Den ausdrücklichen Dank dafür verbinde ich mit der

Gewissheit, dass sich die umfangreiche Arbeit gelohnt hat. Denn in dieser Kooperation ist ein Werk entstanden, das sicherlich der weiteren Diskussion in der international vergleichenden Forschung zur Reform der Lehrerbildung wichtige Impulse geben wird.

Karl Neumann

編者紹介

渡邉　満（わたなべ　みちる）

兵庫教育大学大学院教授。
1950（昭和25）年、広島県に生まれる。1979（昭和54）年広島大学大学院教育学研究科博士課程後期単位取得退学。博士（教育学）。広島大学教育学部助手、光陵女子短期大学・愛知大学教養部・兵庫教育大学学校教育学部の各助教授、兵庫教育大学学校教育学部教授を経て、2005（平成17）年4月から現職。これまで兵庫教育大学第1部主事、学校教育研究センター長、兵庫教育大学連合大学院学校教育学研究科副研究科長、基礎教育学系長、教職大学院心の教育実践コース長、学長特別補佐（学生指導担当）を歴任。

主要業績
『ドイツにおける教育学の発展』（共著、学文社、1984年）、『教育学における理論＝実践問題』（共著、学文社、1985年）、『教育哲学』（共著、福村出版、1991年）、『道徳教育の基礎と展開』（共著、コレール社、1998年）、『近代教育の再構築』（共著、福村出版、2000年）、『新世紀・道徳教育の創造』（共著、東信堂、2002年）、『道徳の指導法』（共著、玉川大学出版部、2003年）、『教育的思考の作法』（共編著、福村出版、2006年）など。

カール・ノイマン（Karl Neumann）

1939年、ドイツ生まれ。ゲッティンゲン、ベルリン、ウィーン大学で哲学、ドイツ学、歴史学、教育学を修学。1972年、ボン大学で哲学博士号を取得。1973年、ゲッティンゲン大学教育科学部助手、のち教授、教育科学部長。1995年、ブラウンシュヴァイク工科大学学校教育学及び一般教育学教授。同年、大学教授学センター長。2001年、ニーダーザクセン州産学共同センター長。

主要著書
『ドイツ幼稚園の歴史』（1987年）、『人間形成と軍隊－E.ヴェーニガーの軍隊教育学－』（1992年）、『科学の経済化－「市場」原理による研究、教授、学習－』（2003年）ほか多数。訳書に『大学教育の改革と教育学』（東信堂、2005年）。

日本とドイツの教師教育改革―未来のための教師をどう育てるか　　＊定価はカバーに表示してあります

2010年3月31日　初　版第1刷発行　　　　　　　　　　　　　　〔検印省略〕

編者 © 渡邉　満／発行者 下田勝司　　　　　　印刷／製本 中央精版印刷

東京都文京区向丘1-20-6　　郵便振替 00110-6-37828　　　　　発 行 所
〒113-0023　TEL (03)3818-5521　FAX (03)3818-5514　　株式会社 東信堂

Published by TOSHINDO PUBLISHING CO., LTD
1-20-6, Mukougaoka, Bunkyo-ku, Tokyo, 113-0023, Japan
E-mail : tk203444@fsinet.or.jp　http://www.toshindo-pub.com

ISBN978-4-88713-978-7 C3037　　© M.Watanabe 2010

東信堂

転換期を読み解く——潮木守一時評・書評集	潮木守一	二六〇〇円
大学再生への具体像	潮木守一	二五〇〇円
フンボルト理念の終焉？——現代大学の新次元	潮木守一	二五〇〇円
いくさの響きを聞きながら——横須賀そしてベルリン	潮木守一	二四〇〇円
国立大学・法人化の行方——自立と格差のはざまで	天野郁夫	三六〇〇円
大学の責務	D・ケネディ 立川明・坂本辰朗・井上比呂子訳著	三八〇〇円
私立大学マネジメント	(社)私立大学連盟編	四七〇〇円
30年後を展望する中規模大学 マネジメント・学習支援・連携	市川太一	二五〇〇円
もうひとつの教養教育——職員による教育プログラムの開発	近森節子編著	二三〇〇円
政策立案の「技法」——職員による大学行政政策論集	伊藤昇編著	二五〇〇円
大学の管理運営改革——日本の行方と諸外国の動向	江原武一編著	三六〇〇円
教員養成学の誕生——弘前大学教育学部の挑戦	杉本均編著 福島裕敏編著 遠藤孝夫編著	三二〇〇円
改めて「大学制度とは何か」を問う	舘昭	一〇〇〇円
戦後日本産業界の大学教育要求	舘昭	三二〇〇円
原点に立ち返っての大学改革	舘昭	一〇〇〇円
経済団体の教育言説と現代の教養論	飯吉弘子著	五四〇〇円
現代アメリカの教育アセスメント行政の展開——マサチューセッツ州（MCASテスト）を中心に	北野秋男編	四八〇〇円
アメリカの現代教育改革——スタンダードとアカウンタビリティの光と影	松尾知明	二七〇〇円
現代アメリカのコミュニティ・カレッジ——その実像と変革の軌跡	宇佐見忠雄	二三八一円
アメリカ連邦政府による大学生経済支援政策	犬塚典子	三八〇〇円
戦後オーストラリアの高等教育改革研究	杉本和弘	五八〇〇円
大学教育とジェンダー——ジェンダーはアメリカの大学をどう変革したか	ホーン川嶋瑤子	三六〇〇円

(講座「21世紀の大学・高等教育を考える」)

大学改革の現在 [第1巻]	有本眞一編著	三二〇〇円
大学評価の展開 [第2巻]	山野井敦徳編著 清水一彦編著	三二〇〇円
学士課程教育の改革 [第3巻]	絹川正吉編著 舘昭編著	三二〇〇円
大学院の改革 [第4巻]	江原武一編著 馬越徹編著	三三〇〇円

〒113-0023　東京都文京区向丘1-20-6
TEL 03-3818-5521　FAX03-3818-5514　振替00110-6-37828
Email tk203444@fsinet.or.jp　URL:http://www.toshindo-pub.com/

※定価：表示価格（本体）＋税

東信堂

比較教育学——越境のレッスン	馬越徹	三六〇〇円
比較教育学——伝統・挑戦・新しいパラダイムを求めて	M・ブレイ編 馬越徹・大塚豊監訳	三八〇〇円
世界の外国人学校	末藤美津子・大塚豊監訳	三八〇〇円
ヨーロッパの学校における市民的社会性教育の発展——フランス・ドイツ・イギリス	福田誠治編著	三八〇〇円
世界のシティズンシップ教育——グローバル時代の国民／市民形成	嶺井明子編著	二八〇〇円
市民性教育の研究——日本とタイの比較	平田利文編著	四二〇〇円
多様社会カナダの「国語」教育（カナダの教育3）	関口礼子編著	三八〇〇円
国際教育開発の再検討——途上国の基礎教育普及に向けて	澤田克之介編著	二四〇〇円
中国教育の文化的基盤	顧明遠 大塚豊監訳	二九〇〇円
中国大学入試研究——変貌する国家の人材選抜	大塚豊	三六〇〇円
中国高等教育独学試験制度の展開	南部広孝	三二〇〇円
大学財政——世界の経験と中国の選択	呂煒編 鮑瀬龍夫監訳	三四〇〇円
中国の民営高等教育機関——社会ニーズとの対応	阿部洋編著	四六〇〇円
「改革・開放」下中国教育の動態	阿部洋編著	五四〇〇円
中国の職業教育拡大政策——背景・実現過程・帰結	劉文君	五〇四八円
中国の後期中等教育の拡大と経済発展パターン——江蘇省と広東省の比較	呉琦来	三八二七円
中国高等教育の拡大と教育機会の変容——江蘇省の場合を中心に	王傑	三九〇〇円
バングラデシュ農村の初等教育制度受容	日下部達哉	三六〇〇円
オーストラリア学校経営改革の研究——自律的学校経営とアカウンタビリティ	佐藤博志	三八〇〇円
オーストラリアの言語教育政策——多文化主義における"多様性と"統一性"の揺らぎと共存	青木麻衣子	三八〇〇円
マレーシア青年期女性の進路形成	鴨川明子	四七〇〇円
「郷土」としての台湾——郷土教育の展開にみるアイデンティティの変容	林初梅	四六〇〇円
戦後台湾教育とナショナル・アイデンティティ	山崎直也	四〇〇〇円

〒113-0023 東京都文京区向丘1-20-6　TEL 03-3818-5521　FAX 03-3818-5514　振替 00110-6-37828
Email tk203444@fsinet.or.jp　URL:http://www.toshindo-pub.com/

※定価：表示価格（本体）＋税

東信堂

グローバルな学びへ——協同と刷新の教育	田中智志編著	二〇〇〇円
教育の共生体へ——ボディ・エデュケーショナルの思想圏	田中智志編	三五〇〇円
人格形成概念の誕生——近代アメリカの教育概念史	田中智志	三六〇〇円
社会性概念の構築——アメリカ進歩主義教育の概念史	田中智志	三八〇〇円
教育の自治・分権と学校法制	結城忠	四六〇〇円
ミッション・スクールと戦争——立教学院のディレンマ	前田一男編	五八〇〇円
教育の平等と正義	大桃敏行・中村雅子・K・ハウ	三二〇〇円
教育制度の価値と構造	井上正志	四二〇〇円
学校改革抗争の100年——20世紀アメリカ教育史	末藤・宮本・佐藤訳 D・ラヴィッチ著	六四〇〇円
国際社会への日本教育の新次元——今、知らねばならないこと	関根秀和編	一二〇〇円
フェルディナン・ビュイッソンの教育思想——第三共和政初期教育改革史研究の一環として	尾上雅信	三八〇〇円
ヨーロッパ近代教育の葛藤——地球社会の求める教育システムへ	太田美幸編	三二〇〇円
多元的宗教教育の成立過程——アメリカ教育と成瀬仁蔵の「帰一」の教育	大森秀子	三六〇〇円
文化変容のなかの子ども——経験・他者・関係性	高橋勝	二三〇〇円
いま親にいちばん必要なこと	相馬伸一	二六〇〇円
教育的思考のトレーニング——「わからせる」より「わかる」こと	春日耕夫	二六〇〇円
NPOの公共性と生涯学習のガバナンス	高橋満	二八〇〇円
教育と不平等の社会理論——再生産論をこえて	小内透	三二〇〇円
オフィシャル・ノレッジ批判——保守復権の時代における民主主義教育	野崎・井口・小暮・池田監訳 M・W・アップル著	三八〇〇円
新版 昭和教育史——天皇制と教育の史的展開	久保義三	一八〇〇円
地上の迷宮と心の楽園〔コメニウス・セレクション〕	藤田輝夫訳 J・コメニウス	三六〇〇円
〈現代日本の教育社会構造〉（全4巻）〈第1巻〉教育社会史——日本とイタリアと	小林甫	七八〇〇円

〒113-0023　東京都文京区向丘1・20・6
TEL 03-3818-5521　FAX03-3818-5514　振替 00110-6-37828
Email tk203444@fsinet.or.jp　URL:http://www.toshindo-pub.com/

※定価：表示価格（本体）＋税

東信堂

大学の自己変革とオートノミー —点検から創造へ	寺崎昌男	二五〇〇円
大学教育の創造—歴史・システム・カリキュラム	寺崎昌男	二五〇〇円
大学教育の可能性—教養教育・評価・実践	寺崎昌男	二五〇〇円
大学は歴史の思想で変わる—FD・評価・私学	寺崎昌男	二八〇〇円
大学改革 その先を読む	寺崎昌男	一三〇〇円
大学教育の思想—学士課程教育のデザイン	絹川正吉	二八〇〇円
あたらしい教養教育をめざして	大学教育学会編	二九〇〇円
大学教育学会25年の歩み・未来への提言	25年史編纂委員会	二〇〇〇円
高等教育質保証の国際比較	羽田貴史 米澤彰純 杉本和弘	三六〇〇円
大学における書く力考える力—認知心理学の知見をもとに	井下千以子	三二〇〇円
ティーチング・ポートフォリオ—授業改善の秘訣	土持ゲーリー法一	二〇〇〇円
ラーニング・ポートフォリオ—学習改善の秘訣	土持ゲーリー法一	二五〇〇円
津軽学—歴史と文化 弘前大学21世紀教育センター・土持ゲーリー法一編著		二〇〇〇円
IT時代の教育プロ養成戦略 —日本初のeラーニング専門家養成ネット大学院の挑戦	大森不二雄編	二六〇〇円
資料で読み解く南原繁と戦後教育改革	山口周三	二八〇〇円
大学教育を科学する—学生の教育評価の国際比較	山田礼子編著	三六〇〇円
一年次（導入）教育の日米比較	山田礼子	二八〇〇円
大学の授業	宇佐美寛	二五〇〇円
大学授業の病理—FD批判	宇佐美寛	二五〇〇円
授業研究の病理	宇佐美寛	二五〇〇円
大学授業入門	宇佐美寛	一六〇〇円
作文の論理—〈わかる文章〉の仕組み	宇佐美寛編著	一九〇〇円
学生の学びを支援する大学教育	溝上慎一編	二四〇〇円
大学教授職とFD—アメリカと日本	有本章	三三〇〇円

〒113-0023 東京都文京区向丘1-20-6　TEL 03-3818-5521　FAX 03-3818-5514　振替 00110-6-37828
Email tk203444@fsinet.or.jp　URL:http://www.toshindo-pub.com/

※定価：表示価格（本体）+税

東信堂

《未来を拓く人文・社会科学シリーズ〈全17冊・別巻2〉》

科学技術ガバナンス	城山英明編	一六〇〇円
ボトムアップな人間関係―心理・教育・福祉・環境・社会の12の現場から	サトウタツヤ編	一六〇〇円
高齢社会を生きる―老いる人/看取るシステム	清水哲郎編	一八〇〇円
家族のデザイン	小長谷有紀編	一八〇〇円
水をめぐるガバナンス―日本、アジア、中東、ヨーロッパの現場から	蔵治光一郎編	一八〇〇円
生活者がつくる市場社会	久米郁夫編	一八〇〇円
グローバル・ガバナンスの最前線―現在と過去のあいだ	遠藤乾編	二二〇〇円
資源を見る眼―現場からの分配論	佐藤仁編	二〇〇〇円
これからの教養教育―「カタ」の効用	葛西康徳・鈴木佳秀編	二〇〇〇円
「対テロ戦争」の時代の平和構築―過去からの視点、未来への展望	黒木英充編	一八〇〇円
企業の錯誤／教育の迷走―人材育成の「失われた一〇年」	青島矢一編	一八〇〇円
日本文化の空間学	桑子敏雄編	二二〇〇円
千年持続学の構築	木村武史編	一八〇〇円
多元的共生を求めて―〈市民の社会〉をつくる	宇田川妙子編	一八〇〇円
芸術は何を超えていくのか？	沼野充義編	一八〇〇円
芸術の生まれる場	木下直之編	二〇〇〇円
文学・芸術は何のためにあるのか？	古岡暁生編	二〇〇〇円
紛争現場からの平和構築―国際刑事司法の役割と課題	石田勇治・藤原帰一編	二八〇〇円
〈境界〉の今を生きる	城山英明・鈴木達治郎編	一八〇〇円
日本の未来社会―エネルギー・環境と技術・政策	荒川歩・川喜田敦子・谷川竜一・内藤順子・柴田晃芳 角和昌浩編	二二〇〇円

〒113-0023 東京都文京区向丘1-20-6
TEL 03-3818-5521 FAX 03-3818-5514 振替 00110-6-37828
Email tk203444@fsinet.or.jp URL:http://www.toshindo-pub.com/

※定価：表示価格（本体）＋税